欧亚译丛

第一辑

余太山　李锦绣　主编

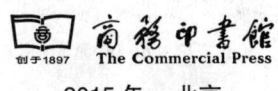

2015年·北京

图书在版编目(CIP)数据

欧亚译丛.第1辑/余太山,李锦绣主编.—北京:商务印书馆,2015
ISBN 978-7-100-11238-3

Ⅰ.①欧… Ⅱ.①余… ②李… Ⅲ.①东方学—文集 Ⅳ.① K107.8-53

中国版本图书馆 CIP 数据核字（2015）第 081356 号

所有权利保留。
未经许可,不得以任何方式使用。

欧亚译丛
（第一辑）

余太山 李锦绣 主编

商 务 印 书 馆 出 版
（北京王府井大街36号 邮政编码100710）
商 务 印 书 馆 发 行
三河市尚艺印装有限公司印刷
ISBN 978-7-100-11238-3

| 2015年6月第1版 | 开本 640×960 1/16 |
| 2015年6月北京第1次印刷 | 印张 18 1/4 |

定价：60.00元

本书出版得到中国社会科学院历史研究所
"古代内陆欧亚史研究"创新工程经费资助

顾　　问：陈高华
主　　编：余太山　李锦绣
主编助理：李鸣飞

编者的话

欧亚学自诞生之日起，就是一门国际性学科。该学科原始资料涉及的语言文字特别多，研究者也遍及世界各地，不用说论著也多数是用他们的母语写成的。由于思考的角度不同、文化背景不同，不同国家的学者往往有自己的研究特色，其成就也各有千秋，均有不可取代的参考价值。除了一些专门的语言学家外，一般人不可能精通所有的语言，从而充分利用这些成果。"他山之石，可以攻玉"这句话适用于一切学科，但对于欧亚学研究来说尤其不可或缺。

显而易见，解决这个问题只有依靠翻译，依靠一些研究者付出艰苦的劳动、利用自己精通的语言为不熟悉这门语言的学者提供值得参考的资料。对此，我们首先会想到厚重的或自成系统的专著，这当然是学术翻译的主要努力方向，但这显然不够。一些重要的论文只是以单篇的形式存在，一些刚发表的文字还来不及结集，而这恰恰是每一个企图站在前沿的学者不能不认真对待、及时注意的。于是，便有了我们这本小小的刊物自告奋勇，挑起这副并不轻松的担子。

由于篇幅、时间和精力的限制，我们只能挑选我们认为较有价值的或较有代表性的论文。我们希望推介最新的研究成果，自然也不排斥一些发表时间较早但依旧给人启迪的作品。若非情况特殊，我们会尽量保持原文的完整性。不言而喻，译文的信、达、雅，将永远是我们追求的目标。

应该指出，我们寄予这个小小的刊物上的理想，并不仅仅是成为攻玉之石。我们衷心希望通过我们的劳动，让国际欧亚学者体会到中国学者对他们研究成果的尊重和热情，使他们转而更加关心中国的欧亚学研究，进而为开展欧亚学的国际合作打下良好的基础——单向的借鉴毕竟还是消极的，在全球化的大趋势下，合作必将成为潮流。也就是说，我们希望本刊成为一座桥梁，起到一种促进沟通和理解的作用。

2014 年 7 月 10 日

目 录

编者的话　/　1

咸海南岸塞人文化形成问题　/　1
  Л. Т. 亚布隆斯基（Л.Т. Яблонский）著　张桢译　伍宇星校

外贝加尔匈奴墓研究　/　31
  С. С. 米尼亚耶夫（С. С. Миняев）著　张桢译　伍星宇校

德如尼灌溉渠中发现的古墓　/　41
  Т. Г. 奥波勒杜耶娃（Т. Г. Оболдуева）著　孙危译

公元6至10世纪阿尔泰突厥的冶铁与铁器制作　/　60
  尼古拉·M. 孜尼雅科夫（Nikolai M. Ziniakov）著　刘文锁译

蒙古国新发现的古代艺术文物　/　81
  Д. 策温道尔基（Д. Цэвээндорж）著　青格力译

综合视角下的汉代边疆　/　90
  狄宇宙（Nicola Di Cosmo）著　程秀金译

蒙古人、阿拉伯人、库尔德人和法兰克人：拉施德丁的部落社会比较
  民族学研究　/　112
  艾鹜德（Christopher P. Atwood）著　贾衣肯译　李鸣飞校

完者都的巡游，1304—1316　/　148
  查尔斯·梅尔维尔（Charles Melville）著　俞雨森译

中国和欧洲的鸟形车　/　188
  劳费尔（Berthold Laufer）著　邵小龙译

萨珊国王识字吗？ / 201

  杜尔金（Desmond Durkin-Meisterernst）著 李艳玲译

蒙元帝国时期的一位色目官吏爱薛怯里马赤（Isa Kelemechi,
 1227—1308年）的生涯与活动 / 224

  金浩东著 李花子译 马晓林校

元代中国的回回医学和回回药 / 264

  萧婷（Angela Schottenhammer）著 李鸣飞译

咸海南岸塞人文化形成问题*

Л. Т. 亚布隆斯基（Л.Т. Яблонский）著　张桢译　伍宇星校

一般认为，保存下来的塞人部落墓葬遗存，在欧亚草原东部地区早期铁器时代考古中占有举足轻重的地位。它们当中包括咸海南岸南塔吉斯肯墓地（Тагискен, Tagisken）[①]、乌伊加拉克墓地（Уйгарак, Uigarak）[②]、哈萨克斯坦中部和东部地区的塔斯莫拉文化（Тасмолинская Культура, Tasmolo Culture）[③]遗存，以及迈埃米尔文化（Майэмирская Культура, Maiemir Culture）[④]遗存。研究者们一致认为，这种类型文化形成的最早阶段在公元前7至前6世纪。[⑤]

---

* 本文译自苏联科学院考古研究所主编的《苏联考古学》1991年第1期。作者Л. Т. 亚布隆斯基（Л.Т. Яблонский），现为俄罗斯科学院考古研究所斯基泰—萨尔马特研究部主任。——译者注

① 塔吉斯肯墓地，位于哈克萨斯坦克孜勒奥尔达州塔吉斯肯高原上。1959年发现，1960—1963年间由当时的苏联科学院花剌子模考察团发掘。该墓葬遗存可分为两类：北部墓地的墓葬年代为公元前9—前8世纪；南部墓地为塞人部落遗存，年代为公元前7—前5世纪。——译者注

② 乌伊加拉克墓地，位于哈萨克斯坦克孜勒奥尔达州西南部锡尔河附近，是一处塞人文化墓地，时代为公元前7—前5世纪。——译者注

③ 塔斯莫拉文化，为一早期铁器时代考古学文化，主要分布在哈萨克斯坦中部地区。因在巴甫洛达州古比雪夫斯基地区的塔斯莫拉发现这种文化的典型墓地而得名。——译者注

④ 迈埃米尔文化，属于阿尔泰地区一支游牧—渔猎文化，时代为公元前7—前4世纪。因发现于迈埃米尔草原纳雷姆河源附近而得名。其与分布在亚洲北部、东部及欧洲东部地区的斯基泰—萨尔马特文化有许多共同之处。——译者注

⑤ 《哈萨克苏维埃社会主义共和国史》，阿拉木图，科学出版社，1997年。

但是，当图瓦地区阿尔然（Arzhan）墓地[①]的研究结论在学术会议上公布之后[②]，很快在各种刊物上引发激烈的争论[③]。首先，围绕 М. П. 格里亚兹诺夫（М. П. Грязнов）将塞人文化形成的初始阶段提早的观点进行了讨论。随后的争论，一方面再次体现了考古材料在认识塞人文化从青铜时代向历史时期过渡的困难之处；另一方面，所有人都感觉到：涉及塞人文化形成的早期阶段时，具体的考古材料尚不充足。

大体而言，本文的主要目的是向大家介绍花剌子模左岸考古发掘所获的新的墓葬材料。这些材料和塞人文化的形成和发展有着直接的关系。本文将对阿姆河流域古代萨雷卡梅什三角洲一带（土库曼斯坦苏维埃社会主义共和国[④]的塔沙乌兹州）的萨卡尔—恰加（Сакар-Чага, Sakar-Chaga）3-6号墓地考古发掘的初步成果进行汇报。

[①] 阿尔然墓地，分布于图瓦北部西萨彦岭支脉乌尤克河谷地，属于典型的乌尤克文化遗存。1971—1974年，苏联考古学家格里亚兹诺夫（М. П. Грязнов, 1902—1987）主持发掘了阿尔然一号墓，该墓年代为公元前8—前7世纪。2001—2003年，俄罗斯—德国联合考察队对阿尔然二号墓进行了发掘，其年代为公元前7世纪后半叶。——译者注

[②] a. М. П. 格里亚兹诺夫：《阿尔然墓发掘工作完成》，《1974年考古新发现》，莫斯科，科学出版社，1975年；b. М. П. 格里亚兹诺夫：《阿尔然墓新发现引起的斯基泰—西伯利亚类型问题》，《苏联科学院考古研究所简报》1978年第54期；c. М. П. 格里亚兹诺夫：《阿尔然——斯基泰时期王冢》，列宁格勒，科学出版社，1980年。

[③] a. Л. Р. 克兹拉索夫：《乌尤克阿尔然墓及塞人文化起源问题》，《苏联考古学》1977年第2期；b. А. К. 阿基什耶夫：《塞人文化早期阶段的年代学问题》，《哈萨克斯坦考古遗存》，阿拉木图，科学出版社，1978年；c. А. М. 列斯科夫：《钦麦里人的剑和匕首及斯基泰阿基纳克剑的起源》，全苏第三次学术大会，《伊朗考古与艺术及自其远古时代与苏联人民艺术的关系》，莫斯科，1979年；d. Д. С. 拉耶夫斯基：《中亚古代游牧民》书评，《亚非民族》1981年第6期；e. А. И. 捷列诺日金：《阿尔然—斯基泰时期王冢》书评，《苏联考古学》1982年第3期；f. А. П. 奥克拉德尼科夫、Ю. С. 胡佳科夫：《阿尔然—斯基泰时期王冢》书评，《苏联考古学》1982年第3期；g. А. М. 曼德尔施塔姆：《古代图瓦：旧石器时代至公元9世纪》书评，《苏联科学院西伯利亚分院公报·社会科学》第二卷第6期，新西伯利亚，1982年。

[④] 苏联解体后更名为土库曼斯坦。——译者注

奥斯坦佐维萨卡尔—恰加山丘，位于外温古兹卡拉库姆沙漠（Заунгузский Каракум，Zaunguz Karakum）[①]的北部边缘。它距库尤萨伊2号（Kюсай 2，Kuiusai 2）地点[②]和图梅克—基奇德日克（Тумек-Кичиджик，Tumek-Kichigjik）墓地[③]非常近。Б.И.魏因贝格（Б.И.Вайнберг）就是利用这两个地点的材料辨别出了花剌子模早期铁器时代的库尤萨伊文化（Кюсайская Культура，Kuiusai Culture）[④]。

各座墓葬沿着山丘的纵轴线，分布在山丘的表面。边缘墓群间的距离约为6公里。相邻墓群间的距离不超过1公里。

萨卡尔—恰加3号墓地的基本资料已经发表。[⑤]墓地中有8座墓葬，其中一座是空墓。封丘基本上排成平行的两排：一排是火葬墓，一排是土葬墓。这两种墓葬周围都环绕着石灰岩碎块堆砌的石圈。除了空墓的墓8外，所有的墓葬都在地表面埋葬。墓8封丘下面有浅的平面呈鞋底形的墓坑。这些墓有单人葬和多人葬，人数加起来共14人。火葬墓的头向无法确定。多人土葬墓的头向也不能确定。有唯一一例能确定头向的

---

① 外温古兹卡拉库姆沙漠，是卡拉库姆沙漠的一部分。卡拉库姆沙漠被分为三个部分：北部隆起的外温古兹卡拉库姆，低洼的中央卡拉库姆以及东南卡拉库姆。外温古兹卡拉库姆沙漠的面积约为10.2万平方千米。——译者注

② 库尤萨伊2号地点，是花剌子模地区早期铁器时代遗存。年代为公元前7—前6世纪。该地点位于两条古代河道的交汇处，占地面积12公顷。该地点陶器具有特色，并发现了大量古代城址。——译者注

③ 墓地位于土库曼斯坦北部、古代阿姆河三角洲西南部的图梅克—基奇德日克高地。1972年，苏联科学院民族学研究所花剌子模考察团发现了此墓地。——译者注

④ Б.И.魏因贝格：《阿姆河沿岸三角洲地区早期铁器时代库尤萨伊文化》，《中央亚细亚考古集成》第3卷，列宁格勒，科学出版社，1975年。（该文化由苏联科学院民族学研究所花剌子模考古学—民族学考察团发现，属于半定居的游牧文化。早期阶段的居址和墓葬年代可溯至公元前7—前6世纪。晚期阶段的遗存年代在公元前4世纪。Б.И.魏因贝格首次发现并研究了这一文化。他认为其中含有南部的文化因素。——译者注）

⑤ Л.Т.亚布隆斯基：《萨卡尔—恰加3号早期塞人时期墓地》，《苏联民族学》1986年第3期。

单人葬，其头向是向西。

该墓地陶器遗存可分作两类：当地生产的手制陶器和外来陶器。类似的器物在雅兹—德佩（ЯЗ-депе，Yaz-Depe）①遗址中有发现。②随葬器物中最常见的是石磨盘。其中一座墓葬中发现了雕刻类似野猪形象的骨制物品（图1）。在墓7封丘下（地表多人葬）找到了大量的鱼骨、马蹄及马腕骨。

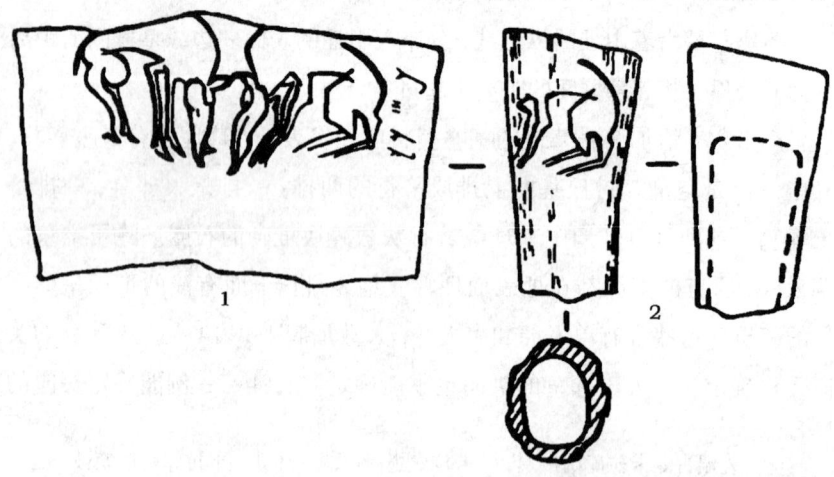

图1　萨卡尔—恰加3号墓地骨器顶部图案
（1.平面图；2.全图）

萨卡尔—恰加4号墓地由八座排成一排的封丘组成。除了墓1外，所有的墓葬都有石构的地表建筑，它们有两种形式：一是由残破的石灰岩石板构成的大片废墟；二是由石板砌成的石围，但体积要小一些。通常，墓上的石

---

①　雅兹—德佩遗址，是中亚绿洲早期铁器时代遗址。该遗址的发掘材料建立了中亚早期铁器时代的编年框架。雅兹Ⅰ、Ⅱ、Ⅲ期分别对应早期铁器时代的早、中、晚期。——译者注

②　a. Л. Т. 亚布隆斯基：《萨卡尔—恰加3号早期塞人时期墓地》，《苏联民族学》1986年第3期，图1；b. В. М. 马松：《马尔吉亚那古代农业文明》，《苏联考古学资料与研究》1959年第73期；c. Л. Т. 亚布隆斯基：《土库曼北部墓葬发掘》，《1983年考古新发现》，莫斯科，科学出版社，1985年。

头会落入封丘堆里。和萨卡尔—恰加3号墓地的情况一样，所有的墓葬都在地表埋葬。地表上有石灰岩碎块堆成的石圈。封丘的直径在9~14米之间。

该墓地墓葬为单人和多人的土葬和火葬。有些情况下，火葬在其他地方举行，而遗骸和随葬品则被转移到最终埋葬的地方，于是，地表和封丘下面没有焚烧痕迹，埋葬的地方也没有浓厚的灰烬层，仅能看出一些不大的灰烬斑点，其周围是随葬品。墓8在墓群中占据着特殊的位置。实际上，它没有封丘，是直径5.5米的圆形场地，周围环绕石圈。石圈内的地表有强烈的火烧痕迹。其上覆盖的灰烬层厚达25厘米，灰烬层上的封土则形成了天然的道路堆积。这种情况允许我们做出推测：该圆形场地只是用于多次火烧，而并非预先选定。火化后，遗骸被转移到最终安葬的地点，而烧焦的灰层中没有发现任何墓葬残迹。墓8位于墓群的边缘，独占一隅。

在其余墓葬的封丘下面，地表或偶尔在封丘的底层，会发现典型的器物。所有的陶器，除了带有花环的薄壁圆形陶器外，都是手制，篝火烧造，且具有各种各样的形状（图2）。随葬器物中，有形状怪异的石磨盘和石磨棒（图3·9，图3·11）、镶嵌绿松石的金耳环（图3·7）、肉红玉髓串珠（图3·1，图3·4）、铁刀（图3·8）、使用部位有红色颜料痕迹的圆柱形石杵（图3·5）、整套绵羊距骨（21件）、鱼骨、绵羊骨以及少量雄黄。

萨卡尔—恰加5号墓地，距萨卡尔—恰加4号墓地1千米。墓葬沿山丘纵轴线排成一列。墓1和墓2的封丘是墓地中最大的，位于墓群的东南部。墓1封丘的尺寸为19×14米，墓2封丘的直径达到31米，其余墓葬的封丘直径在6~19米之间。封丘下面是各种形状的墓室。墓1地表露出火烧过的柱洞，且排列有序（图4）。中心建筑复原后平面呈长方形，尺寸3×2.5米，四周围绕以环形石围，直径5米。石围所在的地方一般有两

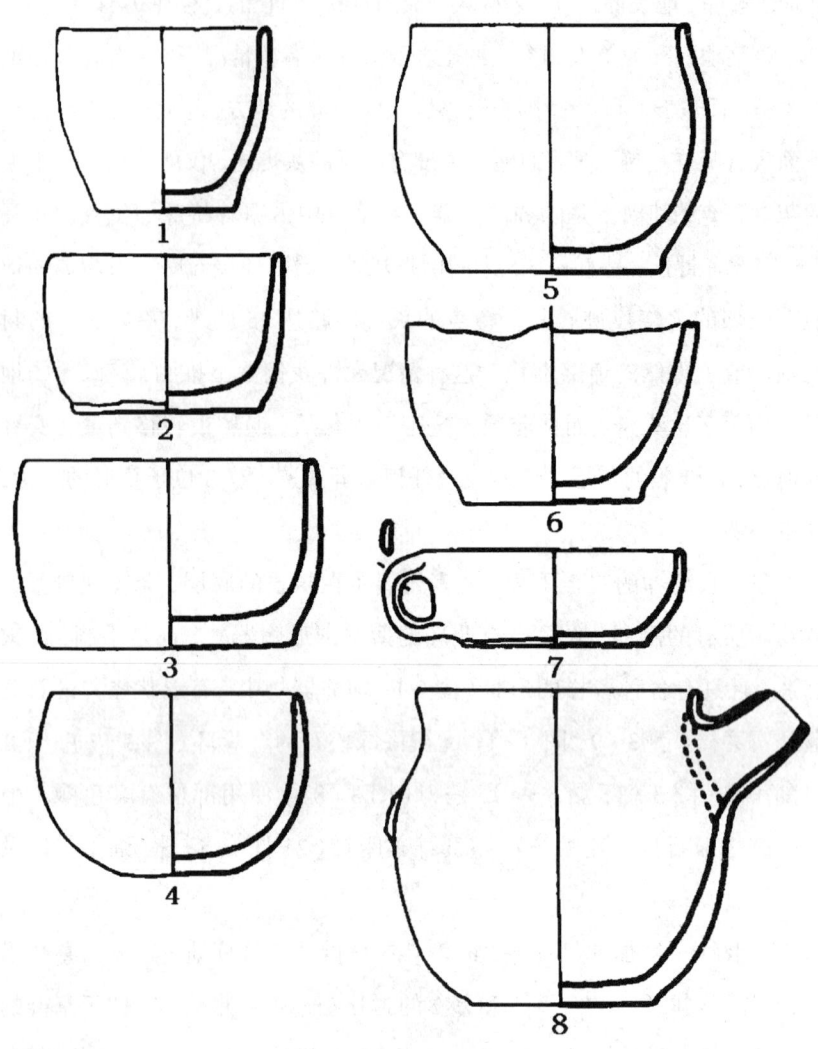

图 2 萨卡尔—恰加 4 号墓地出土的手制陶器
(1,出自墓 4; 2、5、8,出自墓 2; 3、4,出自墓 5;
6,出自墓 1; 7,出自墓 7)

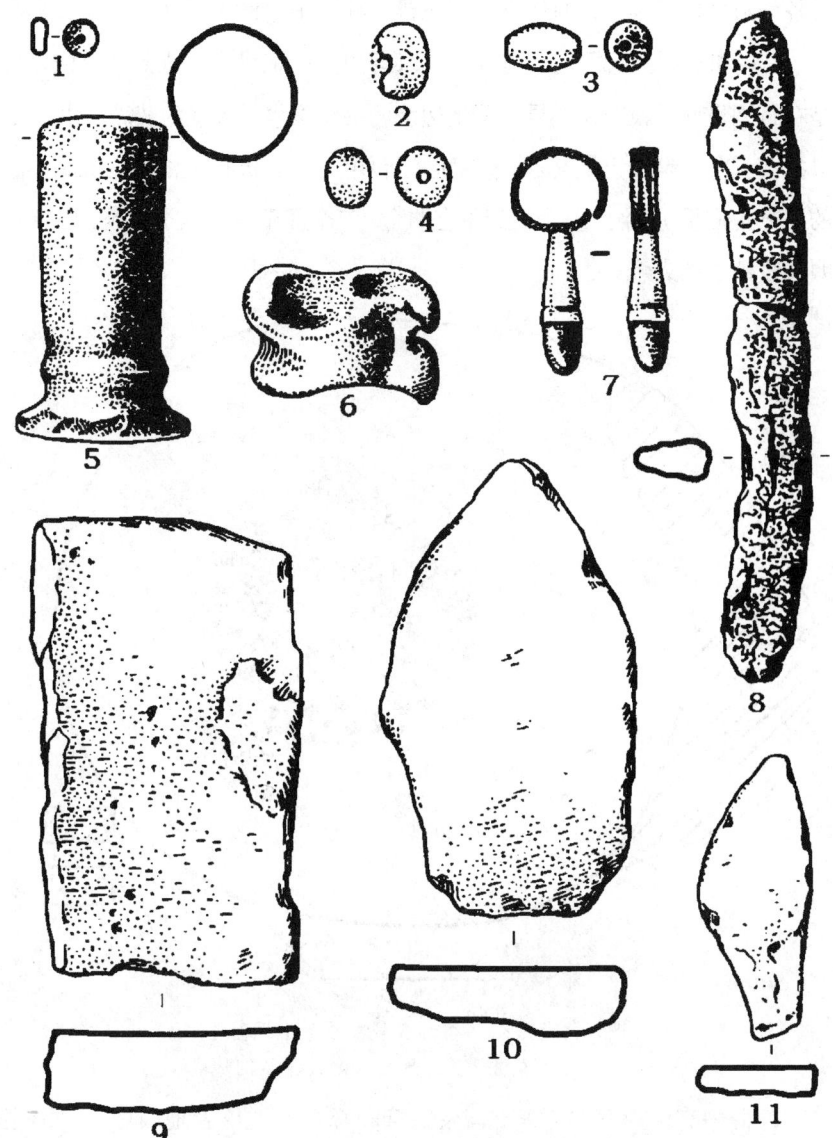

图 3 萨卡尔—恰加 4 号墓地出土的随葬器物
(1、4,肉红玉髓串珠;2、3,玻璃串珠;5,石杵;6,距骨;7,嵌绿松石金耳环;8,铁刀;9-11,石磨盘。1、9,出自墓 2;2-4、5、7,出自墓 4;10,出自墓 7;8,出自墓 5;11,出自墓 1)

排各种形状的柱洞，有的地方则有三排。柱洞中填满了石灰岩碎块、砂壤土、木炭和灰烬。石围南部有入口。墓葬中央的地表有过强烈的火烧，但是在石围里面却没有灰烬层。墓地边缘的一角聚集了大量的灰烬。由此可以推测：当地表被火烧之后，为了后续利用又对其进行了清理。双重（有的地方是三重）柱洞，整个柱洞中有两个、三个甚至四个柱子遗迹，也能证明其曾被多次火烧。

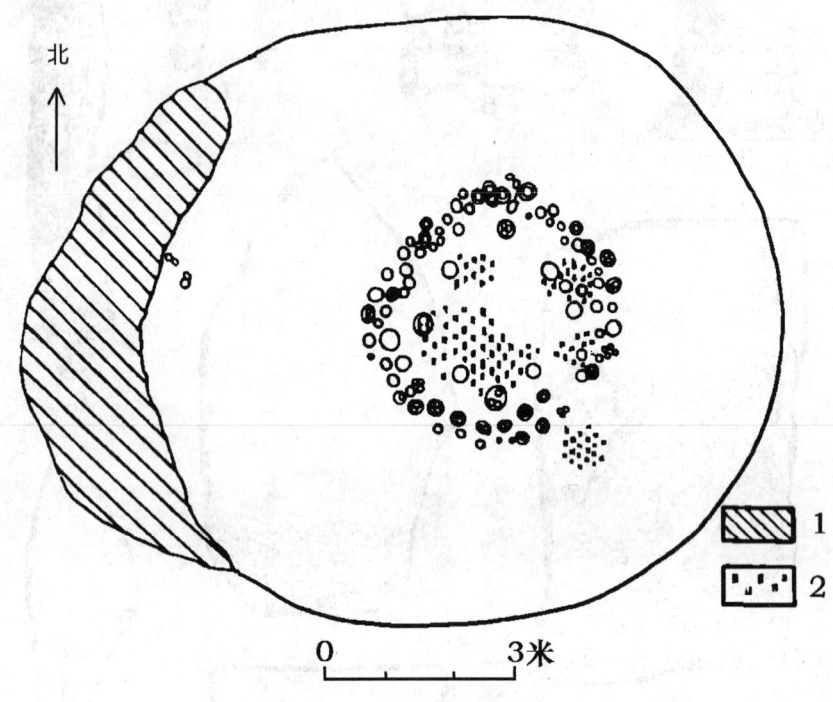

图 4　萨卡尔—恰加 5 号墓地墓 1 平面图
（1.灰烬堆积的角落；2.地表火烧最强烈的地方）

墓群中有两座墓是空墓，其余的墓葬都在墓坑或者地表埋葬。两座地表火葬墓的火葬是在其他地方举行的。有一座墓葬，埋葬时遗骸上没有撒砂，尸骨在墓坑中火烧了一次，由火烧过的尸骨的排列位置可以判断其头向向西。有一座墓葬，墓坑东西向，没有发现人骨残迹，但在填土中找到了下部斜切的圆形酒杯残片（图 5·4），随葬品不多。有一座尸骨在

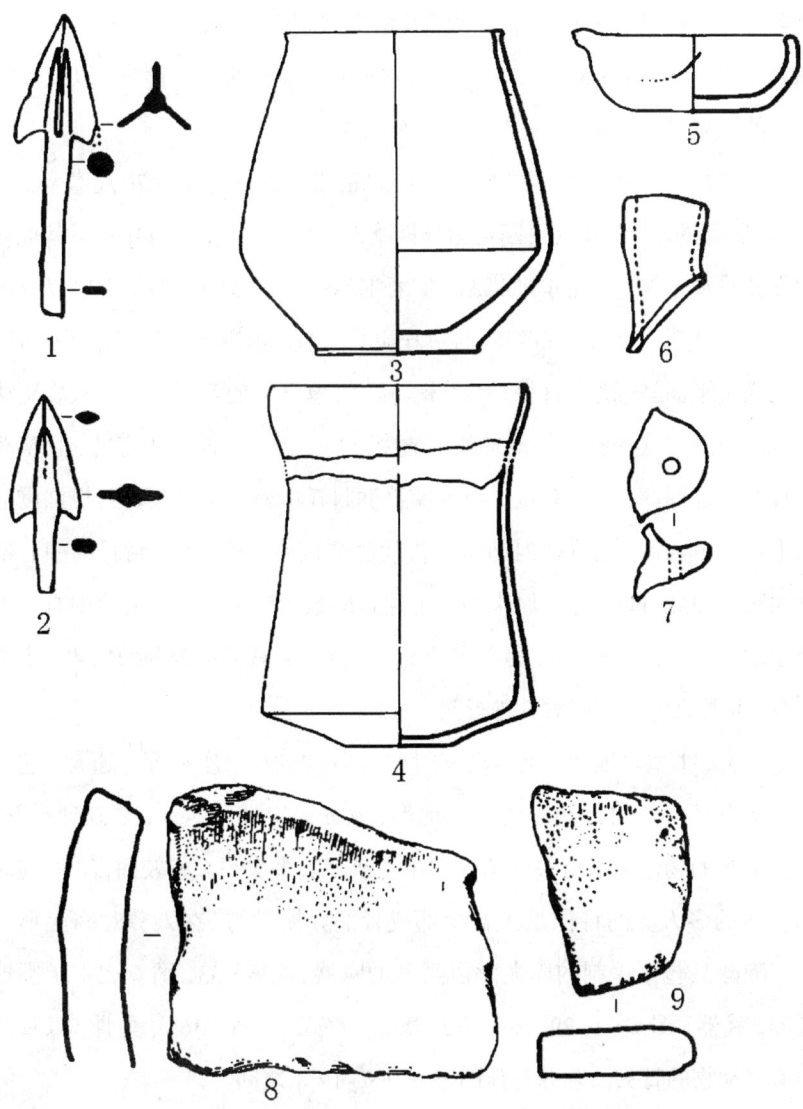

图 5 萨卡尔—恰加 5 号墓地出土的随葬器物
（1、2, 青铜箭镞; 3、5-7, 手制陶器; 4, 圆形陶器; 8、9, 石磨盘及石磨棒;
1、2、6, 出自墓 8; 3、5、8、9, 出自墓 9; 4, 出自墓 4）

其他地方火烧的墓葬，出土了带注流的手制陶器残片（图5·6）。还有一座墓葬中，发现了手制的库尤萨伊类型陶器（图5·3，图5·5），随葬器物有石磨盘（图5·8，图5·9）、铁器残片、带铤的两翼铜镞，以及一对笨重的三翼有铤箭镞。（图5·1，图5·2）

萨卡尔—恰加6号墓地位于山丘的北端。此处发掘了70座墓葬，其中34座墓葬的归属年代可断定为早期塞人时期[①]。该墓地封丘不像其他墓地那样排成一排，而是单独集结，如灌木丛一般。这些墓葬至少可以分出五个组。通常，每组中心墓葬的封丘更大一些，周围聚集着较小的封丘。封丘通常平面呈圆形，直径6~50米。有12座墓葬的四周绕以石灰岩碎块堆成的石圈。这些石块并不是墓坑的废弃物。因为石圈是固定的，且墓葬直接在地表埋葬，没有墓坑。有9座墓葬封丘中露出了石灰岩石板铺砌的墓上建筑。大部分墓葬（21座）在古代已被扰动。扰动后，封丘的中心部分塌陷。因此可以推测，原来的墓上建筑的数量应该更多。墓地中有各种类型的墓葬建筑。依据埋葬方式的不同，所有的墓葬可分为两大类：Ⅰ类土葬，Ⅱ类火葬。下面对其进行简要介绍。

Ⅰ类，1型。地表土葬，没有附加结构，共有13座墓葬。通常，这种类型的墓葬利用自然凸起的山丘地形，预先确定埋葬地点，并修理平整。在修整好的场地上举行头向朝西的单人或多人多次葬。相较而言，不同时期下葬的多人葬的特征是人骨全部或者部分损毁的，在入葬时间上早一些。随葬品包括手制的库尤萨伊类型的陶器（图6·33，图6·34）、圆形陶器、武器（图6·1-29，6·30）、磨盘、祭坛（图6·36）、马骨，以及其他家养动物的骨头。墓葬封丘的尺寸在7~19米之间。

---

① a. Л. Т. 亚布隆斯基：《花剌子模左岸墓葬——苏联共产党第十七次代表大会上关于苏联考古任务的决议》，《全苏考古学会议报告论题》，莫斯科，科学出版社，1968年；b. Л. Т. 亚布隆斯基：《左岸考察队的工作》，《1986年考古新发现》，莫斯科，科学出版社，1988年。

咸海南岸塞人文化形成问题 11

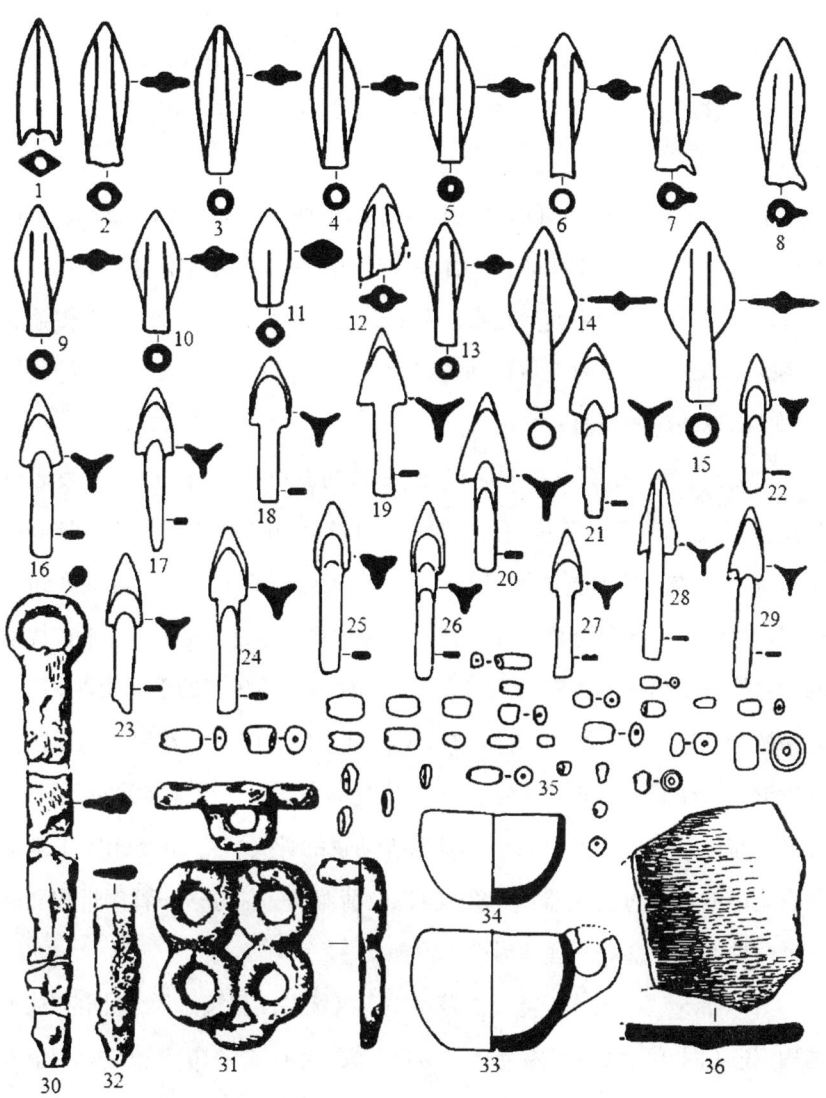

图 6 萨卡尔—恰加 6 号墓地墓 3 出土的随葬器物
(1-29，青铜箭镞；30，青铜刀；31，青铜带扣；32，铁刀；33、34，手制陶器；35，肉红玉髓、绿松石、玻璃串珠；36，石祭坛)

Ⅰ类，2型。地表土葬，带有柱状结构。其代表性的墓葬仅有一座。其直径12米的封丘下面环绕一圈柱洞。其内是中心建筑，平面呈矩形。柱洞所在的范围之内，在古代即已被扰动。该墓葬为多人葬，发现了零散的年轻女性和婴孩的骨架，此外，还发现有野生和家养动物的骨头。墓葬头向不确定。

Ⅰ类，3型。土葬于小的墓坑中。墓坑带有柱状结构。墓地中仅有1座。墓坑平面近似矩形，东西向。其四周分布的所有柱状结构都得到了系统的探查。这些柱状结构平面呈矩形。墓葬地表经过了轻微火烧，其上覆盖着细小的芦苇灰层。墓葬在古代即被扰动，没有遗物保留下来。封丘的底部发现了圆形的薄壁容器。

Ⅰ类，4型。土葬于长方形墓坑中，坑的面积为20平方米，深度超过2米，共有五座墓葬。墓坑位于大型的、直径达50米的封丘下面。地表以及石灰岩砌成的环形石围被厚厚的芦苇层覆盖。其中一个墓坑的四角有柱洞。这种类型的所有墓葬在古代已经被扰动。但是，其中一些未被扰动的人骨架显示出墓葬头向为西向。墓中不仅有当地生产的手制陶器，还有外来的圆形陶器、武器。（图7·1-66）。其中的一座墓葬发现了用于祭祀的青铜刀（图7·67，图7·68），另一座墓葬中发现了带有雄黄的石祭坛。几乎所有的墓葬中都有马骨和其他家养动物的骨头。墓20还出土了末端包有金箔的打磨过的铁器（图8·1）以及箭箙的一部分——青铜带扣和铆钉。这种类型的墓葬既埋葬男性也埋葬女性。

Ⅰ类，5型。土葬于宽阔的墓坑中。墓坑平面呈长方形，四角有柱子结构痕迹（图9），共有三座墓葬。封丘不大，直径6.5~10米。墓葬为单人葬，头向朝西。三座墓葬中有两座在古代已经被扰动。未被扰动的墓23有丰富的随葬品：耳环，上部是缠绕的金属丝，下部是打磨过的圆锥状体，末端镶嵌绿松石和水珠形饰物（图10·11）；武器，10枚青铜箭镞（图10·1-10），预先被打碎的复合金属战斧（青铜銎，铁刃）（图10·14）；

咸海南岸塞人文化形成问题　　　13

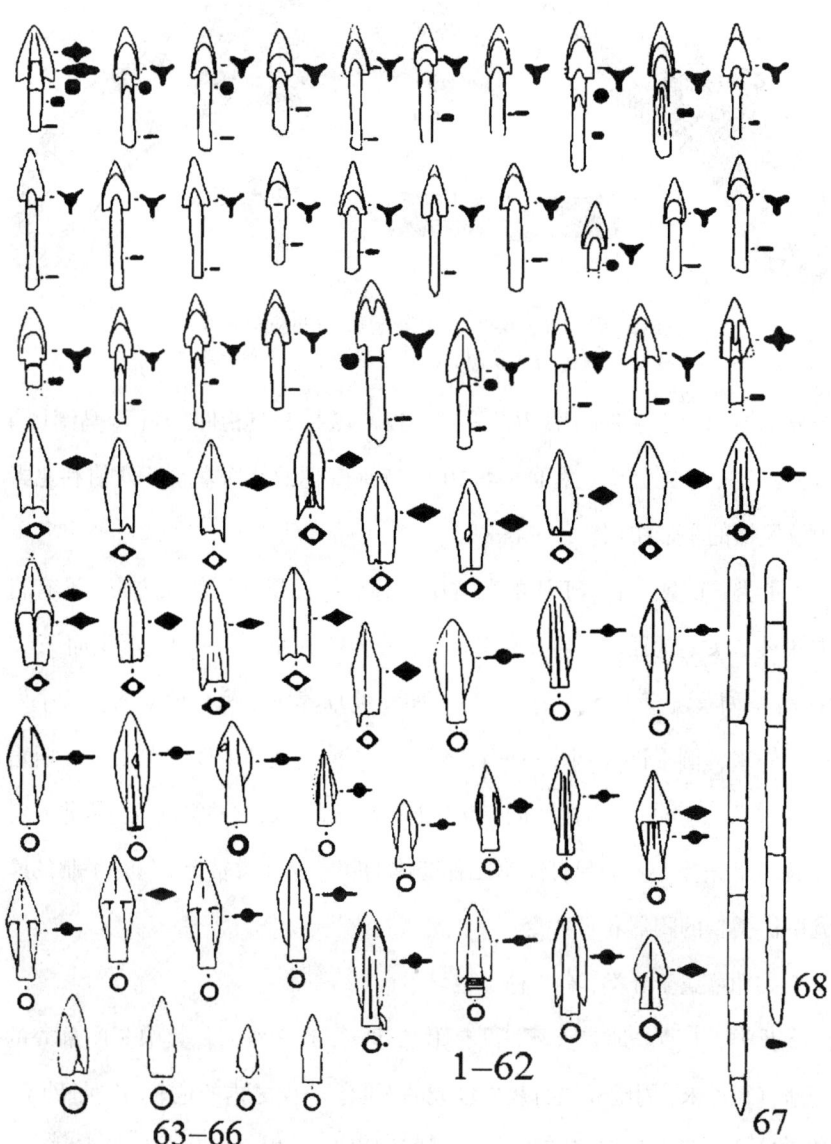

图 7　萨卡尔—恰加 6 号墓地墓 20 出土的随葬品
（1-62，青铜箭镞；63-66，骨镞；67-68，铜刀）

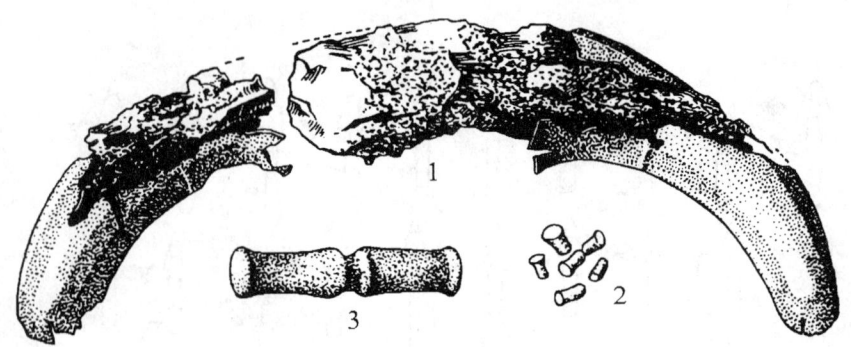

图 8　萨卡尔—恰加 6 号墓地墓 20 出土的随葬品
（1. 镶嵌金箔的铁器；2. 青铜铆钉；3. 青铜扣环）

部分残损、倾倒的柱子；铁刀（图 10·12、13）；马具构件，马衔、马镳（图 11·1-3），一副笼头（图 11·4-10），特别有趣的是斯基泰—西伯利亚野兽纹风格的马带扣（图 12·1-8）。

Ⅰ 类，6 型。土葬于浅的墓坑中。墓坑平面形状近似长方形，没有附加建筑。头向为西向，共有 6 座墓葬，分为两种变体：一种墓坑宽而深（2 座），一种墓坑窄而浅（4 座）。有一座女性墓葬属于第一种变体。墓中发现了外来的圆形陶器（图 13·4、5）。第二种类型的变体有单人葬和成对埋葬。成对埋葬的，有同时的，也有前后相续的，后一种情况下，新葬入者会破坏早先葬入者的尸骨。第二种变体的随葬品非常贫乏，只有手制的库尤萨伊类型的陶器和石磨盘。

火葬墓属于 Ⅱ 类，有 3 种类型。

Ⅱ 类，1 型。地表火葬，没有附加建筑，有 2 座墓。其中一座墓葬的场地直径 6 米，周围环绕石灰岩堆成的石圈。石圈之内的地表填满了砂子。焚烧过的人骨架保留了下来。由骨架的位置，可以看出死者仰身直肢，头向西。骨架上方是原木搭建的木柴垛，周围绕一圈干树枝。封丘建在未燃

咸海南岸塞人文化形成问题　　　15

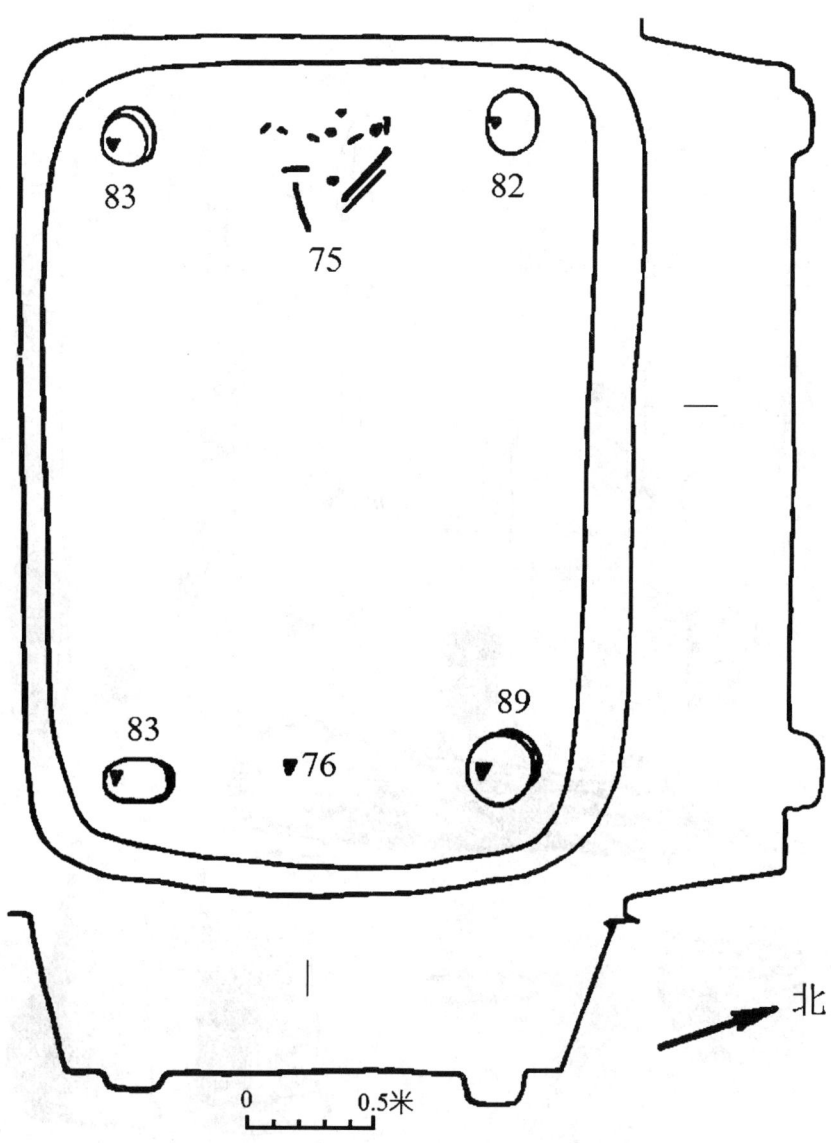

图 9　萨卡尔—恰加 6 号墓地墓 18 墓室平面图

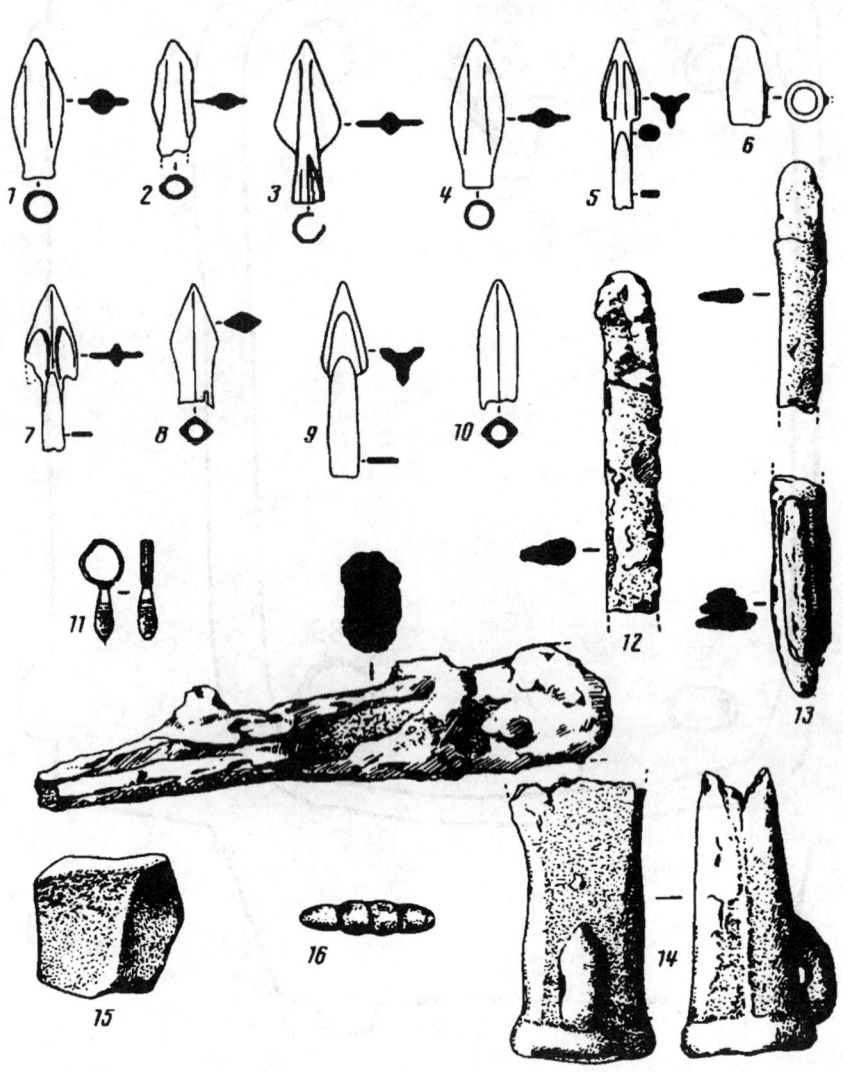

图 10 萨卡尔—恰加 6 号墓地墓 23 出土的随葬器物
（1-10，青铜箭镞；11，镶嵌绿松石的金耳环；12、13，铁刀；14，复合金属战斧；15，石头；16，青铜带扣）

咸海南岸塞人文化形成问题

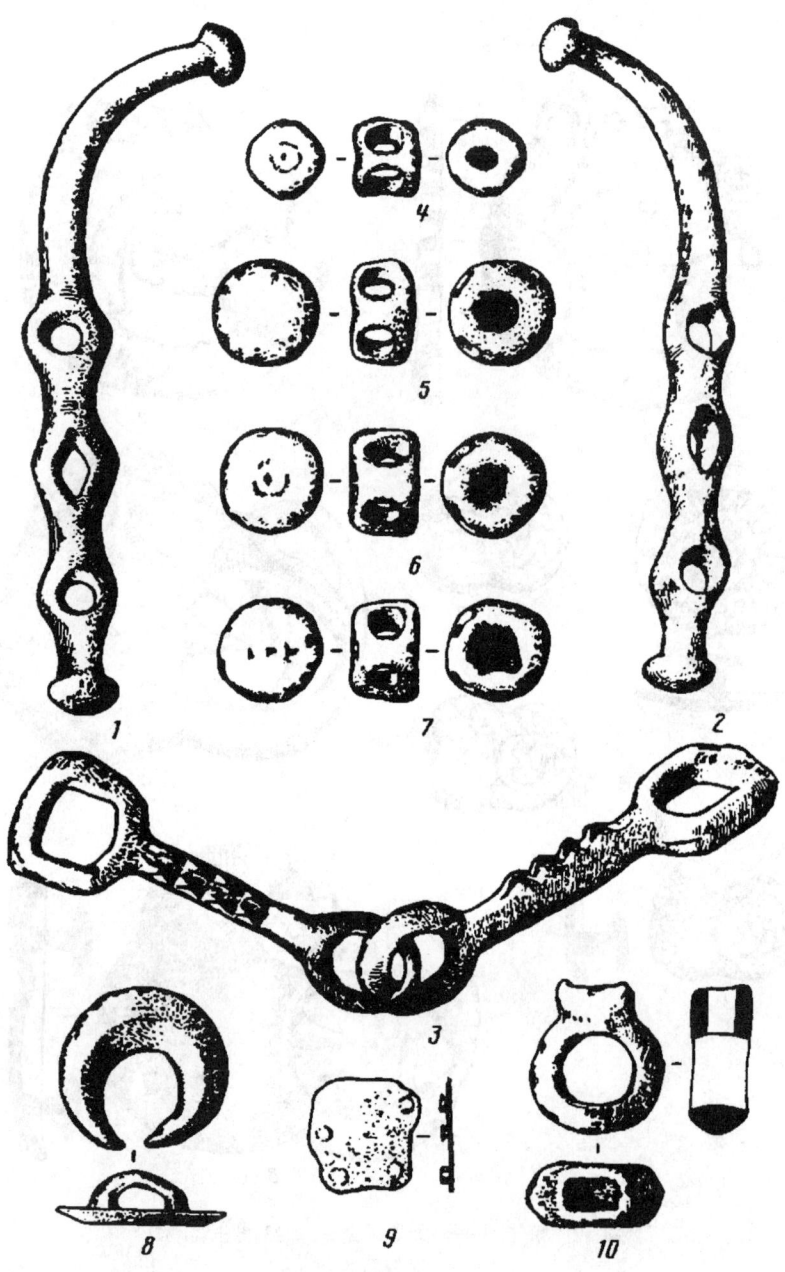

图 11　萨卡尔—恰加 6 号墓地墓 23 出土的青铜器
（1、2，马镳；3，马衔；4-7，皮笼头；8，半月形饰件；9，皮带扣眼；10，扣环）

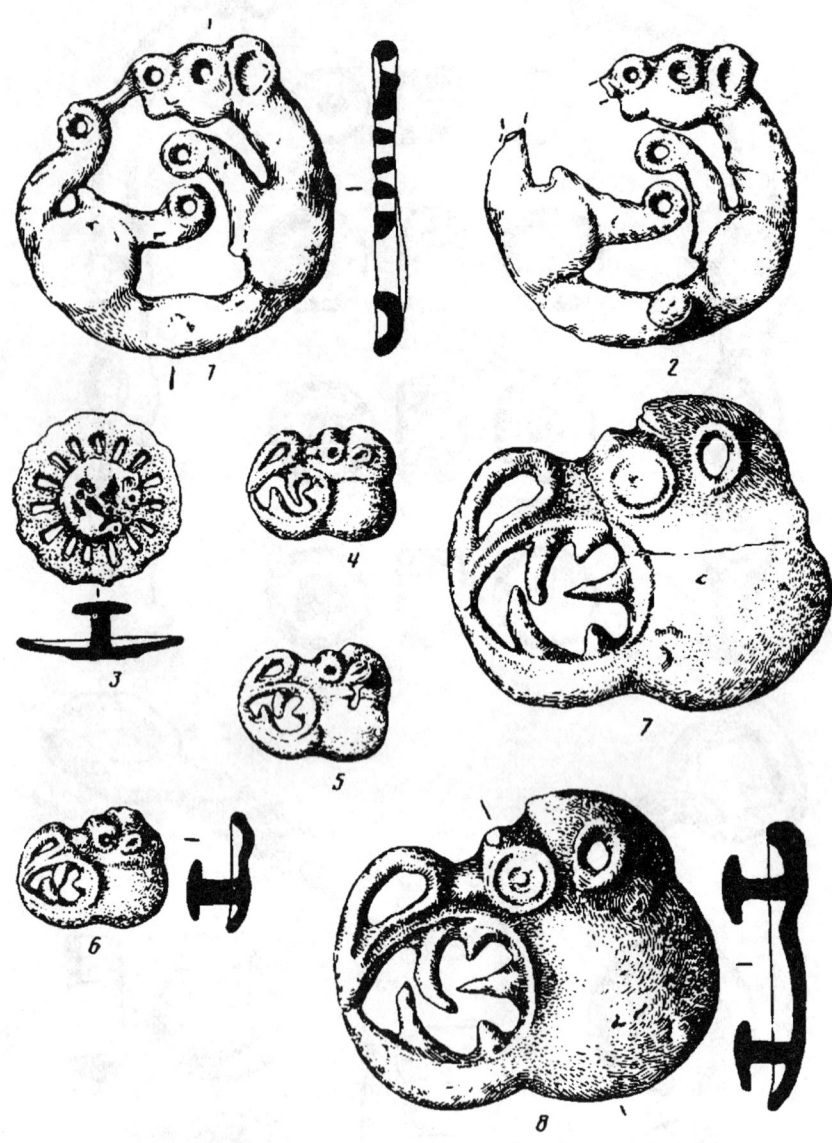

图 12　萨卡尔—恰加 6 号墓地墓 23 出土器物
1-8，青铜马带扣）

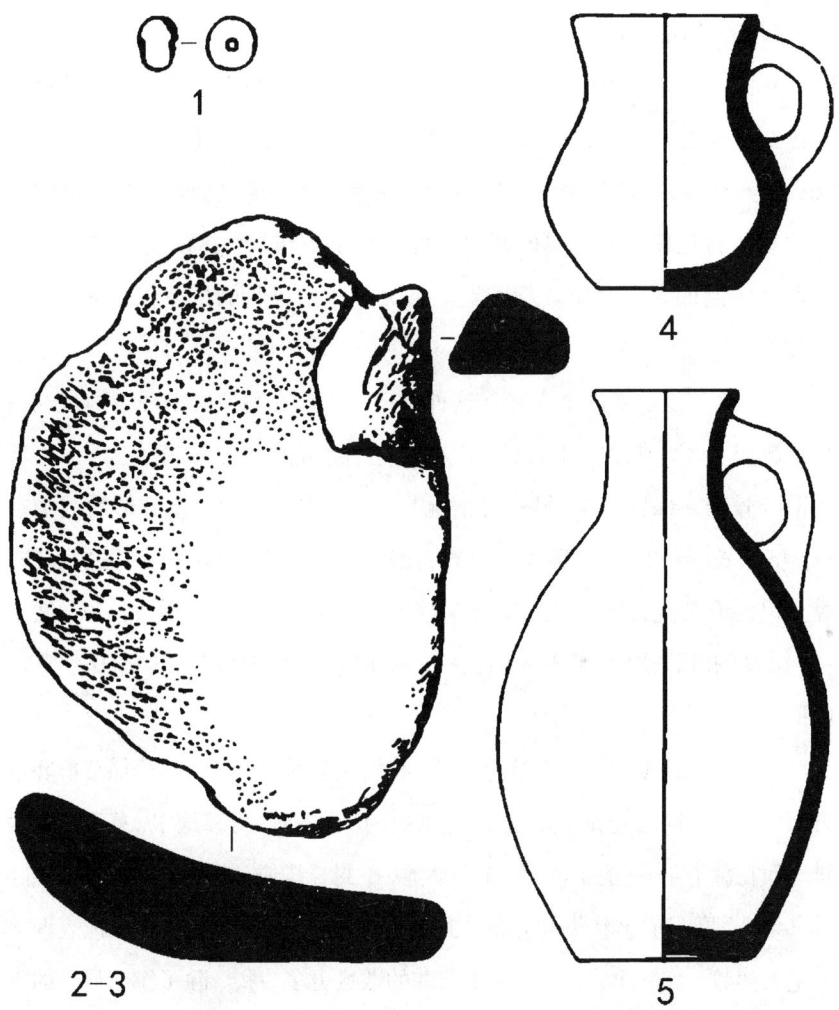

图 13　萨卡尔—恰加 6 号墓地墓 5 出土的随葬器物
（1，玻璃串珠；2、3，石磨盘、石磨棒；4、5，灰陶圆形陶器）

尽的篝火堆上面。墓中发现了青铜箭镞、用途不明的铁器、马的牙齿、禽类骨头以及家养动物的骨头。墓地内至少进行了两次火葬，起初埋葬时的篝火残迹能够证明这一点。

Ⅱ类，2型。地表火葬，带有柱状结构。仅有一座墓葬。相似的建筑遗迹在萨卡尔—恰加5号墓地中也有发现。该墓葬封丘直径9米，周围环绕石灰石砌成的石围。石围内部有两圈柱洞，环绕着平面近似长方形的中心建筑。封丘建在未燃尽的篝火上面。在中心建筑的区域内发现了人骨及两件手制的库尤萨伊类型陶器。从火烧过的人骨的摆放位置来看，头向朝西。

Ⅱ类，3型。墓坑中火葬。这种类型的墓葬在墓地中出现过两次。一种情况是：火葬在墓坑中进行，而在此之前墓坑中已经举行了土葬（土葬的部分骨架还保留着）。另一种情况是：火葬在平面近似长方形的坑中举行，坑深60厘米，周围环绕石灰岩石圈。坑壁各边留有黏土涂抹的痕迹，黏土里混有焚烧过的篱笆。女性墓葬中发现了青铜锥管、两枚箭镞、铁手镯、献祭的喙状器物、研磨颜料的杵、陶纺轮、长铁刀以及玻璃串珠。墓坑中所有火烧的尸骨均头向西。

在简要概述墓葬的研究情况之后，我们注意到了萨卡尔—恰加墓群葬俗方面的一些共同之处和差异之处。在萨卡尔—恰加3号墓地中，墓群排成两排。而在萨卡尔—恰加4号和5号墓地中，封丘排成一排。萨卡尔—恰加6号墓地，墓葬呈灌木状集群分布。3-5号墓地封丘的数量并不多。地表埋葬占绝大多数。实际上，6号墓地中墓葬的数量更多一些。除了挪动尸骨的火葬墓外，所有墓葬的结构在萨卡尔—恰加墓地中都很著名，地表铺苇席也是该墓地的埋葬特征之一。这种情况仅在5号墓地封丘下面的墓葬中出现过一次，而在萨卡尔—恰加3号和4号墓地中从未出现过。4号和5号墓地一次也没有出现一个墓坑中多次葬的习俗。这里似乎表现出了群体间的差异。

同时，我们也对墓地之间相似的特征进行了系统研究。对所有墓地而言,墓葬建筑的特征体现在分布于封丘底部将各个墓葬隔开的石灰岩石圈,以及墓上石围。所有墓地都有不同类型的地表葬。其中两座墓地发现了野兽纹风格的器物以及箭镞。可以猜想,若不是在古代被普遍盗扰,墓葬中发现的随葬品会更多。最后,特别重要的一点是,在各座墓地不同结构的墓坑中,不仅仅出土了外来陶器,还有称之为库尤萨伊类型的当地手制陶器。众所周知,手制陶器具有非常显著的族群特征。由于存在同一类型的手制陶器,Б.И.魏因贝格把库尤萨伊2号地点、图梅克—基奇德日克墓地中的一些墓葬以及萨雷卡梅什一带的其他遗存,归入了库尤萨伊考古学文化[1]。

当涉及各座墓地葬俗的差异时,其起源问题需要做专门的分析。暂时可以作出推测的是,墓地使用期间的年代缺口并不大,这些墓地如若不是同一人群遗留下来的,那么,各座墓地之间在文化关系上不会如此接近。

为了方便建立萨卡尔—恰加墓地的文化特征和年代序列,本文的讨论范围仅限于一些具有特色的葬俗特征上。

随葬器物可以分为以下几类:

(1)陶器遗存,包括手制而用篝火烧造的陶器和高质量的圆形陶器;

(2)生产和生活用具,有石磨盘、铁刀和纺轮;

(3)武器,有箭镞、战斧和箭箙构件;

(4)马具,其中有一些具有野兽纹风格;

(5)装饰品,包括串珠、手镯和耳环;

(6)祭祀物品,有石祭坛、青铜刀、研磨颜料和雄黄用的杵、香炉;

另外,祭品残迹、野生和家养动物的骨头(其中包括马骨)也是随葬器

---

[1] a.Л.Т.亚布隆斯基:《花剌子模左岸墓葬——苏联共产党第十七次代表大会上关于苏联考古任务的决议》,《全苏考古学会议报告论题》,莫斯科,科学出版社,1968年;图1;b.В.М.马松:《马尔吉亚那古代农业文明》,《苏联考古学资料与研究》1959年第73期;c.Л.Т.亚布隆斯基:《土库曼北部墓葬发掘》,《1983年考古新发现》,莫斯科,科学出版社,1985年,第42—43页。

物不可分割的一部分。

对所列举各类器物的简要分析如下。

手制的陶器有各种各样的形状：平底罐、杯身低矮、带有突起弯曲柄的杯子、缸形器、带有管状注流的陶器。类似制作工艺和形状的陶器，在库尤萨伊 2 号地点的发掘中十分常见。[1] 总之，这种遗存和萨雷卡梅什草原一带的早期塞人时期的陶器遗存具有一些相似之处。陶器遗存中具有特色的是带有注流的陶罐。

涉及为数不多的圆形陶器时，类似的器物在古代马尔吉亚那（Маргиана，Margiana）与雅兹Ⅱ期年代相近的居址中有发现。[2] 这些居址的年代上限，经研究不迟于公元前 7 世纪—公元 6 世纪。[3] 一般而言，萨雷卡梅什地区库尤萨伊文化遗存的特征，是出现当地生产的手制陶器和南部起源的外来的圆形陶器的组合。[4] 这同时也是锡尔河下游早期塞人时期墓葬遗存的特征。[5]

石杵、铁刀和圆锥形纺轮在墓地文化和年代序列构建方面所能提供的

---

[1] Б. И. 魏因贝格:《库尤萨伊文化遗存》,《花剌子模境内游牧民》,《花剌子模考古学—民族学考察队通报》, 卷Ⅺ, 表Ⅴ-Ⅷ, 莫斯科, 科学出版社, 1979 年。

[2] В. М. 马:《马尔吉亚那古代农业文明》,《苏联考古学资料与研究》1959 年第 73 期, 第 48 页。

[3] a. И. М. 季亚科诺夫:《〈马尔吉亚那古代农业文明〉书评》,《古代史通报》1960 年第 3 期, 第 198—199 页; b. М. Г. 沃罗比约娃:《"花剌子模"问题及考古学》,《中亚民族学与考古学》, 莫斯科, 科学出版社, 1979 年, 第 39 页。

[4] a. 同 1, 表Ⅸ; b. Х. 尤苏波夫:《塔雷姆—卡亚Ⅱ、Ⅲ号墓地墓葬》,《花剌子模境内游牧民族》,《花剌子模考古学—民族学考察团通报》, 卷Ⅺ, 莫斯科, 科学出版社, 1979 年, 第 94 页。

[5] О. А. 维什涅夫斯卡娅:《乌伊加拉克资料所见之公元前 7—前 5 世纪锡尔河下游塞人部落文化》,《花剌子模考古学—民族学考察团通报》, 卷Ⅷ, 图 47、48, 莫斯科, 科学出版社, 1979 年。

特征非常少。仅仅可以重复的是，相似的器物在萨雷卡梅什地区库尤萨伊遗存中有发现。[①] 肉红玉髓、软玉及绿松石串珠，在早期塞人时期的遗存中有广泛分布。[②] 与萨卡尔—恰加墓地出土的镶嵌绿松石的金耳环相同类型的器物，在库尤萨伊2号地点的地层中有发现。[③] 其他地区还没有发现和这种耳环非常相似的器物，但是基本相似的器物在哈萨克斯坦早期塞人遗存中十分常见[④]，其原型可能来自于北部塔吉斯肯[⑤]。

石祭坛在欧亚草原早期塞人时期和萨夫罗马特（сроматское время）时期的广大地区曾得到推广。但是，像萨卡尔—恰加墓地发现的这种特殊的鸟喙状的样式，此前仅在南部塔吉斯肯[⑥]和乌伊加拉克[⑦]墓地发现过。与萨卡尔—恰加墓地一样，这种石祭坛也仅仅发现于女性墓葬中。[⑧] 这种禽类头风格的样式，使人想起乌伊加拉克和南部塔吉斯肯同一类型的青

---

① Л.Т.亚布隆斯基:《萨卡尔—恰加3号早期塞人时期墓地》,《苏联民族学》1986年第3期,第50页。

② Б.И.魏因贝格:《库尤萨伊文化遗存》,《花剌子模境内游牧民》,《花剌子模考古学—民族学考察队通报》,卷Ⅺ,表Ⅴ-Ⅷ,莫斯科,科学出版社,1979年,第44页。

③ a.Л.Р.克兹拉索夫:《乌尤克阿尔然墓及塞人文化起源问题》,《苏联考古学》1977年第2期,第17—18页; b.М.Г.沃罗比约娃:《"花剌子模"问题及考古学》,《中亚民族学与考古学》,莫斯科,科学出版社,1979年,表Ⅺ a。

④ О.А.维什涅夫斯卡娅:《乌伊加拉克资料所见之公元前7—前5世纪锡尔河下游塞人部落文化》,《花剌子模考古学—民族学考察队通报》,卷Ⅷ,莫斯科,科学出版社,1979年,表ⅩⅨ,9。

⑤ 《哈萨克苏维埃社会主义共和国史》,阿拉木图,科学出版社,1997年,第114页图6。

⑥ С.П.托尔斯托夫:《塔吉斯肯资料所见之锡尔河下游塞人》,图10,《苏联考古学》1966年第2期。

⑦ О.А.维什涅夫斯卡娅:《乌伊加拉克资料所见之公元前7—前5世纪锡尔河下游塞人部落文化》,《花剌子模考古学—民族学考察队通报》,卷Ⅷ,莫斯科,科学出版社,1979年,表ⅩⅥ,15。

⑧ 同上书,第66页。

铜牌饰。①

青铜器,包括箭镞和马具构件,很可能为萨卡尔—恰加墓地提供更为准确的年代信息。这些青铜器物的年代标尺已在斯基泰—塞人考古学中得到了详尽、深入的研究。萨卡尔—恰加墓地中一共发现了120多枚箭镞,其中两只大箭箙的发现具有重要意义。一只(出自萨卡尔—恰加6号墓地墓20)箭箙中装有66支箭镞(图7),另一只(同样出自萨卡尔—恰加6号墓地,墓3)装有30支箭镞(图6)。

首先要指出,所有箭镞按照安装方式的不同,可分为有铤和有銎两类,前者占总数的45.6%,后者占总数的54.4%。有趣的是,这两种类型的箭镞在墓20中所占的比例相应地为46.8%和53.2%;在墓3中,两种类型的箭镞数量也大致相当。据此可以认为,有铤箭镞和有銎箭镞在墓葬中均等分布是萨卡尔—恰加6号墓地的特征之一。除了铜镞外,萨卡尔—恰加墓地还发现了各种样式的子弹形的有銎骨镞,它们呈圆锥形及侧面凸起或凹入的子弹形,但这类箭镞数量极少,三翼有銎箭镞仅发现一件(青铜材质),是标准的子弹形,四翼有铤箭镞也仅发现一件。

有铤箭镞和有銎箭镞是哈萨克斯坦塞人遗存的基本特征,而并非黑海沿岸斯基泰人和萨夫罗马特人遗存的特征。②

萨卡尔—恰加墓地中发现的有铤箭镞不多,但还是有一些双翼有铤箭镞。这种类型的箭镞在中亚和伊朗出现的年代为青铜时代晚期。三翼有铤箭镞的原型,在哈萨克斯坦和南西伯利亚青铜时代晚期的遗存中很常见。四翼有铤箭镞以前仅在乌伊加拉克墓地中发现过③,且数量很少,可能是咸

---

① 《哈萨克苏维埃社会主义共和国史》,阿拉木图,科学出版社,1997年,第280页。

② a. K. A. 阿金什耶夫:《伊犁河谷地塞人和乌孙古代文化》,阿拉木图,科学出版社,1963年,第121页; b. O. A. 维什涅夫斯卡娅:《阿拉特里河沿岸地区早期塞人》,《苏联考古学资料与研究》1971年第177期,第203页。

③ O. A. 维什涅夫斯卡娅:《乌伊加拉克资料所见之公元前7—前5世纪锡尔河下游塞人部落文化》,《花剌子模考古学—民族学考察队通报》,卷Ⅷ,莫斯科,科学出版社,1979年,第94页。

海沿岸特殊的型式。

有銎箭镞有各种各样的变体。据推测,截面呈标准菱形的箭镞,起源于咸海沿岸的哈萨克斯坦地区。[①]这种箭镞多见于锡尔河下游的墓地中。在萨卡尔—恰加墓地中,这种类型的箭镞占有銎箭镞总数的三分之一——其余的三分之二有突出的銎孔。它们当中有月桂树叶形、叶形(19件)、对称的菱形、不对称的菱形(16件),一些銎孔底端有倒刺,一些呈塔形,也带有刺的(2件,有1件銎孔下部有突出的边框),还有叶形样式、截面菱形(2件),等等。

如果不深究细节的话,我们可能会注意到,所列举的各种样式在木椁墓—安德罗诺沃墓葬中能找到原型,或者在欧亚地区前斯基泰时期的遗存中也能找到相似的器物。这些遗存包括:东部的图瓦地区的阿尔然墓和西部的黑海沿岸、前高加索地区的钦麦里人(киммерский)时期遗存。

根据 И. Н. 梅德韦茨卡娅(И. Н. Медведеская)的报告,中亚和哈萨克斯坦境内公元前6世纪的遗存中,很少出现有鋌镞和有銎镞共存的情况。[②]她得出的结论是:三翼有鋌镞和三翼斯基泰类型有銎镞不共存,这些遗存的年代应该不晚于公元前7世纪。[③]显然,这即是萨卡尔—恰加墓地箭镞的年代上限。

应该说,库尤萨伊2号地点[④],以及锡尔河流域早期塞人墓葬[⑤]中发掘

---

① О. А. 维什涅夫斯卡娅:《阿拉特里河沿岸地区早期塞人》,《苏联考古学资料与研究》1971年第177期,第203页。

② И. Н. 梅德韦茨卡娅:《中亚和哈萨克斯坦青铜镞年代学方面的几个问题》,《苏联考古学》1972年第3期,第81页。

③ 同上书,第83页。

④ Б. И. 魏因贝格:《库尤萨伊文化遗存》,《花剌子模境内游牧民》,《花剌子模考古学—民族学考察队通报》,卷XI,莫斯科,科学出版社,1979年,表XII。

⑤ a. О. А. 维什涅夫斯卡娅:《乌伊加拉克资料所见之公元前7—前5世纪锡尔河下游塞人部落文化》,《花剌子模考古学—民族学考察队通报》,卷VIII,莫斯科,科学出版社,1979年,表XXV;b. Е. Е. 库兹米娜:《乌伊加拉克资料所见之公元前7—前5世纪锡尔河下游塞人部落文化》书评,《苏联考古学》1975年第2期。

所获的箭镞,在类型学方面与萨卡尔—恰加墓地最接近。同样值得注意的是,乌伊加拉克墓地发现的137枚箭镞中,仅有13枚属于三翼有銎类型[①],而在库尤萨伊遗址中,50枚箭镞中仅有2枚此种箭镞。Б. И. 魏因贝格这样写道:"大约有8枚还仅仅是残片。"[②]

不反对通过箭镞和其他重要的随葬器物——马具——来建立墓地的年代序列。马具包括外环呈马镫形、沿着中心分布两排齿状浮雕的马衔,末端为蘑菇形、带有三孔的马镳(末端和孔口分布在同一平面)。[③]

谈到野兽纹风格制作的器物时(图12),在乌伊加拉克墓地发现的卷曲成环的猫科猛兽带扣和它们有相似之处。多齿的格里芬(Griffin),就笔者所掌握的材料来看,还没发现在类型学上与之相似的器物,但它们在团豹饰片上出现过。其风格无疑属于斯基泰—西伯利亚野兽纹风格形成的最早阶段,从萨卡尔—恰加3号墓地发现的顶部雕刻野猪图案的骨器中,可以看出这一点。[④]与之风格和类型上最接近的,是阿尔然墓中发现的鹿石。关于阿尔然鹿石的可能年代,学者们的意见仍有分歧。[⑤]萨卡尔—恰加墓

---

① О. А. 维什涅夫斯卡娅:《乌伊加拉克资料所见之公元前7—前5世纪锡尔河下游塞人部落文化》,《花剌子模考古学—民族学考察队通报》,卷Ⅷ,莫斯科,科学出版社,1979年,第89页。

② Б. И. 魏因贝格:《库尤萨伊文化遗存》,《花剌子模境内游牧民》,《花剌子模考古学—民族学考察队通报》,卷Ⅺ,表Ⅴ-Ⅷ,莫斯科,科学出版社,1979年,第20页。

③ 参见:a. А. К. 阿基什耶夫:《塞人文化早期阶段的年代学问题》,《哈萨克斯坦考古遗存》,阿拉木图,科学出版社,1978年,第53、54页;b. Ю. А. 扎德涅普拉夫斯基:《费尔干纳盆地古代农业文明》,《苏联考古学资料与研究》1962年第118期,第67—68页。

④ Л. Т. 亚布隆斯基:《萨卡尔—恰加3号早期塞人时期墓地》,《苏联民族学》1986年第3期,第48—49页

⑤ a. А. 舍里亚:《斯基泰—西伯利亚野兽纹风格的早期阶段》,《斯基泰—西伯利亚文化史的整合》,克麦罗沃,克麦罗沃大学出版社,1980年,第343页;b. А. А. 科瓦廖夫:《阿尔然墓鹿石年代》,《斯基泰—西伯利亚世界》,新西伯利亚,科学出版社,1987年,第97页。

地的发现，间接证明阿尔然鹿石和此墓属于同一时期。

重新回到萨卡尔—恰加墓地的墓室结构上来。应当指出，首先，它们无一例外地具有一些特点，这些特点在欧亚草原青铜时代晚期的墓地中也有发现，其中包括一座墓葬中出现火葬和土葬两种葬俗的组合，而这是哈萨克斯坦中部安德罗诺沃文化晚期遗存的特征。[①]大体而言，火葬习俗在青铜时代晚期的遗址中普遍流行，特别在安德罗诺沃木椁文化区族群文化相互渗透的地带。[②]

时间上早于萨卡尔—恰加墓地而在墓室结构方面与之最为接近的，是北部塔吉斯肯的陵墓。其中心墓室为长方形，周围环绕火圈。[③]四角带有四根柱子的墓坑，显示出和这种遗存结构上的渊源关系。更晚一些，到了早期塞人时期，这两种丧葬习俗在锡尔河下游南部塔吉斯肯墓地和乌伊加拉克墓地也有发现，地表铺苇席是这两处墓地的特点之一。[④]地表以及墓坑中带有柱状结构的建筑，在黑海北岸青铜时代晚期和前斯基泰时期也有发现。[⑤]火葬在其他地方举行的墓葬形式，在从乌拉尔河上游到第聂伯河

---

① a. К. А. 阿金什耶夫：《哈萨克斯坦北部的古代遗存》，《哈萨克苏维埃社会主义共和国科学院历史、考古、民族学研究所丛刊》，阿拉木图，科学出版社，1959年，第10页；b. М. К. 卡德巴耶夫：《努拉河流域日朗德墓地》，《远古时代》，阿拉木图，科学出版社，1974年，第36、37页。

② В. И. 柯金科娃：《高加索科班斯文化火葬习俗》，《苏联考古学》1982年第2期，第25页。

③ С. П. 托尔斯托夫：《中央亚细亚斯基泰考古新发现》，《古代史通报》1963年第2期。

④ С. П. 托尔斯托夫：《塔吉斯肯资料所见之锡尔河下游塞人》，《苏联考古学》1966年第2期，第154页。

⑤ a. А. И. 捷列诺日金：《斯基泰文化》，《斯基泰考古问题》，《苏联考古学资料与研究》1971年第177期；b. В. В. 奥特拉申科：《别洛泽尔斯克时期的新墓地》，《斯基泰世界》，基辅，1975年，第196页；c. В. С. 奥利霍夫斯基：《早期斯基泰的墓葬建筑——基于希罗多德的记载及考古材料》，《苏联考古学》1978年第4期，第92—93页。

下游的广大地区的木椁墓文化遗存中非常著名。①

头向也是葬俗的另外一项重要指标。在萨卡尔—恰加墓地,不论墓室建筑的形式如何,头向几乎总是朝西。大体而言,这样的头向是萨雷卡梅什地区早期铁器时代墓葬的特征②,且在乌伊加拉克墓地③和南部塔吉斯肯④中也占绝大多数。更早一些,在哈萨克斯坦境内还发现了安德罗诺沃时期头向西的地表火葬。⑤到了前斯基泰时期,仰身直肢头向西的土葬,在黑海北岸偶有发现。⑥另外,这一地区的土葬也呈现出由屈肢葬向直肢葬过渡的趋势。在哈萨克斯坦境内,头向为西向的遗存的年代为公元前8—前7世纪。⑦到了塞人—乌孙时期,这种头向的葬式已经在七河流域稳定并占绝大多数了⑧。

本文只是陈述一些考古材料而远非作全面的概述,但这似乎已经能够

---

① В.В.奥特拉什科:《伏尔加河下游木椁墓文化族群的火葬》,《乌克兰铜石并用时代及青铜时代》,基辅,1976年,第185页。

② Б.И.魏因贝格:《库尤萨伊文化遗存》,《花剌子模境内游牧民》,《花剌子模考古学—民族学考察队通报》,卷Ⅺ,表Ⅴ-Ⅷ,莫斯科,科学出版社,1979年,表3。

③ О.А.维什涅夫斯卡娅:《阿拉特里河沿岸地区早期塞人》,《苏联考古学资料与研究》1971年第177期,第197页。

④ С.П.托尔斯托夫:《塔吉斯肯资料所见之锡尔河下游塞人》,《苏联考古学》1966年第2期,第154页。

⑤ a.О.А.维什涅夫斯卡娅:《阿拉特里河沿岸地区早期塞人》,《苏联考古学资料与研究》1971年第177期,第8页;b.М.П.格里亚兹诺夫:《哈萨克斯坦西部青铜时代的墓葬》,1927年,第2卷,第192页。

⑥ a.О.А.克里夫佐娃—格拉科娃:《涅科波伊墓地青铜时代和前斯基泰时期的墓葬》,《苏联考古学资料与研究》1962年第115期,第20页;b.А.М.列斯科娃:《黑海北岸草原的前斯基泰时期》,《斯基泰考古问题》,《苏联考古学资料与研究》1971年第177期,第88页;c.А.И.捷列诺日金:《钦麦里人》,基辅,1976年,第102页。

⑦ А.К.阿基什耶夫:《塞人文化早期阶段的年代学问题》,《哈萨克斯坦考古遗存》,阿拉木图,科学出版社,1978年,第39页。

⑧ О.В.奥别伊琴科:《泽拉夫尚河谷地古代游牧文化》,《历史学博士论文摘要》,莫斯科,1982年,第8页。

证实对萨卡尔—恰加墓地葬俗的古老性及其存在一些借用特征的推测，这些特征可以说明使用这些遗存的时间接近青铜时代晚期。

显然，前述提及的萨卡尔—恰加墓地的每一项葬俗特征，都需要在今后积累科学的考古材料的前提下进行专门的分析，这将是以后的工作。但是，前面对墓地材料的大致梳理，使我们能够得出一些初步的认识。

最主要的一点在于，萨卡尔—恰加墓地包含了斯基泰三要素的所有要素，但在类型学方面却属于中亚塞人文化（广义上的）。该墓地的墓室结构、遗物与锡尔河下游被公认为塞人文化墓葬的遗存存在相似之处，证实了这一结论。

萨卡尔—恰加墓地和乌伊加拉克墓地、南部塔吉斯肯墓地之间，在葬俗和随葬器物方面的大量对比，至少证明所列举遗存的群体之间存在着密切的文化联系。在这些群体的物质文化形成过程中，咸海沿岸北部塔吉斯肯墓地遗存所代表的的民族文化成分很可能也参与进来了。①

各种各样物质文化器物之间存在的相似之处，显然说明库尤萨伊2号地点和萨卡尔—恰加墓地（两者之间相距不超过2千米）是同一人群遗留下来的。也就是说，无论如何，库尤萨伊文化的起源，就像 М. А. 伊季娜（М. А. Итина）推测的那样②，其基本文化要素需要与草原相联系。其他重要的结论在于，现今的阿姆河左岸在早期铁器时代是塞人部落的活动区域；而萨雷卡梅什一带的墓葬和居址，则是目前所知的塞人分布的最西界。

萨卡尔—恰加遗存的年代情况要复杂一些。在我看来，其年代上限——公元前7世纪——足够可信。特殊的青铜箭镞和在类型学上特殊的其他随葬器物，在东部的阿尔然墓和西部的公元前8—前7世纪中叶的前斯基泰

---

① М. А. 伊季娜：《花剌子模考察——基本总结与研究展望》，《花剌子模古代文化与艺术》，莫斯科，科学出版社，1981年，第11页。

② М. А. 伊季娜：《序》，《花剌子模边境的古代游牧民》，《花剌子模考古学—民族学考察团学报》，卷XI，莫斯科，科学出版社，1979年，第5—6页。

时期的遗存中，都发现有相似例子。

同时，应该再一次指出，萨卡尔—恰加墓地的圆形陶器（图5·4；图13·4、5）[①]与古代马尔吉亚那与雅兹Ⅱ期同时期的地层中发现的器物相似，但不能因此认为公元前8世纪是萨卡尔—恰加墓地的年代下限。考虑到葬俗和随葬器物大部分组成要素的特征，公元前8世纪末—前7世纪比较可靠——这是笔者对萨卡尔—恰加墓地阶段划分的认识。

对萨卡尔—恰加墓地的葬俗及其体现的古人类学材料的详细分析，可以准确地考证出萨雷卡梅什地区早期铁器时代墓地的年代和类型。现在已经明确的是，花剌子模左岸的墓葬资料不但在中亚和哈萨克斯坦塞人文化的形成问题上非常重要，而且在欧亚草原地区同一时期文化的形成问题上也颇为重要。

---

① a. Л. Т. 亚布隆斯基:《萨卡尔—恰加3号早期塞人时期墓地》,《苏联民族学》1986年第3期，图1。

外贝加尔匈奴墓研究[*]

С.С.米尼亚耶夫（С.С.Миняев）著　张桢译　伍宇星校

德列斯图伊墓地（Дырестуйскиймогильник, Direstuj Cemetery）是著名的匈奴遗存之一。它位于布里亚特苏维埃社会主义自治共和国（今俄罗斯布里亚特共和国）吉达地区吉达河[1]左岸德列斯图伊村上游8千米处。1900—1901年间，Ю.Д.科尔塔-格林采维奇（Ю.Д.Талько-Гринцевич）首先发现了该墓地，并在此发掘了24座墓葬。[2]此后，П.Б.科诺瓦洛夫（П.Б.Коновалов）又对一些墓葬进行了研究。自1984年起，物质文化史研究所外贝加尔考察团继续对该墓地进行研究。

墓葬分布在吉达河左岸的斜坡上，距岸线500米，占地500×200平方米。遗存表面受到了流水和风力的严重侵蚀。目测观察和地形测绘表明，墓葬在此成群分布，彼此间距几十米。现今墓群所在地表存留着不同尺寸而遭到破坏的石堆。因其周围都是凹地，这些石堆看起来就像残丘一样。这种情况使得我们能够做出推测：墓群的组成除了墓葬外，还包括其他没有在现今地表上留下标记的遗迹。因此，为了充分地揭示墓群的构成，考察团的工作计划就定为全面系统的发掘与研究。

---

* 本文译自苏联科学院物质文化史研究所主编的《考古通讯》1992年第1期。作者С.С.米尼亚耶夫（С.С.Миняев），现为俄罗斯科学院物质文化史研究所高级研究员。——译者注

① 吉达河由布里亚特共和国负责管辖，属于色楞格河的左支流。——译者注
② Ю.Д.科尔塔-格林采维奇：《外贝加尔古人种学材料》，《俄国地理学会阿穆尔河沿岸地区分部特罗伊茨克—萨瓦—恰克图通报》，第Ⅲ卷（2，3），第9—32页；第Ⅳ卷（2），第32—59页，伊尔库茨克，1902年。

墓地西部的1号墓群得到了全面发掘，它分布在风蚀盆地的西部边缘。整个墓地基本上都位于盆地中，地表上的石堆遭到了破坏，彼此间距数米。总体来看是，自北向南分布。由于损毁严重，发掘之前无法确定这些石堆的形状。1968年，П.Б.科诺瓦洛夫发掘了墓群中的三座墓葬：两座墓葬（31和32号）位于墓群中间，另外一座墓葬（33号）位于墓群北部。[1] 外贝加尔科学考察团对墓群进行了全面的发掘。除了上述墓葬外，还发现了一些新的遗迹。

墓44、墓44-a、墓44-b、墓44-c，位于墓群南部，相关的发掘资料已发表。[2]

墓53位于墓31的西南角。以往发掘时已把墓53上面的部分土层取走，因此无法确定该墓原本深度和形状。该墓葬在地表下0.5米深处，墓内葬具——石棺，侧面由竖起的厚度为0.5厘米的石板砌成（每面一块），棺板的外面用小型石材加固，棺的盖板由五块相似的石板组成。石棺的朝向为自北向南，尺寸为0.95×0.47×0.25米。棺底铺垫物的残留经研究为有机物。棺中葬有一个两个月大小的婴儿[3]，仰身直肢，头朝北，无任何随葬品。

墓54，无地表标志。该墓坑位于地下0.25米处（这里指距当前地表的深度，下同），位于墓53西南偏西3米。墓坑为直角形，尺寸为1.9×0.5米，深0.9米。葬具为木棺，尺寸1.45×0.45米，高0.16米。木棺短的侧板嵌入到长的侧板中。棺底和棺盖已不存在。坑底的土层中保留着有机物残留，可能是皮革。棺内葬有一个男孩，约6~7岁，仰身直肢，头向为东北偏北。在他的左肱骨旁发现了锈蚀严重的铁质品，可能是带扣。没有其他物品随葬。

---

[1] П.Б.科诺瓦洛夫：《外贝加尔匈奴》，乌兰乌德，1976年，第140—149页。

[2] С.С.米尼亚耶夫：《德列斯图伊墓地44号墓葬遗存》，《考古所简报》1988年第194期，第99—103页。

[3] 进一步的古人类学方面的论断，参见 И.И.戈赫玛诺姆（И.И.Гохманом）的研究。

墓55，无地表标志。在清理了覆盖在墓55北部的墓32的石堆残留后，考察团对该墓进行了清理发掘工作。墓坑位于墓32石堆的东南角，尺寸为2.5×0.9米，深1.1米。由于墓葬被盗，葬具遭到了破坏，对其尺寸只能进行大致复原。保留下来的木棺的东侧面的长度为2.15米，纵侧面中部的宽度是0.7米，侧面高0.3米。棺的东北部有纵向的板痕，可能是盖板。棺和墓坑的方向为南北向。墓坑中发现了零散的人骨架（其中有氧化的青铜制品）。推测墓中所葬的为一个四十岁左右的男性。墓中还发现了典型的匈奴器物残片。

墓56，无地表标志。墓坑位于地表下0.45米处，墓32石堆北部边缘。墓坑尺寸为2.4×0.7米，深1.75米。墓内葬具——木棺，尺寸为1.8×0.7米，高0.3米，方向和墓坑一致，为东北偏北。木棺南部保留了两个厚0.3厘米的纵向盖板的残留物。棺底也是用同样的木板制成。棺中发现了一具年龄在45~50岁的男子的骨架残迹（其中包括带有氧化青铜制品的肱骨和桡骨）。此外，还有直角木片、带扣、骨管（骨针插？）。棺的南侧面的外侧发现了原地放置的被墓坑填土压碎的典型匈奴器物。

墓57，位于墓56北面4米处。地表保留着残存的石堆。墓坑尺寸为2.2×0.8米，深2.2米。墓内葬具——木棺，尺寸为1.9×0.7米，高0.25米。棺底是纵向的木板，棺盖是纵向和横向的木板。板痕保留在棺的南部。墓葬被盗，在棺的南部发现了一具年龄在55~60岁男子的下肢残骸。显然，其葬式为仰身直肢，头向为东北偏北。墓坑中发现了配有波浪形装饰图案的典型匈奴器物。棺底墓主的左脚边是角制弓的弓面残迹以及带横向簧片的圆形铁带扣。

除了墓葬外，墓群1中还发现了三个圆形的坑。坑1位于墓群南部、墓44南面7米。坑开口于地表下0.4米处，直径0.8米，深0.5米，其内填充有黑褐色砂壤土。坑内没有任何遗物。坑2位于墓群北部，墓33东面10米处。该坑开口于地表下0.3米处，直径0.6米，深0.45米，填充浅棕色砂壤土。该坑中发现了18块细小的动物骨头残块。坑3也位于墓群北部，墓33西北6.5米处。该坑开口于地表下0.8米处，直径0.5米，深0.45米，填充棕褐色砂壤土。顺着该坑的南部和西部边缘，是宽0.1米的红色砂壤土长条。坑内没有任何遗物，坑和墓葬的关系还说不清楚。

除此之外，在外贝加尔考察团的全面发掘和揭示下，墓32的地表建筑也得以清理和记录（该墓早先由 П. Б. 科诺瓦洛夫发掘[①]）。该墓葬的地表建筑近似方形（5×6米），由一两列平均尺寸为30×40厘米的石头砌成。

墓群1包括12座墓葬：4座墓葬地表上有石堆，分别是墓31、墓32、墓44及墓57（П. Б. 科诺瓦洛夫曾主持过墓31、墓32的发掘工作）；7座墓葬没有地表建筑，分别为墓44-a、墓44-b、墓44-c、墓53、墓54、墓55及墓56；墓33有地表建筑，但由于残损严重，已经模糊不清了（墓33东部2米处露出一些石头，П. Б. 科诺瓦洛夫对其进行过发掘）。

德列斯图伊墓地墓群1中的所有墓葬，在结构和随葬器物方面都体现出匈奴遗存的典型性。墓群1的位置分布，还体现了匈奴族群新的、以前不为人知的丧葬实践特征，这种特征在其他墓群中也得到了确认，它为匈奴墓葬遗存的研究提供了新的可能。

首先需要注意到的是墓群1中各种不同结构和位置的独立墓葬遗存所具有的分布趋势。从墓群1的平面图（图1）中可以清楚地看到，它由4组遗存组成，其中包括在此发现的12座墓葬中的11座。每组遗存的中心墓葬地表上都有石堆，且形状各异。中心墓葬周围分布着没有地表标志的墓葬，其与中心墓葬有差别。墓群1中的4组遗存有三种变化形式：

[①] П. Б. 科诺瓦洛夫：《外贝加尔匈奴》，乌兰乌德，1976年，第140页。

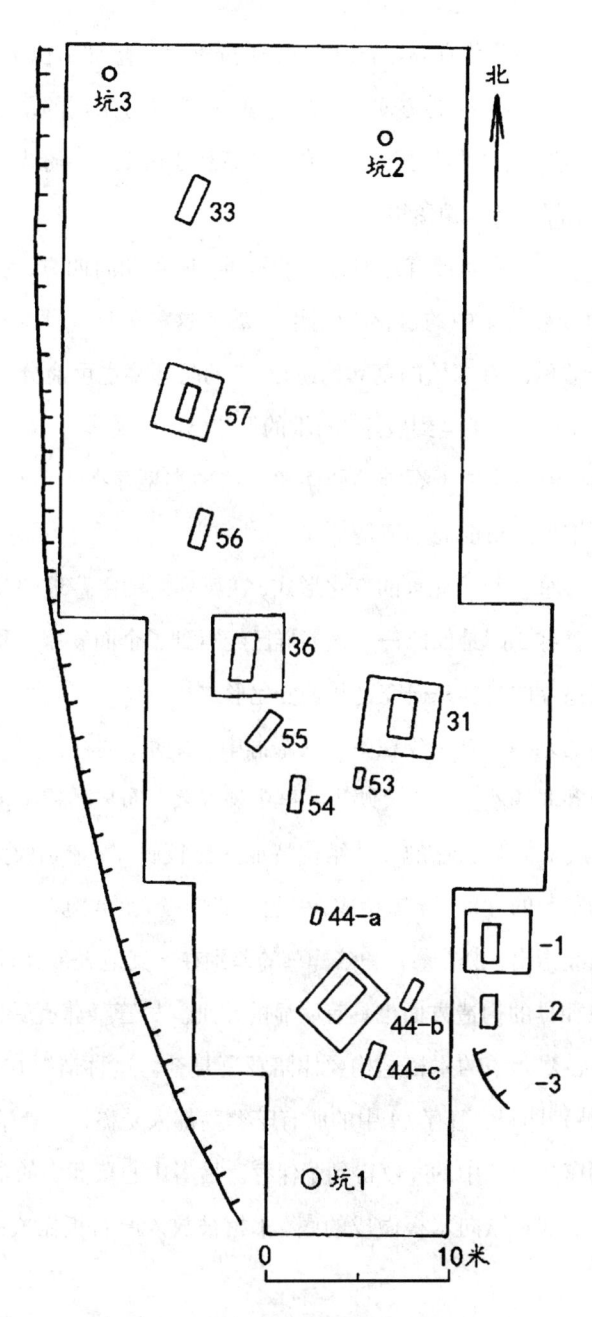

图 1 德列斯图伊墓地墓群 1 平面图
(1.地表有石堆的墓葬；2.没有地表标志的陪葬墓；3.风蚀盆地的边缘)

类型1。中心墓葬有方形石堆，四角朝向四方，陪葬墓位于石堆四角。遗存44属于此种类型（为方便材料的整理，遗存编号采用的是中心墓葬的编号）。在该遗存中，婴儿葬于石棺中，儿童葬于木棺中，随葬墓分布于石堆的北部、东部和南部角落里。

类型2。中心墓葬带有近似方形的石堆，四角朝向四方，陪葬墓位于石堆东南角。墓群1中的遗存32（图2）属于这种类型。此遗存中，石堆东南角分布着两座有木棺的墓葬。遗存57的陪葬墓也可能分布在中心墓葬石堆的东南角（由于遭到破坏，石堆的形状已不清楚）。

类型3。陪葬墓位于石堆的西南角。这种类型存在于遗存31中。中心墓葬的石堆形状目前尚不清楚。

上述中心墓葬和陪葬墓的变化形式，在德列斯图伊墓地的其他墓群中也有发现。墓群3即是如此——该墓群已经得到了全面发掘。我们可以根据其他匈奴遗存的材料来研究这几种变化形式[①]。

同类型的墓葬组合出现在不同的墓群中，表明了遗存位置分布所体现出来的特征并非偶然。它们反映了墓群中匈奴墓葬布局的稳定传统。正因为如此，组成墓群和遗存的墓葬结构特征的比较研究、遗物收集，以及每组遗存中的墓葬的性别、年龄构成，引起了我们极大的兴趣。

前面已经指出，中心墓葬和陪葬墓的差别在于其地表带有石堆。此外，两种墓葬在葬具的构造方面也具有明显的差别。尽管墓葬遭受盗扰，但显而易见，中心墓葬中的木棺结构要比陪葬墓复杂。这种情况在遗存44和遗存32中特别明显：遗存44中的所有陪葬墓都未受盗扰，遗存32中，中心墓葬和两座陪葬墓中的一座得到了保存。后者中心墓葬中的木棺有纵向和横向的盖，以及纵向木板做成的底，木棺被放入厚石板做成的石椁中，

---

① C.C.米尼亚耶夫：《匈奴墓葬遗存的地形学》，《考古所简报》1985年第184期，第21—27页。

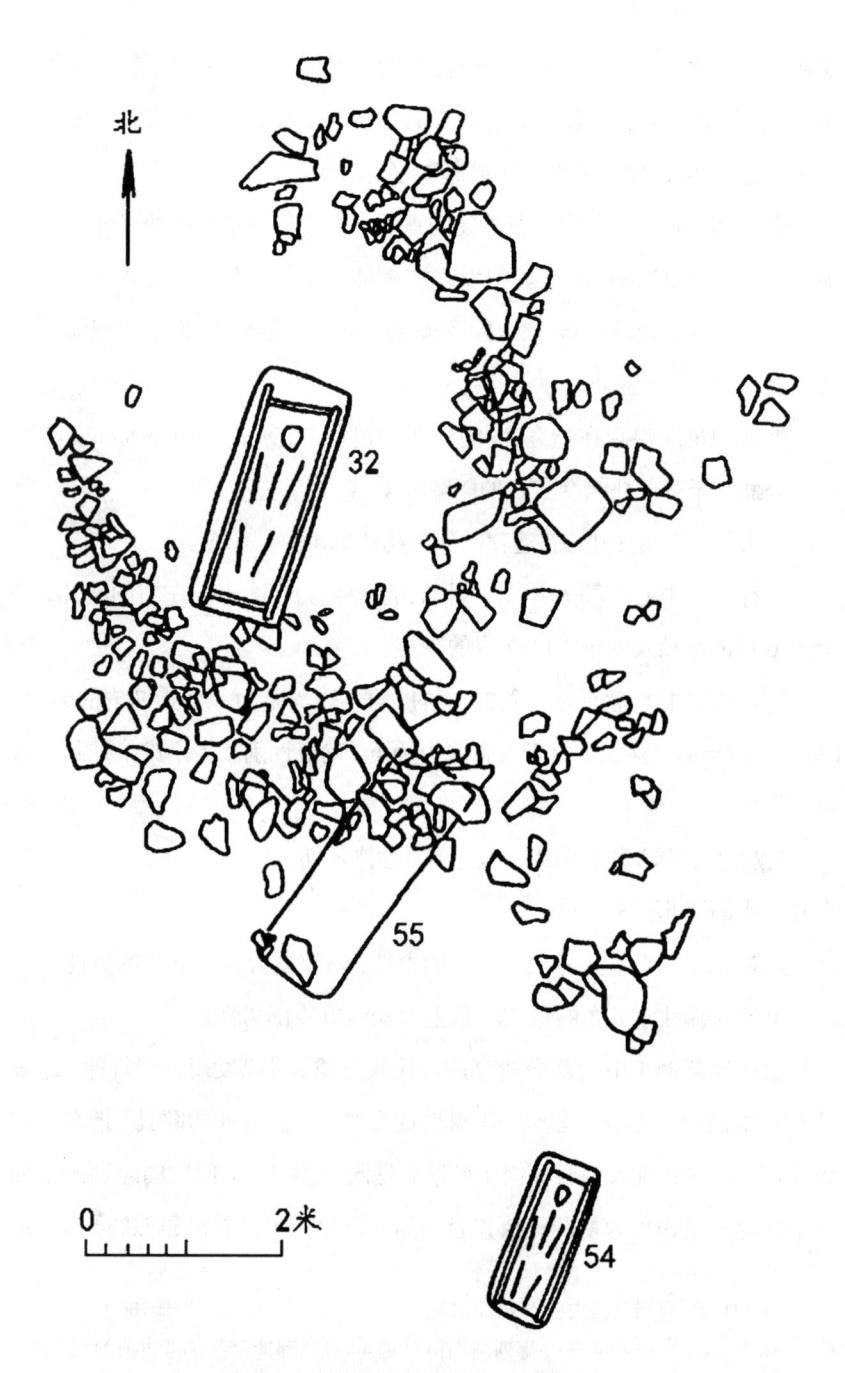

图 2 德列斯图伊墓地墓 32 平面图

盖在木棺上面的是相同的石板。①而在同一时期的陪葬墓 54，带有简单的木棺，棺没有底和盖，墓坑中也没有随葬品和石板，该陪葬墓的木棺结构相比于遗存 44 的中心墓葬，也要简单得多。②

中心墓葬和陪葬墓中随葬器物的重要差别也得到了系统的研究。在未被盗扰的遗存 32 的中心墓葬中发现了陶器、带有铁垂饰的花玻璃珠子耳环和不同矿物做成的项链、铁刀。陪葬墓 54 也未受盗扰，但未发现随葬有实用器物（铁带扣除外）。

类似的情况出现在遗存 44 中。在此遗存中，被盗的中心墓葬在随葬器物方面甚至都要比未受盗扰的陪葬墓丰富。

观察到的墓群 1 中，各遗存的年龄构成如下：

遗存 44，中心墓葬为一成年男子，陪葬墓为一个 1 岁左右的婴儿，一个 5~6 岁的小孩及一个 10~12 岁的少年。

遗存 32，中心墓葬为一个 22 岁的女子，陪葬墓为一个 6~7 岁的男孩。（另一座陪葬墓，墓 55，由于人骨残损严重，确定性别较为困难。推测其为成年男性）

遗存 31，中心墓葬中为一成年人，性别不明。陪葬墓中安葬了一个两个月大小的婴儿。

遗存 57，中心墓葬为 55~60 岁的男性，陪葬墓为 45~50 岁的男性。

墓群西部独立分布的墓 33，墓主为 65~70 岁的男性。

通过对墓群 1 中的墓葬遗存进行比较分析，可以发现一些规律：地表带有石堆的中心墓葬，均葬成年男性或女性，这些墓葬的葬具（带有盖和底的棺，常常被放入到石椁内）实际上是同一类型，它们比同时期的陪葬墓中的葬具结构更为复杂。从整套的随葬器物中可以看出相似的倾向：不

---

① П. Б. 科诺瓦洛夫：《外贝加尔匈奴》，乌兰乌德，1976 年，第 106 页。

② С. С. 米尼亚耶夫：《德列斯图伊墓地 44 号墓葬遗存》，《考古所简报》1988 年第 194 期，第 101 页。

管是在量的标准，还是在质的标准方面，中心墓葬的器物都要比随葬墓丰富得多（同一遗存间的对比十分明显）。

对所有已知墓葬遗存进行分析后，我们发现，墓葬结构和随葬器物组合方面的差异，所反映出的是匈奴族群的社会差异。正因为如此，我们可以推测，在所分析的墓群1的墓葬遗存中，墓葬面貌呈现出的是不同的社会等级：中心墓葬是相同或相近的社会阶层，而陪葬墓是更为低下的社会阶层。

相比较而言，陪葬墓和中心墓葬在墓主性别、年龄构成方面呈现出另一种情况：在6座能确定墓主性别和年龄的墓葬中，有5座埋葬了婴儿和少年，仅有一座是成年男性。其中的一个少年（墓44-b），额骨右部的颅骨上显露出因尖锐物体打击而形成的菱形孔的暴力致死痕迹。这种暴力致死痕迹在其他匈奴遗存中也可以观察到——这样的墓葬也埋葬儿童和少年[1]。我们能够将陪葬墓中埋葬年轻死者以及暴力致死的痕迹，视为匈奴人殉习俗的考古学证据。这些证据以往仅仅是通过文献记载而被人们所了解。显然，这些埋葬时作为祭品的人（心爱的奴仆或姘妇，司马迁对此有记载[2]）在埋葬时，不仅是和墓主人葬在同一墓穴，有时还被埋葬在主人墓葬的附近。

陪葬墓中墓主暴力致死的推论，实际上扩展了匈奴墓葬遗存进一步研究的可能性。首先，这一结论允许我们将墓群1中的遗存解释为同一时期的墓葬，这就大大增加了可确定年代的墓葬的数量。这个结论可以遗存32为例证，在此遗存的中心墓葬中发现了五铢钱（yшy-ushu）。尽管在几个

―――――――――

[1] C.C.米尼亚耶夫：《匈奴墓葬遗存的地形学》，《考古所简报》1985年第184期，第25页。

[2] 司马迁：《史记》卷一百一十《匈奴列传》，中华书局，1982年，第2892页："其送死，有棺椁金银衣裳，而无封树丧服；近幸臣妾从死者，多至数千百人。"《汉书》卷九十四上《匈奴传》，第3752页，作"数十百人"。——译者注

世纪间，铸造了多个系列这种类型的钱币，但其首次制造的时间是公元前118年，这就确定了遗存32的年代上限。同一时期的遗存，还可以扩展到陪葬墓遗存的墓54和墓55。

墓群1北部的一座墓葬中也发现了五铢钱。① 因此，当墓群1的中心和外围墓葬的年代确定为公元前118年之后，也在很大程度上确定了整个墓群的年代上限，而不必考虑遗存形成的先后顺序如何。

上述对墓群1中墓主性别、年龄的鉴定表明，这里埋葬着不同代际的人，包括婴儿、儿童、少年，成年男性和女性以及老人。这种情况允许我们提出相关问题，即匈奴群体的人口结构特点以及这种结构特点在匈奴墓葬位置排列中的反映。我们只有对一些墓群中的不同墓地进行全面发掘，获得新的资料后，才能对这些问题进行深入研究。但目前，我们仅能观察到墓群1中心的墓31和墓32可能成对埋葬男性和女性。类似的成对埋葬现象在其他的匈奴墓葬中也有发现。② 但是，必须指出，陪葬墓中墓主暴力致死的结论提醒了我们，依据墓群和遗存中死者的年龄构成资料来进行简单人口状况复原的并不可靠。

本文所分析的是发现于德列斯图伊墓地以及其他匈奴遗存材料中所记录的墓葬分布制度，揭示了这一时期新的、以前不为人知的匈奴丧葬实践传统。这种传统间接反映了存在于他们真实生活中的社会和人口关系。正因为如此，我们对匈奴墓葬遗存的位置排列必须给予特别关注。对墓群进行全面发掘，能使我们认识构成墓群体系的所有对象。总之，循序渐进地使用这种方法实际上扩大了我们对匈奴丧葬实践和社会的认识。

---

① П.Б.科诺瓦洛夫：《外贝加尔匈奴》，乌兰乌德，1976年，第143、144页。

② А.В.达维多娃：《伊沃尔加墓地所见之外贝加尔居民的社会特征》，《苏联考古学》1982年第1期，132—142页。

德如尼灌溉渠中发现的古墓*

Т.Г.奥波勒杜耶娃(Т.Г.Оболдуева)著 孙危译

20世纪30年代在奇尔奇克河的右岸,即塔什干州的雅尼奇—尤里山脉以西和西北地区的草原地带发现了大量古墓。[1]1937—1938年间,Г.В.格里科里耶夫对德如尼灌溉渠沿岸的墓葬进行了清理[2]。这里的墓葬约有100座以上,且分布的比较零乱,坟丘由略带灰色的黄土构成,高0.5~2米,直径10~12米。在经过发掘的13座墓葬里有12座有人骨。另外,在纳乌村附近也掘了1座。

上述墓葬的发掘材料并没有完全发表,只是在М.Э.沃洛涅茨[3]和Г.В.格里科里耶夫[4]的论文中有过简短的报道,还有一些研究结论刊载在我的学位论文提要中[5]。另外А.И.杰列诺日金[6]、О.В.奥别里琴科[7]、Б.

---

* 本文译自《苏联考古》1988年第4期。——译者注

[1] 1934年经统计约有1100座。

[2] 参加1937年发掘工作的还有Т.Г.奥波勒杜耶娃;参加1938年发掘工作的还有М.Э.沃洛涅茨。

[3] М.Э.沃洛涅茨:《乌兹别克苏维埃共和国1937—1938年间考古成果集》,《古代史通报》1940年第3、4期合刊,第335—337页。

[4] Г.В.格里科里耶夫:《考古学联系中的克列斯草原地带》,《哈萨克苏维埃共和国科学院院刊》(考古版)1948年第1卷第46期,第55页。

[5] Т.Г.奥波勒杜耶娃:《塔什干地区发现的卡乌奇尼文化和德如尼文化冢墓》,《苏联科学院物质文明史研究所报告及野外研究简报》1948年第23期。

[6] А.И.杰列诺日金:《粟特和恰奇》,《苏联科学院物质文明史研究所报告及野外研究简报》1950年第33期,第159页。

[7] О.В.奥别里琴科:《中亚地区冢墓研究》,《乌兹别克斯坦物质文明史》1964年第5期,第224—226页。

А.里特文斯基[1]和 Л.М.列维娜[2]也先后介绍过这批材料。以上这些报道内容均很简短，且所涉及的仅仅是个别的随葬品，而全面的介绍目前还没有发表过。但既然在学术界已经有了"德如尼阶段"、"德如尼文化"等概念，那么我们就必须把已有的基本材料全面介绍一下，况且大部分发掘所得的材料并没有保留下来。遗憾的是，发掘日记也不完全。

M1：高 1.6 米，直径 13 米。墓道呈长方形，西北—东南向，长 3.85 米，宽 2 米。在墓内距地表深 1.6 米处，沿墓道东壁有一台阶。在深 2.9 米处的墓道东北角处有一砖砌物，长 1 米，宽 0.9 米，系砖坯构筑，砖坯长宽均为 36 厘米，厚 8 厘米（图一，a）。另外台阶上还发现了破损的薄壁带把陶器和宽颈陶壶，陶器为黑陶，陶土中含有少量杂质，陶器表面有修理和磨光的痕迹。墓室长 3 米，宽 1.5 米，平面呈椭圆形，长轴为南北向，底部深 3 米。墓主为一男性，仰身直肢葬，头向北。尸骨下面有褐色的痕迹，应为垫子，没有发现随葬品。

M5[3]：高 1 米，直径 12 米。墓道呈方形，长 5 米，宽 1.5~1.9 米，东西向。在深 1.5 米处沿侧壁有台阶。从墓道西端尽头处进入墓室，墓室长 2.5 米，宽 1.5 米。尸骨为仰身直肢葬，头向北。尸骨下面有灰色的痕迹。尸骨右侧有一把斜肩双刃铁剑，剑尖很锋利，剑长 80 厘米，宽 4 厘米，剑柄长 13 厘米，剑柄上还发现了木头的痕迹，另外还发现了一把鲜红色的残木刀（刃部长 22 厘米，刀柄长 8 厘米）。与这些随葬品一起被发现的还有带舌头的铁扣环（长 5 厘米，宽 4 厘米），在铁剑下面发现了用白色带孔的软石

---

[1] Б.А.里特文斯基：《德如尼墓地及康居问题的某些认识》，《苏联考古》1967 年第 2 期；Б.А.里特文斯基：《中亚地区发现的铜镜的年代分期研究》，《塔吉克斯坦物质文明》第 2 卷，杜尚别，1971 年，第 44 页；Б.А.里特文斯基：《费尔干纳西部墓地出土的工具等随葬品》，莫斯科，科学出版社，1978 年，第 83 页。

[2] Л.М.列维娜：《锡尔河中下游地区发现的公元 1 千纪的陶器》，《花剌子模民族学与考古学研究文集》1971 年第 7 期，第 167、168 页。

[3] M2 和 M4 为空墓，M3 属于青铜时代的墓葬。

德如尼灌溉渠中发现的古墓 　　43

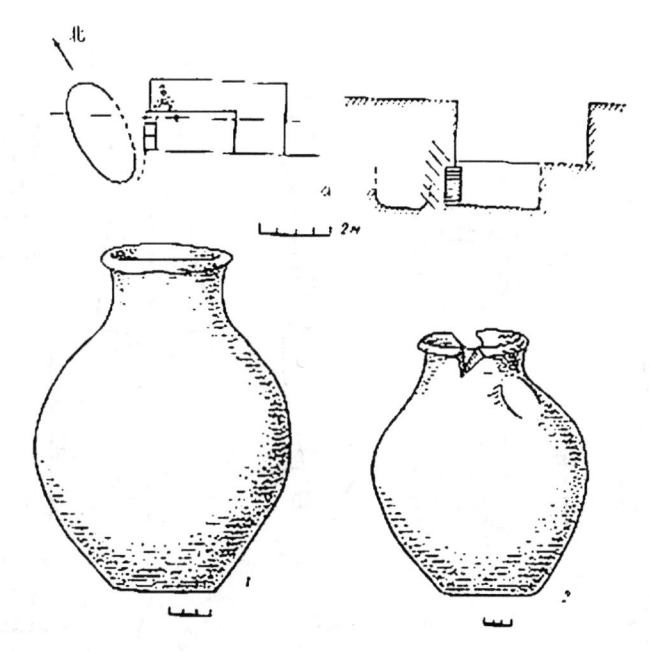

图一　a. M1 平剖面图；1. M5 出土；2. M6 出土

头制作的圆环（直径 3.5 厘米）。尸骨大腿旁边则发现了铁圈（直径 2.5 厘米）。右膝附近有三枚铁镞，有三铤状和叶状两种，镞尖长 3.5 厘米，保存下来的木杆长 2~3 厘米，厚 1 厘米，另外镞身上还有类似纤维的物质缠绕着（图二，13、14）。在头骨左侧有一件蛋形陶壶，比例匀称，口微侈，底部较小，高 22 厘米。这件陶壶为手制，黑陶，器表有修理的痕迹（图一，1）。其他随葬品还有一把直背尖刃铁刀，刃长 9.5 厘米。

M6：高 0.5 米，直径 7 米。墓道为不规则的方形，长 2~3 米，宽 1.35 米，南北向，在墓道侧壁有三级台阶，宽 0.25~0.4 米。在深 2.5 米的墓道北端进入墓室，墓室底部深 3 米。尸骨被严重扰乱，头向东北，直肢葬。在头旁边发现一件烧制精良的陶壶，口微侈，窄颈，圆肩，鼓腹，高 20 厘米。

在这具尸骨北侧还发现了一具尸骨，尸骨腿略屈，头向南，盆骨和背部下面有灰色的痕迹。头骨旁边有一件灰褐陶壶，壶表面有磨光的痕迹。壶口微侈，窄颈，圆腹，在肩部和口沿上有残耳，器高 21 厘米（图一，2）。

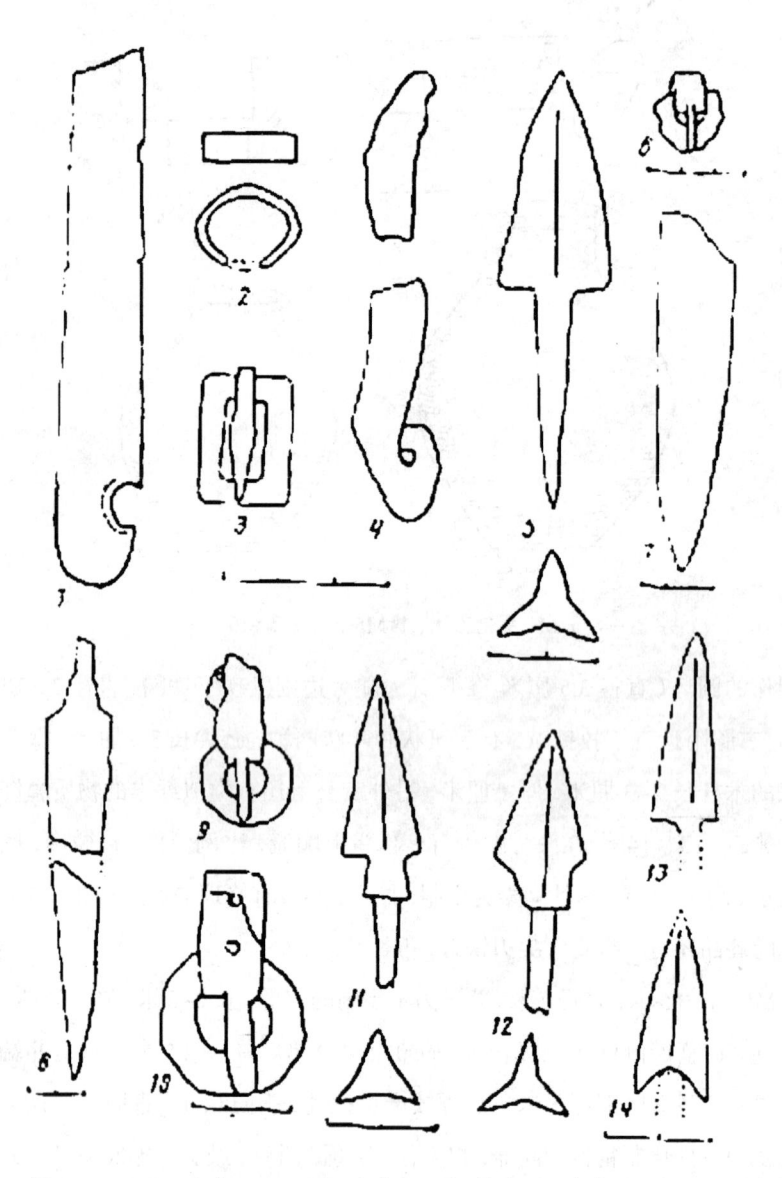

图二　1-4. M8 出土；5-7. M10 出土；8-12. 纳乌 M1 出土；13、14. M5 出土

德如尼灌溉渠中发现的古墓　　　　　45

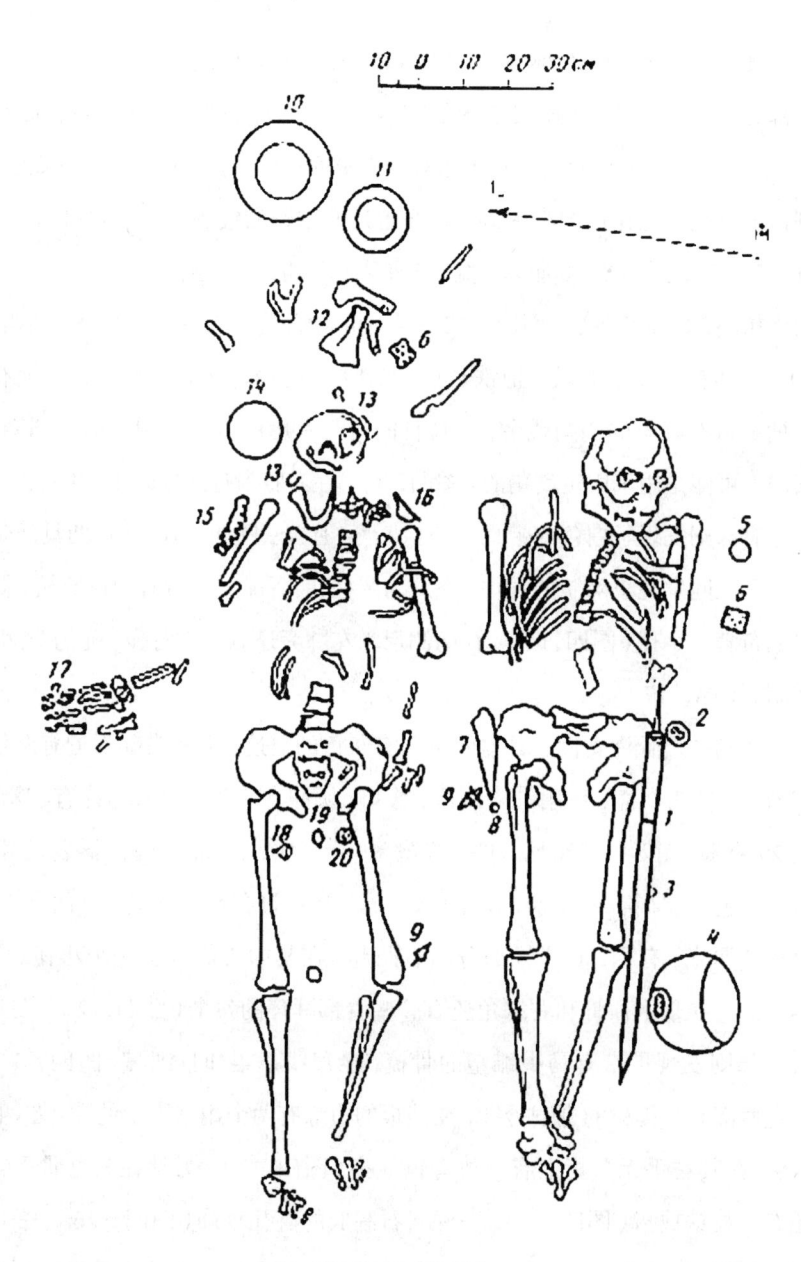

图三　M7 平面图

M7：高1米，直径14米。方形墓道，东北—西南向，墓道北端的墓室有部分坍塌。在墓室内深3.5米处有两具尸骨，均头东脚西，仰身直肢葬（图三）。其中南侧尸骨的左腿旁边有一把双面刃的铁剑，其剖面呈扁豆状，剑柄上有起固定作用的小木钉。剑身上还有木鞘的痕迹，剑身长81厘米，宽3.5厘米；剑柄长10厘米，宽1.5厘米（图四，4），剑柄上还有一个大的铁扣环（直径5厘米，图四，12）；在剑的中部也带有一个小扣环（图四，9）。在其右腿旁边发现一把铁匕首（长19~20厘米，图四，5），匕首上有木柄和带有红彩的剑鞘残余，在匕首的刃部有用白色石料制成的小圆圈，其用途可能是用来固定剑鞘的（图四，8）。在右膝附近还发现了一些铁镞，在左肩部则发现了白色的带孔石圈（直径4厘米，图四，10）。在两具尸骨的头部之间发现了陶制的香炉，香炉为圆柱状，平底，并带有四道竖棱，侧壁上布满了小孔（图四，14）。在南侧尸骨左膝旁还有一件背壶，壶为黄陶，手制（图四，17）。

北侧的尸骨为女性。其盆骨下面有灰色的痕迹，在其头部附近有两件陶器：一件为陶壶，系用红陶制成，侈口，圆腹，口沿和肩部均饰有红彩，高29厘米（图四，15）；另一件为黑陶罐，蛋形腹，颈部高而宽，器表光滑，施有褐色陶衣，高20厘米，口径9.5厘米。在头骨右侧还发现了一面铜镜，直径9厘米，有柄，其边缘部分略有凸起，在其中心部分有一个小钮（图四，6）。在墓主顶骨和右鬓角还有一些青铜耳环的残余（图四，2）。在其右肩部则发现了带有马头雕塑的骨梳，雕塑线条柔和且细腻（图四，1）。在左肩部有带提梁的青铜衿针，在挡板的边缘有两个用来固定的孔（图四，11）。在其右手无名指上有一枚青铜戒指（图四，3）。另外在其盆骨下方还有一枚铁戒指（图四，7）、一件绿石制成的有孔垂饰（图四，16）、一件双孔青铜铃（图四，13）以及一些小的圆形玻璃串珠。在其头骨旁边还有绵羊的肩胛骨和腿骨，其中一块腿骨上还有切割的痕迹。

德如尼灌溉渠中发现的古墓　　　47

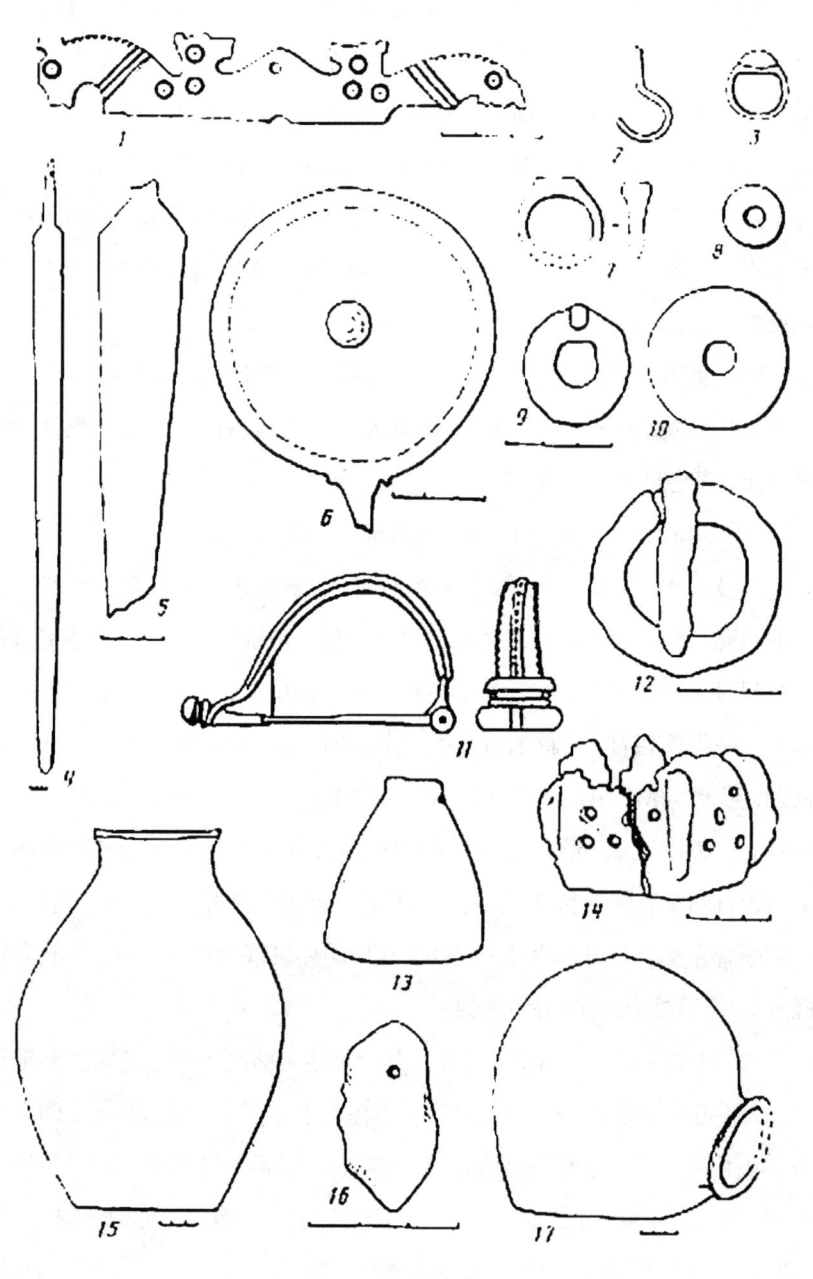

图四　M7 的随葬品

M8：高 1.75 米，直径 14 米。墓道为方形，长 7 米，宽 3 米，西北—东南向，在深 2.8 米处有三级台阶。在深 4.2 米处开始进入墓室，墓室位于墓道西北方向，可能是拱券顶门。墓室长 3.15 米，宽 2.20 米，高 1.7~1.8 米。墓室内有两具尸体，其中男性尸骨被严重扰乱，头向东北；而女性尸骨则位于墓道西南壁的盗洞内。在墓室地表发现了两把双面刃残铁剑（宽 4 厘米）、铁镞、铁马衔（图二，4）、骨制弓弭（图二，1），青铜带扣（图二，3）和戒指（图二，2）以及 3 块绵羊肩胛骨。

M9：高 0.5 米，直径 9 米。墓道为东南—西北向，长 2 米，宽 1 米。在深 2.7 米的墓道北端进入墓室，尸骨头向东北，其右腿微屈，其颅骨和腿骨下面有灰色的夹层。无随葬品。

M10：高 1.5 米，直径 17 米。共有两个墓穴。

一号墓穴：方形墓道，西北—东南向，台阶位于墓道东南。墓室在墓道的西北。在墓道和墓室之间的甬道中发现了铁镞（图二，5）。墓室内有两具尸骨，头向均为东北。其中男性的尸骨面朝上，侧身向左，在其右腿附近有一把铁匕首，匕首末端还有一个青铜带扣，在尸骨左侧有一把双刃铁剑，形制与 M7 中发现的相同；在其左膝旁边有很多铁镞，在其颅骨左侧置有一件陶背壶，形制与 M7 中发现的相同；在其颅骨右侧和左肩部则分别置有绵羊肩胛骨和腿骨。另一具尸骨为仰身直肢葬，双手置于盆骨处；在其颅骨左侧有一件陶背壶；在其右腹股沟处发现一把铁匕首；在其右腿胫骨（大腿）处有一个圆形铁带扣。

二号墓穴：位于一号墓穴东北，其所处地势略高于一号墓穴。墓道狭长，从墓道北端进入一个小的墓室。墓室内有一具尸骨，头向东，仰身直肢。在其右胫骨旁边有一把铁匕首（图二，7）；其右膝部置有一个圆形铁带扣（图二，6）和一个铁管；在尸骨左侧发现了一个圆角方形的铁带扣（长 3 厘米，宽 1.8 厘米）；另外还发现了 4 块羊矩骨。

M11：高 2.8 米，直径 20 米。在墓冢中央有盗洞。墓内西侧深 4 米处的墓底被严重扰乱,整个墓葬也遭到严重破坏,从墓内发现的被扰乱的人骨来看,应有两个个体。随葬品发现较少,仅有残铁刀、青铜指环和小的石磨盘。

M12:高0.4米,直径5米。在墓内深4米处发现了4具尸骨,其中3具完整,1具遭盗扰。保存完整的3具尸骨,头向均为东北,仰身直肢葬,膝盖处微屈(图五)。在中间和西侧尸骨的颅骨之间放有一件陶钵,手制,黄陶且含有少量杂质,腹壁有折棱,平底,器表磨光,上部绘有红彩,高8厘米,口径23厘米(图六,3)。在中间尸骨的顶部有一件陶壶,手制,颈部较高且略向外侈,圆腹,贴塑有羊头状的把手,羊角为螺旋状,器表绘有红彩且磨光,高13厘米(图六,4)。在这件陶壶西北处还有一件带有把手的大陶壶,黄陶制,口沿较厚,颈部较窄,圆腹(图六,9)。在中间尸骨的右腿旁有一把铁刀,长15.5厘米,直背,刃部很薄,还留有木柄的痕迹(图六,1)。在中间尸骨的左腿旁边有一个圆形铁带扣,扣舌已残(图六,7);其足部偏南处还置有一件带把手的陶杯,把手上有羊头装饰,黄陶制,器表绘有黑红彩,高14.5厘米(图六,2)。在靠东侧尸骨的头部有一件陶钵,表面磨光,高6~7厘米,口径17厘米(图六,6)。在其头部东北稍远处还有一件陶壶,其颈部较窄且带有一圆形把手,黄陶制,其底部有切割的痕迹,表面磨光,高21.5厘米(图六,8);其足部偏南处还有一件带把陶壶,黄陶制,高领,圆腹,大平底,把手位于肩部,高23厘米(图六,10);其旁边还有一件带把罐,把手为动物状(绵羊?),器表磨光并绘有黑红彩,高9厘米(图六,5)。

另外,在纳乌村附近也发现了大约40座古墓,Γ.B.格里科里耶夫在1937年发掘了其中的一座。

M1(纳乌):高0.6米,直径约13米。墓道为东西向,长3.1米,宽1米,沿墓道南壁深约2米处有宽40厘米的台阶。墓室位于墓道北端,尸骨头向西,仰身葬。在其左肩有一铁带扣,圆形,直径4厘米,带舌,舌上有

图五　M12 平面图

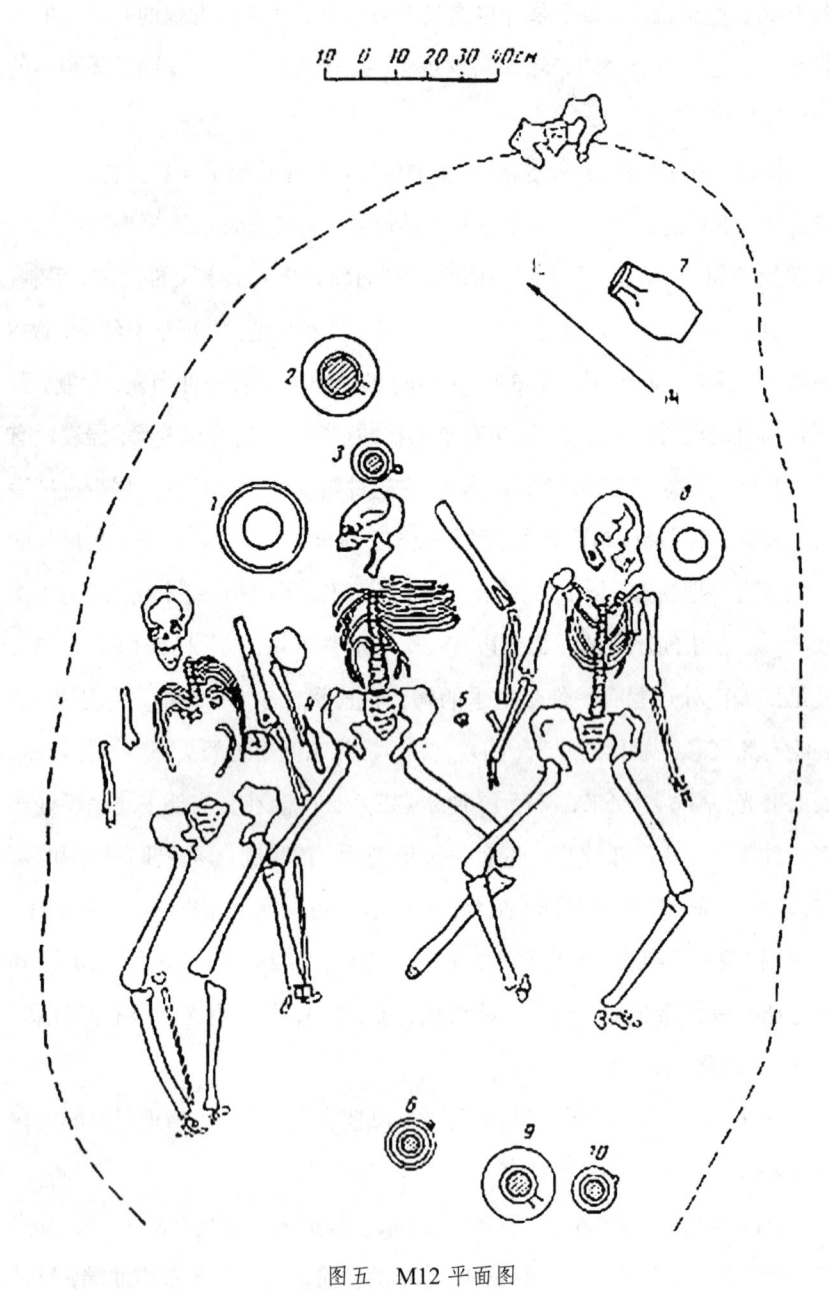

德如尼灌溉渠中发现的古墓　　51

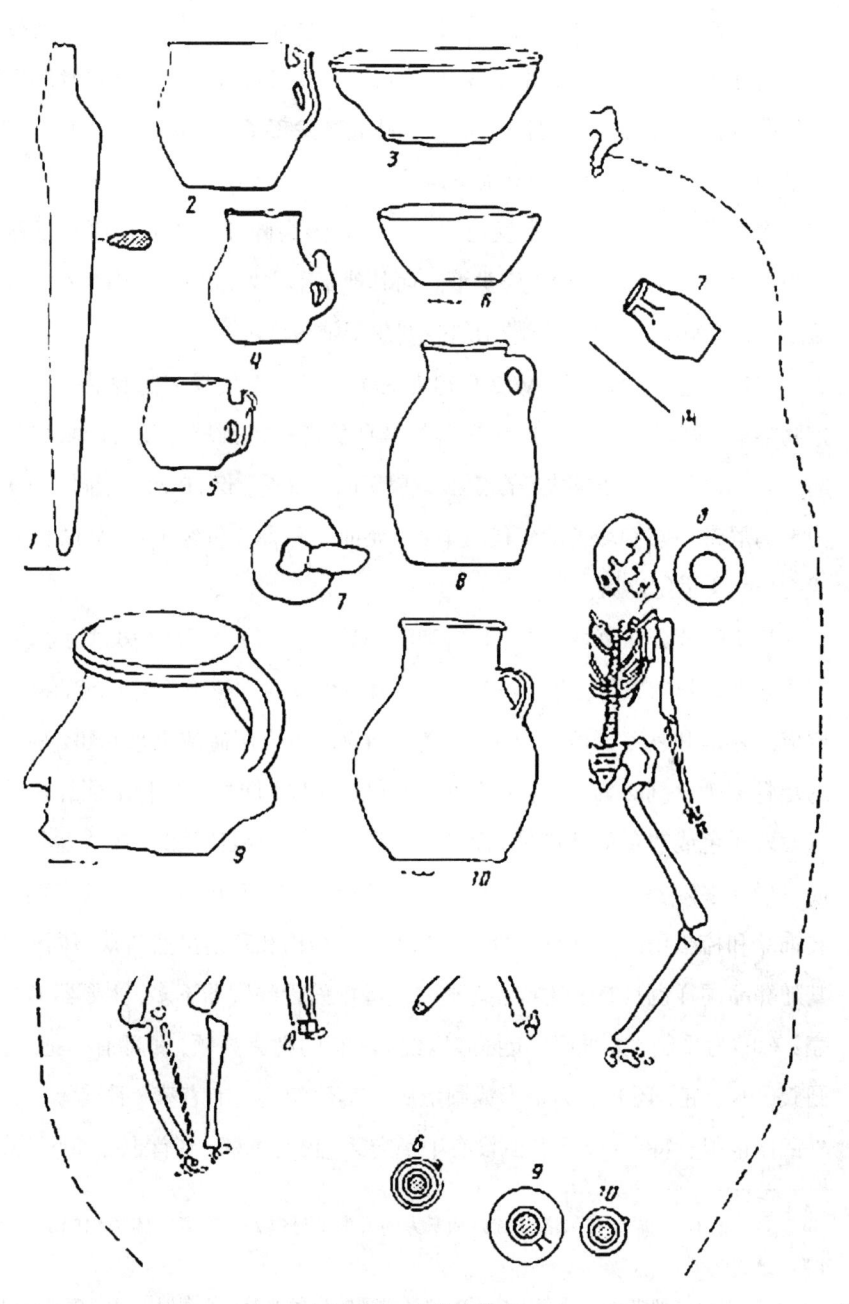

图六　M12 的随葬品

一方形扣环（图二，10）。与其置于一处的还有骨制弓弭。在尸骨左肘处还发现了几枚铁镞，其尖部长3~4厘米（图二，11，12）。尸骨左腕和右膝处有直背铁刀的残片（图二，8）；左腿处则发现了圆形铁带扣（直径2.7厘米，图二，9）；在其头部有绵羊矩骨。

除颅骨外，这批墓葬中发现的人骨材料多为碎片。其中M12中的颅骨为欧罗巴长颅型，属地中海类型。而其他墓葬中发现的颅骨则为欧罗巴短颅型，该颅型广泛分布于帕米尔—费尔干纳地区。[①]

在这些墓葬中，又以M12显得尤为突出。该墓发现的随葬品——带把陶器——非常有特点，这种陶器与卡乌尼奇—杰别城址发现的陶器相同。Г.В.格里科里耶夫曾断定二者属于同一文化，但Л.М.列维娜则认为卡乌尼奇—杰别城址的年代较早（公元前8—前3世纪），而M12的时代为公元1世纪以后。[②]

其余的墓葬从墓葬结构、葬俗和随葬品来看，应属于同一类型。这些墓葬均由狭长的方形墓道、一个或几个台阶以及通常位于墓道北端的墓室构成。墓道和墓室一般都很深，多为3~4米，甬道用砖或土来修建，墓中的尸骨多为1到2具，头向有东北、东和北几种，仰身。尸骨下面经常可以发现褐色或灰色的铺垫物，而且铺垫物的位置一般位于头、脚或盆骨下面。男性多随葬武器（主要有剑、匕首、镞和弓）、刀和陶器，女性多随葬装饰品和梳妆用品。常见羊骨。纳乌M1的结构和墓向虽然与众不同，但其随葬品同样也具有上述特点。这些墓葬中发现的陶器不多，主要器形为壶：有的为手制，大平底，上面施以红彩；有的则为高领，颈部有一把手，圆腹，小平底；还有的为蛋形或圆形腹。其他陶器还有背壶、香熏等。另外武器也很有特点：双刃长剑没有十字交叉，仅有木柄；匕首也是如此；铁

[①] В.В.金尼斯布尔格：《匈奴和塞人的人类学材料》，《苏联民族学》1946年第4期，第207页。

[②] Л.М.列维娜：《锡尔河中下游地区发现的公元1千纪的陶器》，《花剌子模民族学与考古学研究文集》1971年第7期，第168、179页。

镞多为三棱状。少量铁刀还有短柄，铁带扣多为圆形。这些墓葬还出土了铜器：有带柄镜、针、铃、圈、带扣和耳环。骨器有梳子，石器有垂饰等。

研究者对德如尼灌溉渠中发现的这批墓葬的时代看法不一。М.Э.沃洛涅茨认为其时代为3到4世纪。[1]笔者在比较了吉尔吉斯北部等地墓葬中发现的材料后同样认为，其时代为3至4世纪，而且这批墓葬应该与卡乌尼奇文化有密切关系。[2]А.И.杰列诺日金也援引了笔者的观点，认为这批墓葬的时代为2至4世纪，而且晚于卡乌尼奇文化。[3]Г.В.格里科里耶夫则认为德如尼墓葬的时代为1至3世纪，Л.А.马楚列维奇也基本持同样的观点，认为其时代为1至2世纪，并且指出，德如尼墓葬中的随葬品与北高加索等地发现的遗物类似。此外，Г.В.格里科里耶夫还认为，M7中发现的青铜衿针的时代为3世纪。[4]Б.А.里特文斯基认为这批墓葬的时代为2至3世纪。[5]而Л.М.列维娜的观点是：德如尼墓葬的年代应属于卡乌尼奇文化A阶段，即3世纪末至4世纪初，最多延长至5世纪。[6]

列举了各种观点后，让我们再回到墓葬的年代问题上来。判定其年代的主要依据应该是陶器、武器、铜镜和青铜衿针。

德如尼墓葬中发现的陶器与卡乌尼奇文化中那种常见的以带动物形

---

[1] М.Э.沃洛涅茨：《乌兹别克苏维埃共和国1937—1938年间考古成果集》，《古代史通报》1940年第3、4期合刊，第337页。

[2] Т.Г.奥波勒杜耶娃：《塔什干地区发现的卡乌奇尼文化和德如尼文化冢墓》，《苏联科学院物质文明史研究所报告及野外研究简报》1948年第23期，第201—202页。

[3] А.И.杰列诺日金：《粟特和恰奇》，《苏联科学院物质文明史研究所报告及野外研究简报》1950年第33期，第159页，图69。

[4] Г.В.格里科里耶夫：《考古学联系中的克列斯草原地带》，《哈萨克苏维埃共和国科学院院刊》(考古版)1948年第1卷第46期，第60页。

[5] Б.А.里特文斯基：《德如尼墓地及康居问题的某些认识》，《苏联考古》1967年第2期，第32页。

[6] Л.М.列维娜：《锡尔河中下游地区发现的公元1千纪的陶器》，《花剌子模民族学与考古学研究文集》1971年第7期，第168、180—181页。

象把手的陶器不同,而与费尔干纳地区的陶器有着更多的共同之处。特别是那种施有红釉的大平底壶,无论是形状还是制作工艺都与费尔干纳地区1世纪的陶器相似[①]。背壶也是这个时代常见的器物,它广泛分布于塔什干绿洲、锡尔河中游[②]和中亚其他地区:包括西里尼—萨伊[③]、索格底亚那[④]和克尼克勒[⑤]。而德如尼墓葬中出土的香熏则在阿克德让墓地[⑥](2—3世纪)、克尼克勒墓地[⑦]和沙乌束古姆[⑧]等地均发现过。此外这种香熏还曾出土于伏尔加河和乌拉尔地区萨尔马泰中期的墓葬中。[⑨]

① Б.А.拉德尼:《费尔干纳纳伦河流域电厂区域内的考古工作总结》,《国立物质文明史研究院院刊》1935年第110期,图113,1—3;В.Д.茹科夫:《费尔干纳南运河沿岸的考古工作总结》,《苏联科学院乌兹别克分院院刊》1940年第10期,第24页,图4。

② Л.М.列维娜:《锡尔河中下游地区发现的公元1千纪的陶器》,《花剌子模民族学与考古学研究文集》1971年第7期,第125页;А.Г.玛克西莫娃、М.С.梅尔谢夫、Б.И.瓦伊尼贝尔格、Л.М.列维娜:《恰尔达拉发现的古迹》,阿拉木图,1968年,第210页,图版十二,4。

③ В.Ф.伽伊杜科维奇:《1943—1944年间乌兹别克斯坦法尔哈德考古队工作总结》,《苏联科学院物质文明史研究所报告及野外研究简报》1947年第14期,第96页,图49,1。

④ О.В.奥别里琴科:《阿克德让勒—杰别墓地》,《乌兹别克斯坦物质文明史》1962年第3期,图5。

⑤ И.卡日姆贝尔德耶夫:《塔拉斯河流域发现的地下陵墓》,图8,6,参见《塔拉斯河流域的考古遗存》,伏龙芝,1963年。

⑥ О.В.奥别里琴科:《阿克德让勒—杰别墓地》,《乌兹别克斯坦物质文明史》1962年第3期,图7。

⑦ И.卡日姆贝尔德耶夫:《塔拉斯河流域发现的地下陵墓》,图13,参见《塔拉斯河流域的考古遗存》,伏龙芝,1963年,7;А.Н.伯恩斯坦:《克尼克勒墓地》,列宁格勒,1940年,图版十五。

⑧ А.Г.玛克西莫娃、М.С.梅尔谢夫、Б.И.瓦伊尼贝尔格、Л.М.列维娜:《恰尔达拉发现的古迹》,阿拉木图,1968年,第210页,图版十二,2。

⑨ В.П.希洛夫:《卡里诺夫巨冢墓地》,《苏联考古学资料与研究》1959年第60期,图47,4、5;И.Г.辛尼琴:《伏尔加河流域考古队成果总结》,《苏联考古学资料与研究》1959年第60期,图19,10,图36,10;М.П.阿波拉莫娃:《公元前2世纪至公元1世纪的萨尔马泰文明》,《苏联考古》1959年第1期,图1,14。

而那种没有十字交叉的斜肩双刃铁剑分布的区域则相当广泛。与文献中记载的长剑为直肩式相反，德如尼长剑均为斜肩式。对于这种铁剑，特别是镶有珠饰或是带有石圈的，М.И.拉斯多弗切夫断定其时代为1世纪末至3世纪。① 还有认为德如尼长剑是源于法那科里亚。② Н.И.索科里斯基在研究了各种类型的长剑后，认为德如尼剑是1至2世纪的典型剑。③ 而这一时代的武器则是研究者们通常所指的萨尔马泰武器。④ 这类武器在中亚地区非常流行。⑤ О.В.奥别里琴科则认为这种剑的时代为2至3世纪。⑥ 他还特别指出，与这类剑形制相似的匕首常常和这类剑共出。⑦

Б.А.里特文斯基断定德如尼墓葬中出土的铁镞的时代为公元前1世纪至公元3世纪。⑧ 从费尔干纳地区铁镞的发展序列来看，其最晚应为3

---

① М.И.拉斯多弗切夫：《斯基泰与博斯波尔国》，列宁格勒，1925年，第236页。

② Н.И.索科里斯基：《博斯波尔国的剑》，图版五，2，《苏联考古学资料与研究》1954年第33期。

③ 同上书，第147页。

④ А.М.《萨尔马泰武器概论》，莫斯科，科学出版社，1971年，第20—21页。

⑤ А.Г.玛克西莫娃、М.С.梅尔谢夫、Б.И.瓦伊尼贝尔格、Л.М.列维娜：《恰尔达拉发现的古迹》，阿拉木图，1968年，第187页，图版四，3；第217—218页，图版十六，2—4；О.В.奥别里琴科：《阿克德让勒—杰别墓地》，《乌兹别克斯坦物质文明史》1962年第3期，第65—66页，图4；Ю.Д.巴鲁兹金：《卡拉—布拉克墓地》，《吉尔吉斯苏维埃共和国科学院院刊》(社会科学版)1961年第3期，第63页，图13。

⑥ О.В.奥别里琴科：《索格底亚那冢墓中出土的宝剑和匕首》，《苏联考古》1978年第4期，第119页。

⑦ В.П.希洛夫：《卡里诺夫巨冢墓地》，《苏联考古学资料与研究》1959年第60期，第498页，图60，2；Р.劳：《伏尔加河下游地区罗马时期的坟冢》，波克罗夫斯克，1927年(德文)，第51页，图82。

⑧ Б.А.里特文斯基：《德如尼墓地及康居问题的某些认识》，《苏联考古》1967年第2期，第30页；Б.А.里特文斯基：《中亚地区发现的铁镞》，《苏联考古》1965年第2期，第78—84页，图6。

至 4 世纪。①

德如尼墓葬中出土的带柄铜镜的时代最有可能是公元前 1 世纪至公元 1 世纪②，但其存在的时间最早可到公元前 2 世纪③，最晚可到公元 2 至 3 世纪④。

阿伏齐斯类型的青铜衿针没有铭文，А．К．阿姆波洛兹认为其应属于早期罗马时代—公元 1 世纪。⑤ Б．А．里特文斯基认为德如尼墓葬中出土的这种衿针的时代为 1 世纪末至 3 世纪初。⑥ 这类衿针也曾出土于伏尔加河流域萨尔马泰人的墓葬中，据此 А．К．斯科里波尼克认为衿针的时代为萨尔马泰时代晚期。⑦

德如尼墓葬中出土的骨梳也值得注意，这种骨梳也曾出土于伏尔加河

---

① Г．А．波勒金娜、Н．Г．伽尔布诺娃：《费尔干纳地区出土的铁镞》，参见《欧亚大陆发现的斯基泰—萨尔马泰时代古迹》，莫斯科，科学出版社，1984 年，第 32—35 页。

② В．П．希洛夫：《卡里诺夫巨冢墓地》，《苏联考古学资料与研究》1959 年第 60 期，第 466 页，图 52，2、12；М.М．吉亚科夫夫：《卡菲尔尼甘河流域考古队工作总结》，《苏联考古学资料与研究》1950 年第 15 期，第 155 页，图版八十四，1，第 170 页；А.М．哈扎诺夫：《萨尔马泰式青铜镜起源研究》，《苏联考古》1963 年第 4 期，第 63 页，图 3。

③ О．В．奥别里琴科：《拉万达克墓地》，《苏联科学院考古研究所田野发掘简报》1962 年第 91 期，第 49 页，图 16；А.М．曼杰里史塔姆：《通往印度的游牧人之路》，《苏联考古学资料与研究》1966 年第 136 期，第 160 页。

④ Б．А．里特文斯基：《中亚地区发现的铜镜的年代分期研究》，《塔吉克斯坦物质文明》第 2 卷，杜尚别，1971 年，第 44 页；Б．А．里特文斯基：《费尔干纳西部墓地出土的工具等随葬品》，莫斯科，科学出版社，1978 年，第 83 页，图版十九，5；М.П．阿波拉莫娃：《公元前 2 世纪至公元 1 世纪的萨尔马泰文明》，《苏联考古》1959 年第 1 期，第 65 页，图 2，2。

⑤ А．К．阿姆波洛兹：《苏联欧洲部分发现的公元前 2 世纪至公元 4 世纪的衿针》，《苏联考古·考古文献汇编》，1966 年，第 26 页，图版四，9—16。

⑥ Б．А．里特文斯基：《德如尼墓地及康居问题的某些认识》，《苏联考古》1967 年第 2 期，第 32 页。

⑦ А．К．斯科里波尼克：《伏尔加河下游地区出土的衿针》，《苏联考古》1977 年第 2 期，第 116 页。

下游萨尔马泰人的墓葬中。И.В.辛尼岑列举了几件这种类型的梳子,其时代为 1 至 2 世纪。[①] 但 В.П.希洛夫认为那种图案较为简单的梳子的时代应为公元前 2 至公元前 1 世纪[②],而德如尼墓葬中出土的骨梳其图案比较复杂,做工也更精致。

这样看来,德如尼墓葬中出土的随葬品其时代大多为 1 至 3 世纪。更全面的说,其时代为 1 至 4 世纪。

德如尼墓葬的葬仪与卡乌尼奇文化有着密切的关系。其墓葬结构在现今被称为"克尼克里式"[③]。这种结构的墓葬广泛流行于包括塔拉斯、科特梅尼—楚别、锡尔河中游、费尔干纳的部分地区和索格底亚那在内的中亚东北地区。德如尼墓葬的随葬品从整体上来看也具有卡乌尼奇文化的特点,两者之间的区别仅仅在于陶器的某些特点和武器方面,而武器则通常与畜牧业在经济中所占比例较大有着密切的关系。从目前来看,我们还不能对德如尼文化进行更细的分期,只能认为它是卡乌尼奇文化的一个类型或变体。

从塔什干周围地区发现的这些公元 1 千纪前半期的墓葬来看,其特点是非常突出的。这一时期与德如尼墓葬特点相似的遗存仅发现于里海和伏

---

① И.В.辛尼岑:《伏尔加河下游地区的考古发掘》,萨拉多夫,1947 年,第 58 页,图 32,第 59 页,图 34,第 94 页,图 66,图版二,2;И.В.辛尼岑:《伏尔加河下游地区的晚期萨尔马泰人墓葬》,《下伏尔加方志学研究所所刊》,萨拉多夫,1936 年,第 79 页;И.В.辛尼岑:《伏尔加河下游地区发现的萨尔马泰文明考古学材料》,《苏联考古》1946 年第 8 期,第 76 页,图 16。

② В.П.希洛夫:《卡里诺夫巨冢墓地》,《苏联考古学资料与研究》1959 年第 60 期,第 438 页,图 44,3。

③ Ю.А.扎德涅波洛弗斯基:《古代(公元前 2 世纪—公元 6 世纪)中亚游牧民族墓葬分区研究》,《吉尔吉斯斯坦物质文明史》,伏龙芝,1975 年;Н.Г.伽尔布诺娃:《公元 1 千纪前半期费尔干纳地区的各种墓葬类型》,《国立埃尔米塔什博物馆考古学集刊》1981 年第 22 期,第 84 页。

尔加河之间的草原地带,其文化性质属于萨尔马泰人。这或许能说明两地之间存在着文化和经济上的联系,也有可能是里海和伏尔加河流域的萨尔马泰人迁入该地区所留下的遗存。

参考文献

1. Воронец М. Археологические исследование 1937—1938 гг.в УзССР // ВДИ.1940. № 3-4.
2. Григорьев Г. В. Келесская степь в археологическом отношении // Изв.АН Каз ССР. Сер. археол. 1948. Вып.1. № 46.
3. Оболдуева Т. Г. Курганы каунчинской и джунской культур в Ташкентской области // КСИИМК. 1948. Вып. XXIII.
4. Тереножкин А. И. Согд и Чак // КСИИМК.1950. Вып. XXIII.
5. Обельченко О. В. Изучение курганных погребений в Средней Азии // ИМКУз. 1964. Вып. 5.
6. Литвинский Б.А. Джунский могильник и некоторые аспекты кангюйской проблемы//СА. 1967. № 2.
7. Литвинский Б.А. Хронология и классификация среднеазиатских зеркал//Материальная культура Таджикистана. Вып. 2. Душанбе, 1971.
8. Литвинский Б.А. Орудия и утварь из могильников Западной Ферганы. М.: Наука, 1978.
9. Левина Л.М. Керамика Нижней и Средней Сырдарьи в I тысячелетии н. э.//ТХАЭЭ. 1971. Вып. VII.
10. Гинсбург В.В. Материалы по антропологии гуннов и саков//СЭ. 1946. № 4.
11. Латыник Б.А. Работы в районе проектируемой электростанции на р. Нарын в Фергане(Гидроэлектропроект)//Изв. ГАИМК. 1935. Вып. 110.
12. Жуков В.Д. Археологические объекты на трассе Южного Ферганского канала// Изв. УзФАН. 1940. № 10.
13. Максимова А.Г., Мерщиев М.С., Вайнберг Б.И., Левина Л.М. Древности Чардары. Алма-Ата, 1968.
14. Гайдукевич В.Ф. Работы Фархадской археологической экспедиции в Узбекистане в 1943—1944 гг.//КСИИМК. 1947. Вып. XIV.
15. Обельченко О.В. Могольник Акджар-Тепе.//ИМКУз. 1962. Вып. 3.
16. Кожембердыев И. Катакомбные памятники Таласской долины//Археологические

памятники Таласской долины. Фрунзе, 1963.
17. Бернштам А.Н. Кенкольский могильник. Л., 1940.
18. Шалов В.П. Калиновский курганный могильник//МИА. 1959. № 60.
19. Синицын И. В. Археологические исследования Заволжского отряда // МИА. 1959. № 60.
20. Абрамова М.П. Сарматская культура II в. до н. э.- I в. до н. э.//СА. 1959. № 1.
21. Ростовцев М.И. Скифия и Боспор. Л., 1925.
22. Сокольский Н.И. Боспорские мечи//МИА. 1954. № 33.
23. Хазанов А.М. Очерки военного дела сарматов. М.: Наука, 1971.
24. Барузлин Ю.Д. Кара-Булакский могильник//Изв. Ан КиргССР. Сер. обществ. наук. 1961. Т. III . Вып. 3.
25. Обельченко О.В. Мечь и кинжалы из курганов Согда//СА. 1978. № 4.
26. Rau P. Die Hügelgrüber der Römischer Zeit an den unteren walga. Pokrowsk, 1927.
27. Литвинский Б.А. Среднеазиатские железные наконечники стрел//СА. 1965. № 2.
28. Брыкина Г.А., Горбунова Н.Г. Железные наконечники из Фергана//Древности Евразия в скифо-сарматское время. М.: Наука, 1984.
29. Дьяконов М.М. Работы Кафирниганского отряда//МИА. 1950. № 15.
30. Хазанов А.М. Генезис сарматских бронзовых зеркал//СА. 1963. № 4.
31. Обельченко О.В. Лявандакский могильник//КСИА. 1962. Вып. 91.
32. Мандельштам А.М. Кочевники на пути в Индию//МИА. 1966. № 136.
33. Амброз А.К. Фибулы европейской части СССР II в. до н. э.- IV в. н. э.//САИ. 1966. Вып. Д 1-30.
34. Скрипник А.С. Фибулы Нижного Поволжья//СА. 1977. № 2.
35. Синицын И.В. Археологические раскопки на территории Нижнего Поволжья. Саратов, 1947.
36. Синицын И.В. Позднесарматские погребения Нижнего Поволжья//Изв. Нижне-волжского института краеведения. Саратов, 1936.
37. Синицын И.В. К материалам по сарматской культуре на территории Нижнего Поволжья//СА. 1946. Т. VIII .
38. Заднепровский Ю.А. Опыт региональной классификации погребальных памятников кочевников средней Азии древнего периода(II в. до н.э.-VI в.н.э.)// Страницы истории материальной культуры Киргизтана. Фрунзе, 1975.
39. Горбунова Н.Г. О типах ферганских погребальных памятников первой оловины I тысячелетия н. э.//АСГЭ. 1981. Вып. XXII.

公元 6 至 10 世纪阿尔泰突厥的冶铁与铁器制作 *

尼古拉·M. 孜尼雅科夫（Nikolai M. Ziniakov）著　刘文锁译

提要： 在阿尔泰，铁矿的开采与冶炼发展于公元前 5—公元 3 世纪。在 10 世纪，丰富的矿藏和创新的竖炉使铁、钢及铸铁的生产兴盛起来，特别被用于制作工具、武器、马具、家室物品和衣服的附件。公元 6—10 世纪时，这些制品在本地售销，同时也是向内亚霸主进贡的主要物品。优质铁矿是稀缺物资，因此对阿尔泰铁生产的控制就具有了战略重要性。在地方经济中，采矿、锻造与畜牧结合在了一起。采矿和锻造虽然都是小规模的家族式经营，但它们与精湛的高炉和铁—钢熔接术一道，仍在技术上达到了高境界。正因为如此，铁匠们获得了一种准萨满式的威望。

导　　言

本文建立在对 6 至 10 世纪阿尔泰的田野考古工作以及其冶金学和化学的调查的基础上。在撰写本文时，笔者使用了诸多资料：史学和民族志的研究、当代旅行家的记录、民歌以及关于鼓风法熔铁的实验资料。

6 至 10 世纪阿尔泰的社会政治史是与内亚人民的历史密切相关的。此时的内亚地区居住着游牧民（当代南西伯利亚突厥民族的祖先），其中包括阿尔泰人（Altayan）、图瓦人（Tuvinian）、哈卡斯人（Khakas）、索尔人（Shori）。其游牧迁移的边界至萨彦岭（Sayan）与阿尔泰山，向北远至

---

* 本文译自 Nikolai M. Ziniakov, "Ferrous Metallurgy and Blacksmith Production of the Altay Turks in the Sixth to Tenth Centuries A.D.", *Arctic Anthropology*, Vol.25, No.2（1988），pp.84-100。——译者注

阿尔泰山北山根(图1)。在这些古代游牧民族中,铁勒(Tðlð)和突厥(Tukyu),这两支操突厥语的部落所组成的联盟,后来在早期国家形成过程中扮演了主要角色。552年,第一个大型突厥国家——突厥汗国(Türki kaganate,源自其头领"可汗〔qaYan〕"。Malov,1951:409,442)崛起了,阿尔泰部落则是它的核心。突厥控制了一个辽阔地区,自满洲西部直至伊拉克和拜占庭。但在与唐朝的多年战争以及消耗性冲突中,突厥汗国衰落了,并于744年崩溃。突厥汗国的存在曾产生了一个积极影响(从社会进化立场看),因为它使说突厥语的部落团结了起来,其中包括在阿尔泰的部落。

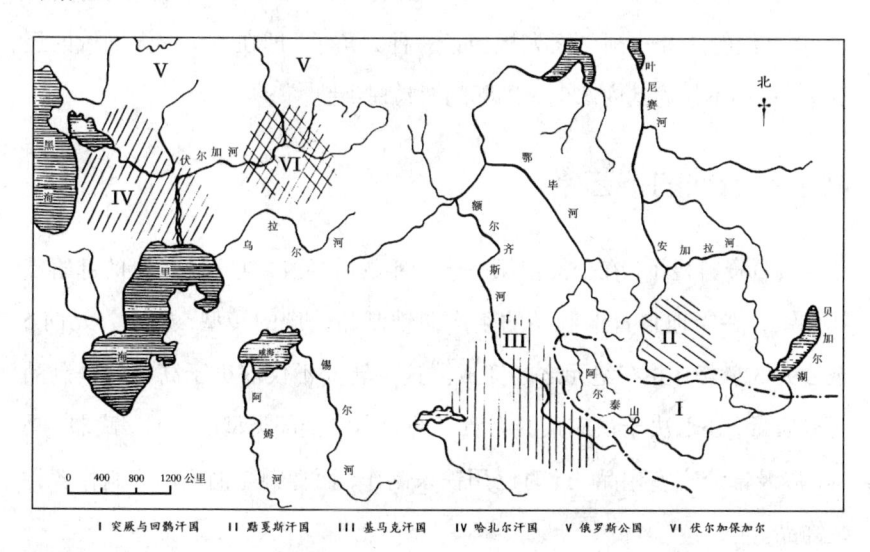

图1 6—10世纪的欧亚草原

745年,回鹘国(Uigur State)取代了突厥,其政权维持了一个世纪。在其民族构成中,包括了当代的蒙古和图瓦,阿尔泰部落则成了回鹘统治者的家臣(Okladnikov and Shunkov,1968:284)。840年,回鹘在古黠戛斯(Khakas)的攻击下解体了。后者通过征服战争,形成了紧密的古代黠戛斯国家——吉尔吉斯汗国(Kyrgyz Kaganate),包括了戈尔诺阿尔泰及其北方草原地区。不过,到9世纪末,點戛斯丧失了其政治统治,这是因为基马克—钦察(Kimak-Kipchak)部落联盟形成了。在9—10世纪,钦察的统治扩张到了南方的蒙古阿尔泰(Stepi Yevraziyi, 1981: 30-31)。

由此看来,在公元一千纪后半段,不同国家形成中的政治斗争,处处对阿尔泰产生着影响。这一状况不是偶然的。阿尔泰扮演着主要矿产资源产区的角色,满足了突厥汗国对铁的需求。历史文献和考古资料验证了此时期冶金术发展及金属生产的水准(Pigulevskaya, 1941: 75; Bichurin, 1950—1953: 228)。阿尔泰的这一优势,由于各汗国的核心战略区域——鄂尔多斯与戈壁平原及今日蒙古草原——缺乏铁矿而得到强化。这种情况使得6至10世纪的萨彦—阿尔泰人担当了一种大角色,即在一个广大区域的经济中,他们不仅为其内部也为国际间贸易提供铁。[1]

阿尔泰冶铁的技艺[2]

考古资料显示,在公元前第一个千年的后半段,居于阿尔泰的部落已熟识铁。在当地自青铜制品的生产向铁制品生产的转型,始于公元前5至公元3世纪,并在纪元之初完成。这一转变不仅取决于高超的铁制品制造质量,还取决于铁矿藏的有意义的分布。全部类型的工具、武器、马具,以及部分家室用品,此时已用铁来制作,而青铜与铜仍用于制作各种装饰品。

对金属制品生产的研究,包括对冶铁术的检验,或者说是从矿藏中提炼金属的程序及冶金方式的检验。古代冶铁术是通过对铁矿藏、生产设备、炼渣以及铁华的研究而揭示出来的。

---

[1] 有关突厥和吉尔吉斯统治时期的米奴辛斯克盆地和阿尔泰的文化之研究实例,参见吉谢列夫:《南西伯利亚古代史》(Kiselev 1951: 487-638)。

[2] 阿尔泰的冶铁术,除了对更高熔冶温度和铁的铸造之控制外,其他方面与希腊和罗马十分相似,参见 Forbes 1956。

阿尔泰铁矿的大储量及其不寻常的分布与出露，对古代冶金者来说是可能的原料来源，这些问题我们已经分析过了。现在所知的矿藏分布于三个地区：阿尔泰东南部、西部和东北部（图2；*Zheleznorudnyye mestorozhdeniya*，1959：601）。基本上，赤铁矿和磁铁矿在三个地区都被发现了。它们的铁含量达到了60%~65%，平均35%~40%。一个突出特征是，这些铁矿石中有高含量的硅（SiO_2），达16%~60%。它是这些矿藏中基本的非金属矿物。这种条件决定了古代冶金匠利用矿石（即铁含量的集中度）的可能性。

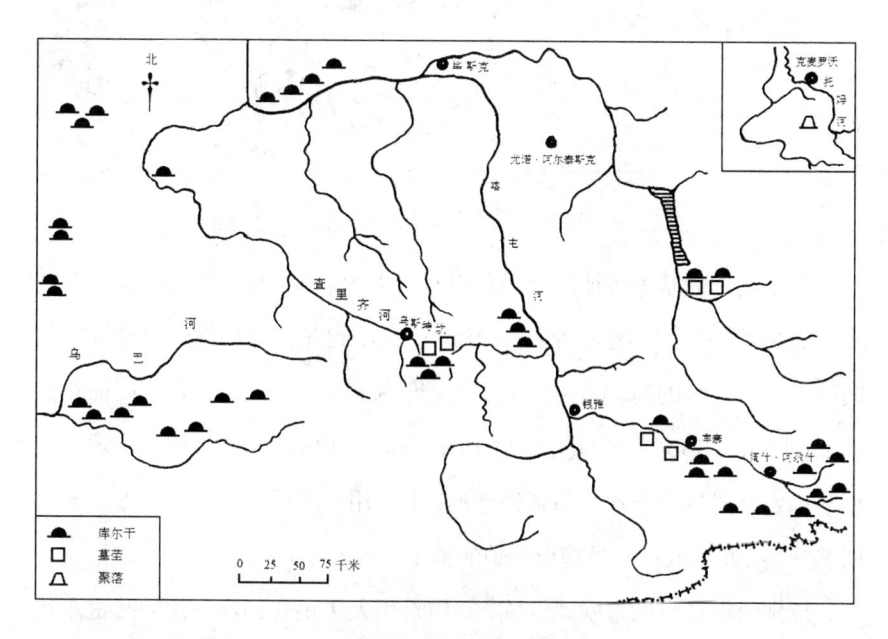

图2　阿尔泰的考古遗址

矿藏的分布与特征表明，在古代，最可取的开采地区是在阿尔泰的东南地区。笔者进行了专门考察，发现了三十多处冶铁遗址（图3）。它们几乎全集中在东南阿尔泰。我们将该地区矿藏与冶铁遗址的组合表述为楚雅—库拉格（Chuiya-Kurag）矿冶区（位于蒙属鄂毕河上游，海拔1500~1800米。该地区包括库拉格、楚雅和赛勒玉艮〔Sailyugem〕草原，面积约5000平方千米）。

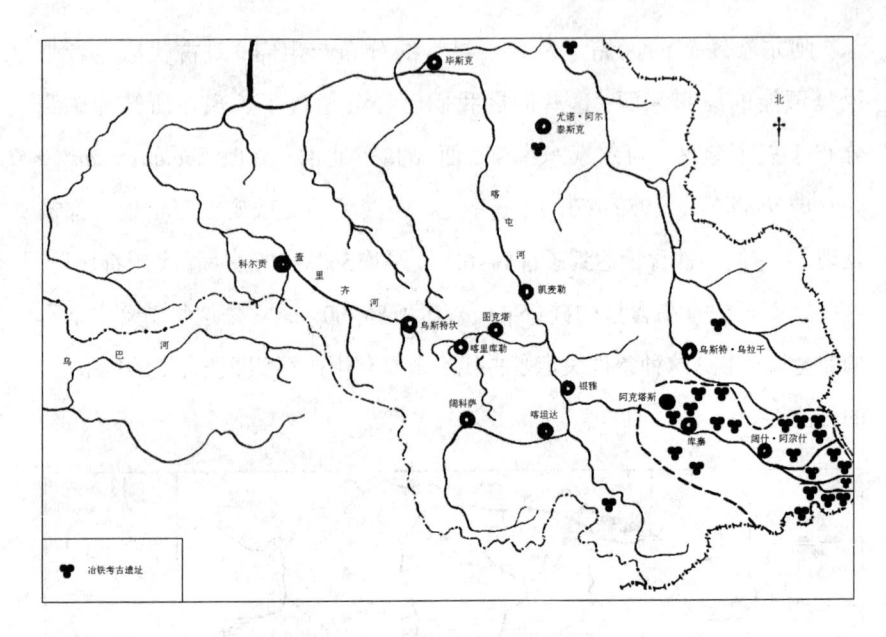

图 3　铁矿开采与冶炼地区

冶铁遗址的基本特征是有保存很好的生产设施：每个遗址前都连着一个坑的高炉（图4），坑是用于掏炉渣的设施，也是工匠在熔炼时进入操作间的通道。所有的高炉皆为竖穴型，深度为120~150厘米。操作间的规格如下：长105~150厘米，宽35~65厘米，高（复原后）至200厘米。炉的墙壁是用含金属的岩石块和石板砌造的，上部用一厚层黏土构建。地面向前凹坑倾斜，并用操作间里掏出的炉渣铺垫。

特别值得注意的是吹风设施，它们是用人工供气到操作间的孔道。其每面各有一列8到11个小孔，孔的内径2.5~4厘米，它们通到操作间墙上，高出其地面约100厘米，出口角度45~50°。关于这些气孔也存在着争论，有人认为它们也可能是靠风的自然循环来实现的。

对铁矿石、熔炉、燃料和炼渣的检测显示，在中古时，铁无例外地是用初轧技术（blooming technique）提炼出的，这是一种将铁从铁矿石中直接用化学析取法提炼的技术。其工序大体如下：将一种特制配料与铁矿石及炭混合，放在冶炉的下部。在燃烧过程中，炉内燃烧的炭产生了高温和还原剂（一氧化碳）；在这些条件下，含有基本的氧化铁、硅以及其他氧化物质的铁矿石，就发生了一种化学变化。化学作用的结果是，一部分氧化铁析出成为金属铁，按下述化学式：$Fe_2O_3 \to Fe_3O_4 \to FeO \to Fe$。这种铁以颗粒形式存在，熔入易碎的铁绵体中，其空隙中含有一定量的炼渣。铁的氧化物的另一部分，是析变成氧化铁（FeO），由铁矿石中含的氧化物合成，形成一种易于熔化的、富铁的石料，它们在燃炉中流动。以上描述的铁矿石的减少，仅发生在当炉中的矿石燃烧了一小段时间、同时炼渣形成且铁氧化物减少之时。

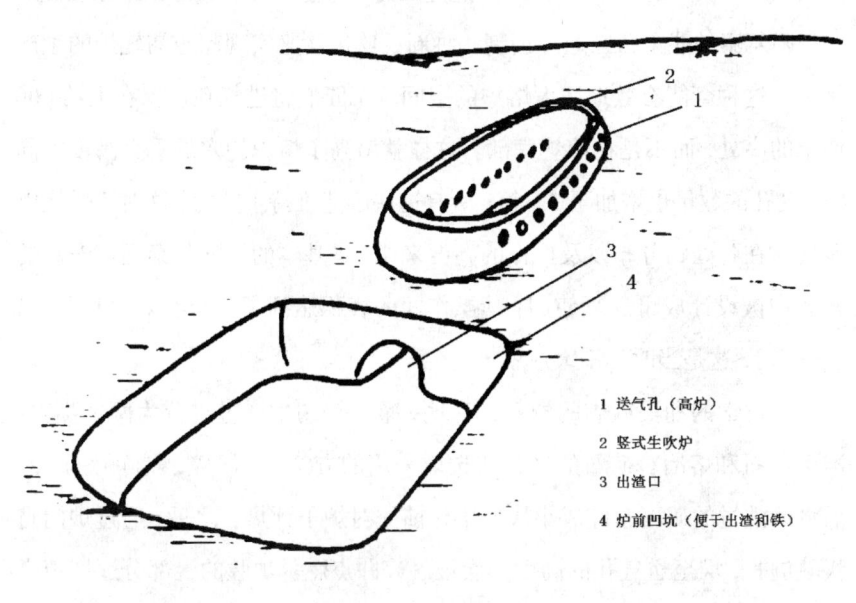

1 送气孔（高炉）
2 竖式生吹炉
3 出渣口
4 炉前凹坑（便于出渣和铁）

图4　冶铁炉设施

熔炼过程中最重要的条件，是在整个炼炉内制造超过1000℃的高温。这一点由于较早期炼炉的高度（超过1米）而常被意识到。不过，对铁的大量需求，使阿尔泰的冶金匠人致力寻求增加金属产量的途径，即增大炉的容量。此种容量改变可以通过抬高操作间高度，或者改变其长度或宽度的方法来实现。

当操作间的高度增加而其他条件对等时，熔化所需的高温仅能在炉膛的低层达到，那儿的空气畅通。炉膛内其余空间的温度将会是较低的。因此，当配料移入操作间时，炉内的配料在长时间里处在不足 1000℃ 的温度下，此时，铁氧化物开始明显减少，甚至在它们达致可能的炼渣形成过程区域之前（超过 1000℃）即开始全部析减为金属铁。炼渣的形成则在没有铁氧化物的情况下发生，出自脉石（非金属铁废料）的成分中会产生一种易于熔化的炼渣。用减少再作用方法形成的金属铁长时间地与碳保持接触，它明显地碳化了，转变成易于熔铸的铁，里面含有大约 4% 的碳。众所周知，铸铁在欧洲和亚洲长期被认为是一种产品废料，这是因为对其生产技术缺乏了解的缘故。

阿尔泰的能工巧匠通过创制一种新的吹风管来实现超越初轧炉的生产极限。这种管能有效地增大熔炉的空间。工匠们将进气孔设置在大约 100 厘米的高处，而不是在熔炉底部。这样就增高了熔炉炉穴的垂直高度。同时，气孔的数量也增加至 22 个。所有这些改造维持了热力，这对于燃烧以及气体在各处的分布以及操作的高度来说，是基本的。阿尔泰固定安装的初轧炉被设计成可反复使用，其操作间的容积达到了一个有效增长（达 1 立方米），这是当时的一大成就。

考古学的和民族志的资料都表明，整个铁的生产过程分为两个步骤：准备矿石和熔冶。矿石的准备或选取采用的方法是：研碎，剔除脉石，然后将清洗过的矿石粉碎成小块。熔化前先对炉子预热。之后，通过炉门将炭填进去，堆至送气孔的高度。炭被砸碎并点燃。炉膛的上部分逐层填满矿石和炭，当安置它们时，即把配料添加进去。在阿尔泰的铁的生产中，不曾使用熔剂。

当熔融时，含铁的矿石会定时地分解。这个过程持续几小时至几昼夜，取决于需要冶炼金属的数量。熔化完成后，炉内形成的铁华与一种特别的布丁棍混在一起，然后被砸碎以使之密实，并把粘在铁上的炼渣除掉。这之后，用一种木锤捶打它，并迅速放到一架铁砧上锤打。根据对炼渣和矿石的化学分析所做的特别测算显示，从100公斤的铁矿石里，阿尔泰的冶铁匠能炼成22公斤的铁（40%的初始含量）和65公斤的废渣。

通过对铁华炼渣的检测显示，铁的熔化是在一个足够高的温度下（1300~1600℃）实现的。要达到如此高温，要求有高的物理能量以及管理初轧过程的大量经验。工匠们能够仅凭听声经验来实现冶炼的过程。他们须决定除炼渣的时间、送气的速度、炭与矿石的数量；同时，他们还须纠正熔化时可能出现的错误。

锻铁的生产

阿尔泰技艺

阿尔泰工匠们的锻铁生产，是为了满足人们对铁制品的基本需求。为了了解铁匠手艺的特征，我们研究了阿尔泰43处考古遗址中出土的216件金属制品。全部制品可分作四组：工具、武器、马具，家室用品和衣服附件（图5-8）。

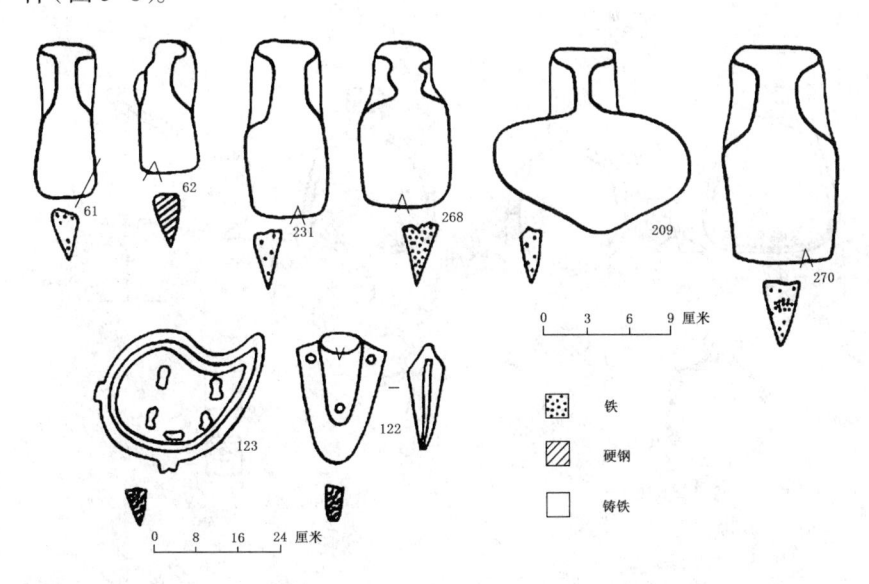

图5 铁工具与武器成分示意图

68　欧亚译丛

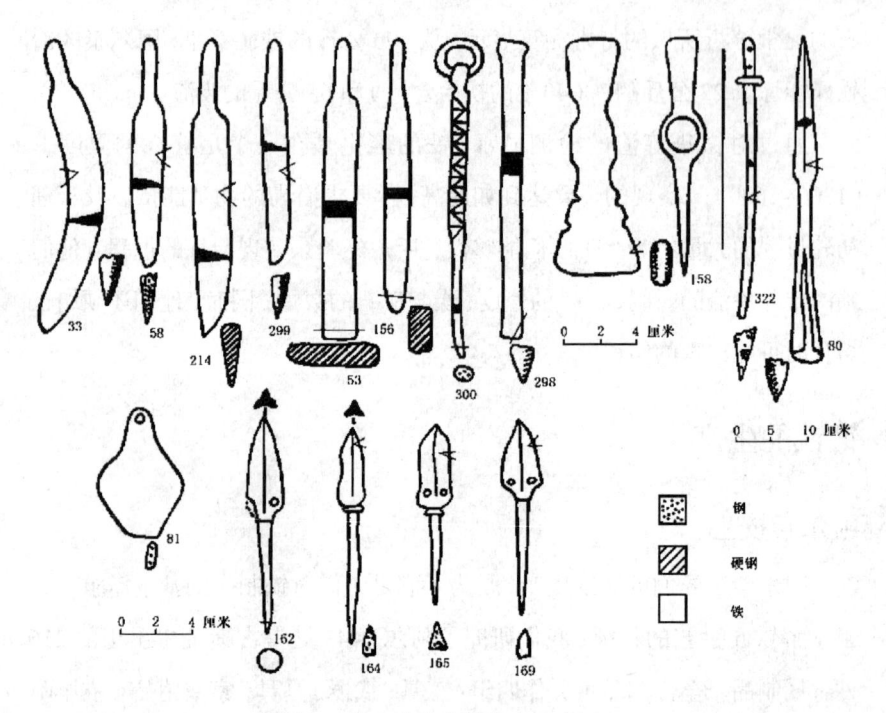

图 6　铁工具与武器成分示意图

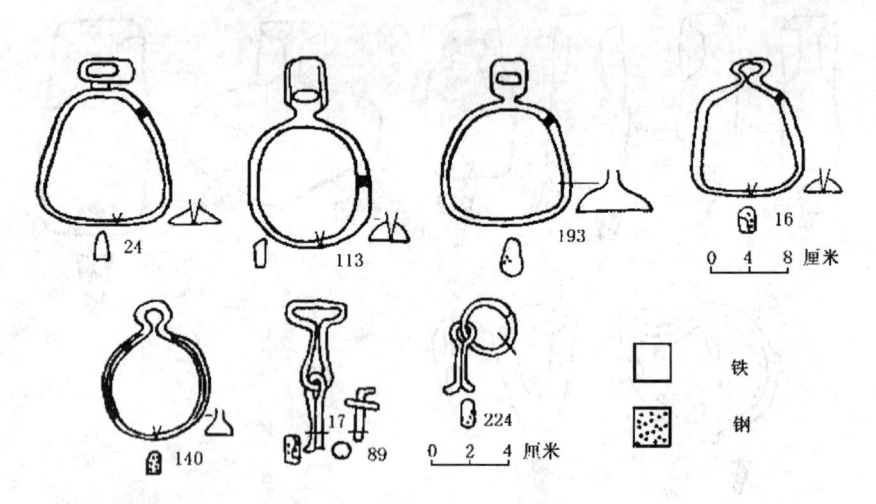

图 7　铁马具成分示意图

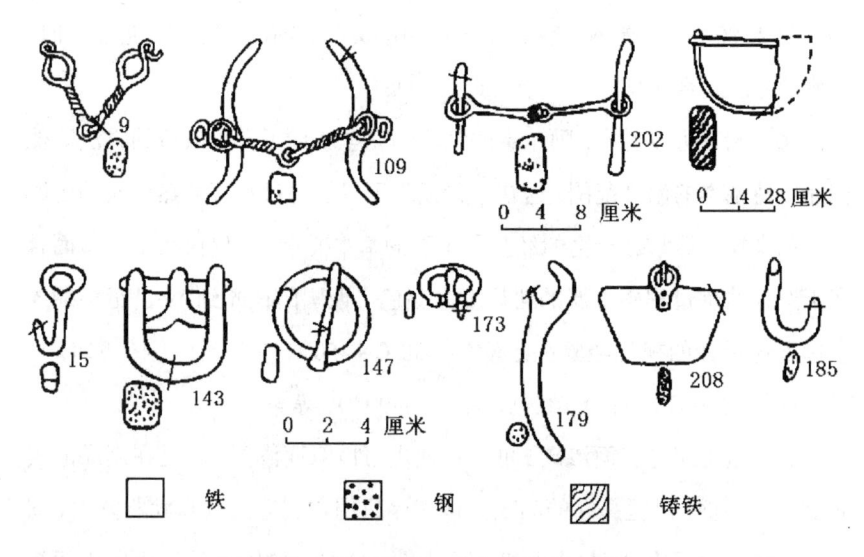

图 8 铁马具(衔、镳、带扣等)成分示意图

正如我们对 6 至 10 世纪阿尔泰人金属产品所做的调查显示出的那样，阿尔泰人对初轧铁和钢的使用是典型的。为了达到这个目标，需要经历一个渐变的过程。众所周知，钢比铁有更高的硬度。此外，在回火(意即热处理)后其硬度也增加了。钢制品中的晶体线结构被固定下来了，无论是初轧钢(不常含碳)，还是高碳钢。初轧钢是初轧过程中的即时产品，这个初轧过程是在使铁的碳化成为可能的适宜的物理—化学条件下进行的。在缺少冶炼生产钢的情况下，6—10 世纪阿尔泰高碳钢的存在证明，工匠们对铁坯采取了各种预处理，特别是在温度不低于 900℃的条件下，用一种碳铁法长时间地进行渗透。

预备铁制品的基本方法是自由锻造。在制做马镫和箭镞时，也使用印戳和模刀。自由锻造分为一系列程序：提取、弯折、扭曲、上折(用锤打加厚和缩短铁件两端)、切割、戳印、锻打(用锤打一个印模在上面的法子，以形成表面和边缘)及穿孔。自由锻造的基本难点在于工作时需维持一个最佳温度。这一温度取决于正锻打金属中的碳含量。如果铁的锻打温度是

900℃~1300℃，高碳钢则会在775℃~1050℃。当温度范围不能维持时，金属的品质就会恶化。

通过调查可以看出，阿尔泰的铁匠们完全掌握了自由锻造的方法。他们能保持基本的温度范围，这在中古条件下只能通过观察遇热发光的金属的颜色来控制。掌握丰富的经验是工匠的基本要求，不仅仅在于检验而且在于选择冶炼过程中金属的遇热发光颜色。俄国的铁匠到19世纪早期才掌握下述更佳的视觉经验：淡黄色（430℃~450℃），草黄色（460℃），金属棕黄色（500℃），棕色，红色，紫色（580℃），等等。

下一道工序是表面渗碳，可以单面也可以双面渗碳，就是在制品的表面上加一层钢，以提高它的品质。该工序只用在制造工具和武器方面（图7）。它的传播是在8到10世纪，那时有十分之一的铁制品使用了表面渗碳工艺。

为了制作钢层，制品被放置在一个土缸里，用的是一种碳化法（木炭，边角刨花）。加热和延长烘干的过程会发生物理化学变化，在金属的表面造成碳化。如果需要的话，制品的一面就从与炭的接触中分离出来（与黏土混在一起），并因此保持软化。金属的渗碳技艺，要求对金属的碳化过程和条件加以准确地控制。铁匠们凭借经验观察到的各种标记，可以作为过程当中正常的或不合意的进程指标。譬如，视觉上可观察到的泡状斑，是由铁转变为钢的标记。此外，除了注意观察，工匠还需要更多的经验，因为泡的产生并不总是意味着好钢。金属品质的最精确证据来自茬口——钢显示的是一种结晶性茬口，而铁则是小颗粒状的。

两种产物——铁和钢——的熔接，是一种相当少见的工艺行为。就如渗碳那样，它保证了锻造中的卓越工作质量。这是由合成铁和钢的属性——塑性和硬度，一种软基与硬钢的熔接——决定的，仅见于三个例子（图7）。熔接是全部炼铁活动中最复杂的，特别难的是熔接铁和钢。此外，由于铁和钢的熔接发生在不同温度下，使用一种熔剂以去除锈皮是基本的要求。从民族志资料中可了解到，普通的河砂被用作熔接中的材料。

在阿尔泰，回火，即金属的加热过程，并不曾广泛使用，尽管它能有益于提高钢的机能。在全部收集品中，只有5%的铁制品具有回火结构（图7-8）。

制作器具中的最后一道工序，是用研磨和抛光方法对金属进行冷处理，尤其用于制作刀、剑、斧、矛头和镞时。进行研磨和抛光时，用的是砂岩的磨棒，这从阿尔泰的中古早期墓葬遗物中可清楚地看到。

对比资料

有趣的是，我们也注意到了邻境地区公元第一个千年后半至第二个千年初的铁工技艺。与南西伯利亚和西西伯利亚、古代罗斯以及远东地区目前掌握的铁工资料进行对比，可以将阿尔泰的制铁技艺水准放在一个更宽广的背景上进行评价（图9）。

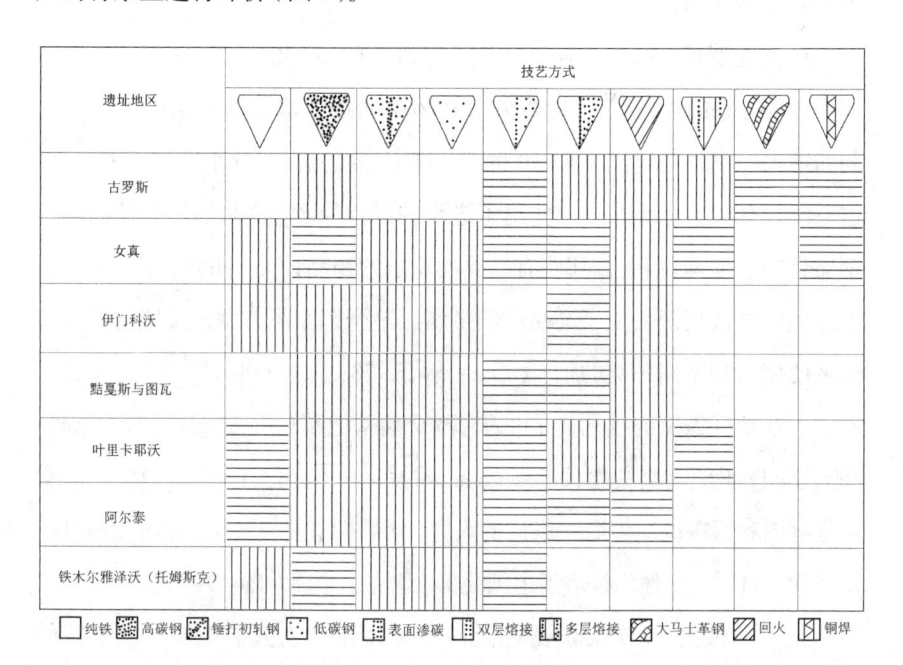

图 9　中古早期考古遗址出土锻造产品成分分布图

对邻境的米奴辛斯克盆地和图瓦锻铁产品的微观结构分析，可以显示出金属的高品质和制品分类的广泛（Khoang Van Kkhoan, 1974: 122）。米奴辛斯克盆地和阿尔泰的能工巧匠，他们在选择使用铁工原理方面并没有根本差别。一个例外是热处理，此乃铁工发展上主要方面之一。米奴辛斯克与图瓦的铁匠，常使用两种类型的热处理：硬和软回火。不过，在米奴辛斯克盆地，锻造金属的选择是比较不同的，这取决于像工具、武器或农具制品的功用。

铁木尔雅泽夫斯基墓地（Timiryazevskiy Cemetery）已被做过金相学方面的研究。墓地位于托木斯克（Tomsk）河岸，测年为第一个千年末。这座墓地的随葬品中，占压倒性数量的是低碳钢和铁。如采用这样粗的材料来制作物品，其工艺质量会是低劣的。高碳钢的制品是少见的。在改善锻造质量的技术方面，可看出使用了几次单面渗碳。该墓地出土物中，未发现曾采取了熔接和回火的技艺。

在克麦罗沃（Kemerovo）近旁的托姆河（Tom R.）中游发现了叶里卡耶夫斯基（Yelikayevskiy）窖藏。对其物品的技术检测则显示出了完全不同的结果。藏品的年代在8—9世纪。这座窖藏铁制品的水准高于阿尔泰，这一结论体现在：此处广泛使用了进步的设计原理，铁和钢的熔接以及对钢器具的热处理。当制作那些有高性能要求的物品种类（如剑、匕、刀）时，本地的铁匠按规矩使用了高品质的金属。这个窖藏品典型地按照功用特殊性来使用铁和不同种类的钢。（Ziniakov, 1978: 104-114）

远东地区铁工的技艺，可知的有赛金斯基堡寨（Shaigynskiy gorodishche），系12世纪女真文化（Jurchen culture）的一处遗址（Len'kov, 1974）。女真是满洲和远东说通古斯—满语的人群，他们拥有复合经济、城市和国家组织因素。1115年，他们征服了中国北部，建立了金朝（Tao, 1976）。

就像林科夫（V.D.Lenkov）的研究所指出的，女真的工匠拥有丰富的锻造工具装备。这使他们与阿尔泰的铁匠不同，因为考古学和民族学的资料，都鲜有记载在一般的游牧民中——尤其在阿尔泰的游牧民中，发现有如此的工具发明。女真的铁工技艺达到了一个高度发展的水准。工匠们掌握了铸铁生产、锻打和熔接、硬钎焊以及钢热处理的技艺。

卡马河（Kama R.）下游的伊门科沃（Imen'kovo）文化（4—7世纪）所出遗物，在金相学研究上有一些有意思的成果。遗址是一处定居农耕人群的聚落。（Starostin and Khomutova, 1981: 208-217）在金属的机能处理上，达到了一个高水准，铁匠们对钢的热处理尤其成功。根据调查可知，那里存在着几种类型的回火：硬回火、间歇回火以及软回火。在其他用来改进制品机能的技术中，还有对铁和钢都采取了熔接的技术，虽然说不多见。

古代罗斯金属工艺的基本特征也不是没有优点的。因为古俄罗斯代表了中世纪早期锻造工艺发展的一个不同标准。（Kolchin, 1953）古代俄罗斯的遗物采用两种制作方法：优质和实用。优质制品是剑、军刀、矛、匕首、镰刀、刀和斧头。钉子、箍件、链子、锤头和钳子属实用制品。在锻造优质制品时，基本的制作技艺是在铁砧上对钢边缘进行熔接。这种情况下，锻造技术的顶尖是一道设计复杂的钢—大马士革钢（damascene）；次常用的，是富含碳的脱氧钢制品（含碳量 0.5%~0.9%）；表面渗碳的方式并未普遍应用。铁匠们在掌握热处理方面取得了特别的成就。依据产品的需要，他们分别使用了软的、硬的或是间歇性的回火。古罗斯工匠们所取得的一项重要成就，是对铜、铁和钢进行锻压硬钎焊（forge brazing）。实用的或曰低质的制品，仅是用软质的靠有限的自由锻压法塑型的初轧铁来制成。

由以上铁匠技艺的比较来看，已经清楚的是，尤其处在城市化进程中的定居的、农耕群集的人群中，金属制作达到了最大成就。在这类人群中，对金属的提炼、制造，是其经济生活中最为重要的方面，产品的技术水准一般都依赖于此。

在游牧生活环境里，铁匠手艺有着特别的意义。比起定居的农民，游牧经济中缺乏的技术和长期安居导致其金属制作发展落后。

阿尔泰部落社会经济结构中的手艺与匠人

社会经济结构

6—10世纪阿尔泰的社会经济史与内亚（Inner Asia）部落的社会经济史密切相关，后者的游牧疆界曾伸张到了阿尔泰和萨彦岭以及它们的北部山麓地带。当我们所论说的时段里，阿尔泰先后成为突厥、回纥（鹘）、黠戛斯以及基马克联盟诸汗国的一部分。这些政治组织具有早期联邦国家的特征，它们的头目是一位可汗，或者一位最高统治者。

游牧群体联盟关系的基础，是由最高统治者对主要用作牧场的土地的独占性控制。可汗是全部土地的最高所有者和分配者，汗族的成员控制着最高的军政职位。他们扮演统治者、受俸禄者以及所统率牧民的调解者角色。除统治者贵族外，还存在着一个当地精英氏族，他们的义务是为可汗征收贡物和赋税。

氏族—部落头领的直接权力，建立在军事部属、部落传统和习惯法关系之上。它允许这些头领通过各种各样的、众所周知的方式，征得普通牧民的贫瘠的产品。贫困的部民们为其头领们照料牲畜，充当其牧人。对不同人群的普通牧民的征收是财富的主要来源。财产的显著化与社会性差序出现，是阶级形成之始，其根基是对产品——特别是牲畜——获得途径的私人占有权。

普通的牧民，他们是社会物质财富的基本生产者，他们的经济生活处在私有财产法则之下。普通牧民的墓葬就是那种显得卑下的"库尔干"（*kurgan*），仅有可怜的随葬品。不过，这些墓葬里随葬武器的存在也指明了这些布衣们还是一个自由的阶层。但是，对墓葬随葬品的分析，也显示出了在阿尔泰社会里，除了自由民外，还有一个特定的依附者群体，他们无力饲养自己的牲畜，而只能为那些较富有的亲属服役。在阿尔泰的社会阶梯中，他们处在最低的梯级。（Kiselev, 1951: 535, 596-698）

阿尔泰游牧民的经济是一种复杂的混合型经济，包含着家畜饲养、狩猎及农业。人们的基本活动是广泛畜牧，这一状况塑造了其整体生活方式及人口分布。它预定了居民随牲畜而季节性地迁徙，年复一年地依赖天然牧场喂养牲畜为生。狩猎和农业只是辅助性的生计。

基本经济活动的型态与家庭产业和少量手工艺间存在着密切的联系。家庭内部的产业主要依靠提炼和加工原料，保障了他们自己和家庭成员在产品方面的需求，表现了自给自足的策略。在阿尔泰部落中，动物类产品占了家庭产业的大宗。这些产业包括制衣、编绳、擀毡、缝制衣服和鞋袜以及制作奶产品。上述经济类型实际上存在于各个家庭内。它们既不要求复杂的设备，亦不要求高水准的职业准备。

与家庭产业相伴而生的，是在阿尔泰社会中存在的一种更为复杂的生产形式——为了消费者需求的产品生产，此即冶金与金属器制造。还在其初始之时，金属器生产与制作就经历着一个脱离游牧经济的趋势。要掌握此项手艺，必需拥有大量的知识和特殊技能，如特别的生产设施、装备和工具，而它们是畜牧和狩猎所不可比拟的。

同时，阿尔泰人的手艺发展，也有它自身受到了游动畜牧经济强化的特别之处，以及与众不同的生产手段、组织与实施经济活动的方法。游牧经济阻碍了手艺专门化和作为手艺集中地的城市的发展（Tolybekov, 1971: 317, 319; Markov, 1976: 285）。对牧民来讲，他们生存所需的手艺品，在多样性上较诸定居人群要不足。牧民们的最高需求无外乎是武器和马具。

由此看来，游牧民的冶金和铁工，虽说本质上也具有为消费而进行的专门化生产趋向，但从未完全地从其粗放经济中分离出来。那些从事金属手艺的大匠，按照规矩，他们也要跟从其团伙，将所拥有的牲畜作季节性迁徙。

打铁的社会学

根据历史与民族志资料，冶金和金属器制作属于人们的一门生意。在分化的家族和大的家族——氏族团体中，掌握一门手艺是其世袭职业。有关家族的传说也验证了一部分阿尔泰部落在金属器制作中的专门化。他们所说的"*pro seŏk koburchi kongdosh*"，意即"此 *seŏk*（父系氏族）长于烧炭"。他们的炭用于炼铁（Kiselev, 1951）。

冶金匠和铁匠的活计，是以各种方式组织的。铁匠是可以独立做活的，或者是带一个徒弟，此人可能是他的弟弟、儿子或外甥。锻打工属于手工活。所有锻打铁坯以及最终产品的完成，是由锻工铁匠本人承担的。

金属器生产中全部工作都是在宗族内部集体从事和进行的。父亲或是兄长监督全部的作业：固定初轧炉的建造，烧炭，购买和制备矿石，铁的熔冶。除成人外，未成年人也可以加入这样的工作中。由熔炉的构造——操作间的相当大体积以及复杂的送气孔——来推断，当熔铁时需要七至九个人手。作领工的是最富经验的熔铁匠，他负有特别的责任。他监督木炭的烧制和矿石的制备，并指导熔冶。他配置炉料，确定排渣的必要时间和数量，控制向炉室里送气的强度。

当时，冶金和金属器制作是十分复杂的生产类型。它们要求经验性的知识和生产技能，而要掌握这些，没有长期的锻炼是不可能的。徒弟们变成了师傅的助手，与师傅肩并肩地经年地做活，相助师傅完成所有的制作活动，使他们通晓了技术的诀窍。这些学徒在长年累月的建造初轧炉和锻炉过程中习得了送气与熔冶之术以及最佳炉料的选配。锻工师傅会谆谆教诲徒弟标记性的知识：确定金属的品质，制造工艺以及金属器活计中的其他有关方面。

在阿尔泰，冶金业和铁匠业满足了人们对金属和金属制品的几乎全部需求。唯有的例外，是自外地舶入的铸铁容器。金属及其产品的基本消费者是工匠本身、普通社会成员和统治氏族的阶层。另外，金属产品也用作与其他境域进行贸易的物品或支付贡物。

手艺和匠人的经济角色决定了他们的社会地位。无论是史乘还是民族志记录,都指示出在内亚和南西伯利亚的诸多人群中,铁匠们享有极高的威望。在阿尔泰,对铁匠的尊崇根源自古突厥。它的一个反映,就是见载于《隋书》里的一则古突厥传说(6世纪):突厥汗国之统治者常作铁匠(Masao,1970:1)。①

有一种方法有助于我们了解当时公众对冶金术士和铁匠的特别态度,即将他们与操控着魔术和巫术的萨满们相比较。就此情况而言,铁匠的绝技也使其扮演了大角色。对白炽的铁与火的自由操控能力,还有他那在一个时辰里生火和起风的手段"呼风",在操突厥语的部族中,是被尊崇为操控自然的力量的。这些手艺人的特别地位,被介乎铁匠属性与地狱神灵娥里克(Erlik)的名称之间的神话关联力量所强化了,该神灵出现在了阿尔泰的史诗当中(Verbitskiy,1893:99;Anokhin,1924:85-86)。

冶金术士和铁匠们的手艺,一方面将他们的社会位置置诸与萨满的类似;另一方面,它意味着在手艺活行事当中,还呈现出一种特别的宗教仪式的面孔。萨满现象的根基在于群众对自然界物质显现法则的无知。手艺人无力解释矿石通过熔化的方式变成了铁或者渗碳、回火、塑化等机理。冶金术有着诸多的秘密与不可思议,其中,直观进行的工作、意外及幸运,起着重要的作用。这里随时上演着希冀、意外和恐惧。所有这些都导致了在冶炼前甚或冶炼后巫术行为的降生。此即手工业礼拜的基础。礼拜仪式的进一步发展,就导致了特种神灵的现象,它们就是手艺人的护主。此方面最明确的体现是在当代阿尔泰的万神殿里,存在着一位"铁匠护主"的

---

① 孜尼雅科夫没有直接征引《隋书》,而是转引了 Mori Masao 于 1970 年莫斯科"第十三届国际历史科学大会"上的论文《蒙古古代政府的政治结构》(详见文末"参考文献")。《隋书》卷八十四《北狄·突厥》:"突厥之先,平凉杂胡也。姓阿史那氏。后魏太武灭沮渠氏,阿史那以五百家奔茹茹,世居金山,工于铁作。"——译者注

神灵，它以"阿塔干"（Atagan）或"塔塔干"（Tatagan）的名字著称，它教会了人们如何锻铁，并且奠定了技艺的础石。

结　　论

经济行为——特别是对金属的掌握与运用，在研究人类的社会史方面是重要的。就像历史文献和考古资料所显示的那样，阿尔泰在中世纪早期（6—10世纪）的亚洲，是一个广大而有意义的出产铁与铁制品的地区。冶铁实质上依赖于阿尔泰山东南部的丰富矿源。这一条件决定了生活在那儿的人们在此种经济活动方面的专门化。

对金属的熔冶是用一种单一的技艺、在一种独一无二的熔炉里实现的。本文讨论过，阿尔泰铁是用独家的初轧技术提炼的，其实质是从铁矿石里直接分离铁。阿尔泰与若干其他地区相比较的结果显示了阿尔泰冶铁的高生产率。

古代阿尔泰人锻铁产品的基本种类是马具和武器。除刀子外，工具以及家用器具的制作是有限的。对于我们所研究区域的几乎全部来讲，它是典型的单一技术模式。它是一种与小范围的物品制作相关联的锻造手艺，但其建立于广泛的铁工知识之上。从铁金属里用于制作物件的基本技术是自由锻造。其他工艺活动，诸如表层渗碳、铁与钢的熔接和回火，仅出现在公元8世纪，并未扩及多大的范围。

通过将阿尔泰的锻铁产品与其他地区的比较，揭示了这些游牧民与定居农民相比其受限的发展；而这种限制则源自游牧经济和生活方式的特征。

对阿尔泰的游牧—畜牧部落来说，冶金术和金属器制作是其经济结构中的重要方面。工匠们几乎完全是为了满足其本地人对金属和金属产品的需求而进行生产的。他们的生产也代表了献贡和国际贸易中的重要品目。基于这些因素，工匠们被赋予了崇高的社会地位。与这些匠人相符的崇敬，也为下述阿尔泰观念所加强——冶金术士和铁匠拥有与萨满相似的魔术和巫术之力。一方面，冶金术士和铁匠的营生导致他们孤立成一个像萨满那样的特殊社会群体；另一方面，它也促成了在手艺活动中的特殊宗教仪式的出现。

参考文献

Agrikola, G., 1962 *O gornom dele i metallurgiyi*. AN SSSR, Moskva.(《采矿与冶金》)

Anokhin, A.V., 1924 *Materialy po shamanstvu u altayetsev*. Izd. Rossiyskoy Akademiyi Nauk, Leningrad.(《阿尔泰萨满教资料》)

Baykov, A.A., 1949 *Pryamoye poluchenye zheleza iz rud*. Sobraniye trudov t.2. AN SSSR, Moskva.(《铁的直接萃取》)

Bichurin, N.Ya., 1950—1953 *Sobraniye svedeniy o narodakh obitavshikh v Sredney Aziyi v drevniye vremena*. t.1., AN SSSR, Moskva.(《古代中亚居民报告集》)

Forbes, R.J., 1956 Metallurgy. In: *A History of Technology*, edited by Charles Singer, E.J.Holmgard and A.R.Hall, Vol.II, pp.41-80. Oxford, New York.(《冶金术》，载《技术史》)

Khoang Van Kkhoan, 1974 Tekhnologiya isgotovleniye zheleznykh i stal'nykh orudiyi truda Yuzhnoy Sibiri. *Sovetskaya arkheologiya*, No.4, pp.110-124.(《南西伯利亚制造工具的技艺》)

Kiselev, S.V., 1951 *Drevnayaya istoriya Yuzhnoy Sibiri*. 2nd ed., AN SSSR, Moskva.(《南西伯利亚古代史》)

Kolchin, B.A., 1953 Chernaya metallurgiya i metalloobrabotka v drevney Rusi. *Materialy i issledovaniyi po arkheologiyi SSSR*, No.32. AN SSSR, Moskva.(《古代罗斯的冶铁与金属业》)

Len'kov, V.D., 1974 *Metallurgiya i metalloobrabotka u chzhurcheney v XII v*. Nauka, Novosibirsk.(《12世纪女真的冶金术与金属业》)

Malov, S.E., 1951 *Pamyatniki drevnetyurkskoy pismennosti*. AN SSSR, Moskva.(《古突厥碑铭》)

Markov, G.E., 1976 *Kochevniki Aziyi*. Izd. Moskovskoi gos univ., Moskva.(《亚洲游牧民》)

Masao, Mori, 1970 Politicheskaya struktura drevnogo gosudarstva Mongoliyi. *Thirteenth International Congress of Historical Sciences*. Nauka, Moskva.(《蒙古古

代政府的政治结构》)

Moiseyev, G., 1840 Ustroystvo angliskikh pechey dlya dela stali. *Gornyy zhurnal*, No.5, pp.281—288.(《英国钢炉的结构》)

Okladnikov, A.P. and V.I.Shunkov, ed., 1968—1969 *Istoriya Sibiri*. 5 vols. Nauka, Leningrad.(《西伯利亚史》)

Pigulevskaya, N.V., 1941 *Siriyskiye istochniki po istoriyi narodov SSSR*. AN SSSR, Moskva.(《有关苏联人历史的叙利亚文史料》)

Potapov, L.P., 1953 *Ocherki po istoriyi altaytsev*. AN SSSR, Moskva.(《阿尔泰人史纲》)

Spasskiy, G., 1819 *Sibirskiy vestnik*. t.7. Sankt Petersburg.(《西伯利亚先锋》)

1981 *Stepi Yevraziyi v epokhu srednevekov'ya*. Moskva.(《中世纪的欧亚草原》)

Starostin, P.N. and L.S.Khomutova, 1981 Zhelezoobrabotka u plemen imenkovskoy kul'tury. *Sovetskaya arkheologiya*, No.3, pp.208—217.(《伊门科沃文化部落的铁工》)

Tao, Jing-shaw, 1976 *The Jurchen in Twelfth Century China, A Study of Sinicization*. University of Washington Press, Seattle.(陶晋生《十二世纪的女真人：汉化研究》)

Tolybekov, S.E., 1971 *Kochevoye obshchestvo kazakhov v 17- nachalye 20 vv*. Nauka, Alma Ata.(《17至20世纪的哈萨克游牧社会》)

Verbitskiy, V.I., 1893 *Altayskiye inorodtsy*. Izd. etnograf. otdela Imp. Obsch. Iyubeteley yestestvoznaniya, antropologyi i etnografiyo.(《阿尔泰土著》)

1959 *Zheleznorudnyye mestorozhdeniya Altaye-Sayanskoy gornoy oblasti*. t.1, kn.2. AN SSSR, Moskva.(《阿尔泰—萨彦山区省的铁矿资源》)

Ziniakov, N.M., 1978 Tekhnologiya proizvodstva zheleznykh predmetov Yelikayevskoy kollektsiyi. *Yuzhnaya Sibir' v skifosarmatskuyu epokhu*. Kemerovskoe knizhnoye izdatel'stvo, Kemerovo.(《叶利卡耶夫斯基藏品中的铁制品的工艺》)

蒙古国新发现的古代艺术文物[*]

Д. 策温道尔基（Д. Цэвээндорж）著　青格力译

考古学是依据实物做出结论的学科。在考古研究中不是每一件新发现的文物都能够及时地以专论形式得到研究和发表，有的新发现是在学者的研究著作中才公布的事也常有之。况且，考古学者也不可能每年有新著问世。这样一来，一些珍贵文物被其他学者看到时已经沉寂好几年了。为了有助于改变这一现状，我将在这里介绍蒙古国考古发现的几个罕见的文物。

盘羊形状青铜器

蒙古游牧百姓有爱护和保存历史文物的优良传统。蒙古国科学院历史研究所学术委员会秘书长 D. 达希巴多尔乎（Д.Дашбадрах）告诉我后杭爱省（Архангай аймаг）哈沙特县（Хашаат сум）居民 74 岁的松丁·道尔吉帕拉木（Сундуйн Доржпалам）珍藏有一件雌性盘羊形状的青铜器。于是，2000 年 5 月，教育文化科学部部长 H. 乌尔吐纳森（Н.Уртнасан）、鄂尔浑河谷历史文化遗迹联合国教科文组织文化中心项目注册工作人员岗巴托尔（Ганбаатар）以及我本人就该项目进行相关田野调查时，特意到哈沙特县拜访松丁·道尔吉帕拉木先生，看到了那件青铜器物件并进行了拍摄记录。此青铜器物件原先发现于后杭爱省哈沙特县地方，是松丁·道尔吉帕拉木先生的祖父传给其父亲松丁（Сундуйн），再传到他这里的，约经历了 100 多年〔图一（1）、图一（2）〕。

---

[*] 本文译自《蒙古考古研究》，乌兰巴托，2009 年。——译者注

图—(1)　　　　　　图—(2)

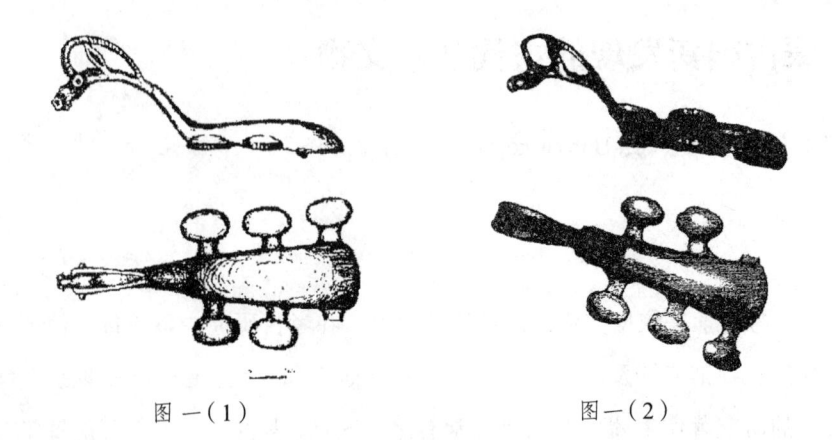

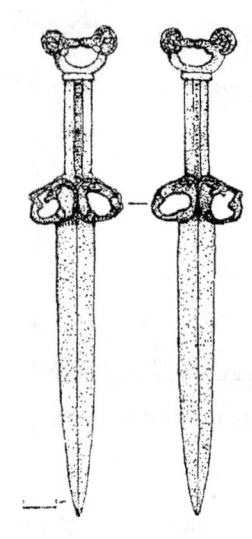

图二

这件器物的顶端塑有整形的盘羊头及脖颈,以凸突的圆圈勾勒出眼睛和鼻子,略微向前倾斜的叶子状耳朵上方顶到了向后弯曲的两只犄角,脖颈细长而昂起。盘羊头部形状与此前发现于前戈壁省的青铜器刀具、短剑头部[1]、前杭爱省（Өвөрхангай аймаг）博格达县（Богд сум）特布什山（Тэвш уул）青铜器时期"凹陷式墙壁方形墓葬"出土的金质发卡以及造型博物馆所藏青铜器尖头盘羊造型等类似（图二）[2],估计制造年代属约在公元前1200—前800年的青铜器时期。

　　此青铜器在所刻画的盘羊身体轮廓单侧有3个,两侧共6个突出的圆钉。圆钉的整体类似马头琴、曼达鲁（Мандал）或者吉他等乐器用来调弦的琴轴。再看该青铜器的实际尺寸及形态,符合或完全有可能是乐器的琴头和琴轴。这一推测如得到证实,那么,可以说在青

---

[1] В. В. 沃尔科夫:《青铜器时期与铁器时期早期的北部蒙古》,乌兰巴托,1967年（В. В. Волков. Бронзовый и ранный железный века Северной Монголий. УБ., 1967）。

[2] Д. 策温道尔基《蒙古原始社会艺术资料》,乌兰巴托,1983年（Д. Цэвээн-дорж. Монголын хҮй нэгдлийн урлагийн дурсгал. УБ., 1983）。

铜器时期生活在蒙古高原的古部落已经有了类似马头琴的六弦乐琴了。不过这类乐器不是以转动琴轴来调弦,而是在固定的圈钉上进行调弦的,且琴弦的粗细可能也是不一样,因而在拉弓或弹奏时能够发生不同的音质。

就像存在马头琴、天鹅(хун)头琴一样,在青铜器时期可能存在过装饰有盘羊头的六弦乐器,这是在这里想要提出的一种观点。在青铜时代,动物形状的工艺产生并发展时期,装饰有盘羊、野山羊、一只或成对鸟禽头的青铜短刀(чинжаал хутга)、剑、锥(шөвөг)等墓葬品分布很广泛。如在扎布汗省(Завхан аймаг)松格纳县(Сонгино сум)地方的阿日格湖(Айраг нуур)附近青铜器时代的鹿石上发现有顶端刻画有双马头的两个图案符号,另外,也有不少鹿石刻有带盘羊、野羊、鹿等动物形状的短刀图案。

在动物崇拜(图腾信仰)盛行时期,乐器或工具造型中出现动物形象是可能的。在蒙古和中亚,当牧业经济占主导地位时,马所起的作用变得愈来愈重要,这自然引起对马的推崇;在中期阶段的艺术表现中,马的地位可能高于其他动物。所以,在此可提出一种观点,即在乐器的造型中其他动物头形的装饰逐渐被遗忘,遗存下来的几乎只有马头一种造型,还隐隐约约包含着远古时期的艺术风格。

举纛的骑马人

蒙古国有用马尾巴和鬃毛制成的九足白色国纛(九斿白纛)和黑色国纛。白纛平时摆放于国会大厅,而战神之黑纛则摆放于国防部。在举行纪念反法西斯战争胜利等重大节日时国纛被请出来让大众膜拜,表达敬仰之心。这一仪式开始刚刚十几年,却是蒙古人重新认识和尊重传统历史文化的一个典型。

据说这白纛迎请自今前杭爱省哈拉和林县(Хар Хорьн сум)(原尚和县 Шанх сум)地区西库伦(Баруун хурээ),黑纛则迎请自今东方

省（Дорнрд аймаг）喀尔喀河县（Халх гол сум）地区喀尔喀寺院（Халх СУм），实际上都是被历史学家找到的。这种用马尾或马鬃制成的纛在中世纪内外学者的一些著作中有插图和描述，但在蒙古地区未曾发现图案记载。

2000年，由蒙古、俄罗斯、美国三国组成的蒙古石器时期联合科考队在巴彦洪戈尔省（Баянхонгор аймаг）巴彦拉戈县（Баянлиг сум）

图三

地区的必其格廷阿门（Бичигтийн аман）考察岩画时，发现有十分罕见的蒙古古代纛的图案资料。在稍早的1972年，根据当地人提供的线索，由Н.色日奥德甲布（Н.Сэр-Оджав）首次发现并临摹记录后于1987年出版有专著。① 之后，也有学者在著作、论文中参考利用或重新公布了其中的一两个图片资料。

有趣的是，Н.色日奥德甲布的临摹与其他学者的图片资料之间存在着明显差异。Н.色日奥德甲布当时对必其格廷阿门岩画进行考察所采取的办法是：先用粉笔在岩石上描摹岩画，再把它临摹在描图纸上。过去的这种方法与现在的手段相比显然过于粗糙。因此，我们计划用现代相机或摄像机进行多角度拍摄，并结合透明纸描摹等，重新对此岩画进行全面观察。于是在1999年和2000年实施了这一方案。在这一次的考察过程中，发现了很多在Н.色日奥德甲布著作中未曾提到的岩画及相关信息。另外，此次对巴彦拉戈县考察，我们比Н.色日奥德甲布在

---

① Н.色日奥德甲布：《巴彦拉戈岩画》，乌兰巴托，1987年（Н. Сэр-Оджав, Баянлигийн хадны зураг. УБ., 1987）。

1972—1987年的考察时有了更好的手段和充分研究的条件。现研究成果已经成型，正准备出版。但我认为，在该书出版之前，有些文物资料有必要专门探讨。

从巴彦拉戈县必其格廷阿门多画岩石向北约1000米处，在南北走向浅沟东岸的一块面向南的岩石上发现一处岩画图案。H.色日奥德甲布的著作未收录这一岩画，看来他未发现它。此岩画画的是骑无鞍马的人物（图三）。人物与马的整体形象是以凹陷式立体法刻出的，这是一种青铜器时期蒙古与中亚地区常见的描绘手法。所刻马的耳朵细长而竖起，马身体略显细长，头姿优美，腹部紧凑，尾巴粗长，腿较细长。人物身体亦高大且笔挺，脖子细长；所戴帽子也很独特，身穿长袍的袖子、衣襟都很宽大；双手略微抬起似在扇动，一只手拿纛旗，一只手向后伸展，两只夺拉的脚伸出马腹部以下。马鬃是以较短而整齐的线条画出，细长的马尾以及鞍辔缰绳等也是用长长的线条表现的。图案中用十几根线条来勾勒出意义深刻的纛旗，其旗杆也是一根线条，经仔细观察研究，可确定为蒙古人用马尾、马鬃来制作纛旗的一种早期图案资料。这一骑马图中还有联想鞭子、套马杆、长鞭的勾勒线条。或许有人认为这是一个战士或是牧人形象，但似乎显得更像个"旗手"。这处岩画在刻画人物、马匹的手法上与必其格廷阿门岩画所使用的手法相同，因而我们认为这些图案的出现时期与后者也相同。由此可认为，蒙古地区的人早在青铜器时期，用马鬃、马尾制成纛旗，并且十分崇敬之。总之，今天蒙古国所采用的马鬃、马尾国纛形式，早在青铜器时期已经出现并传承至今日。

房舍图案

巴彦拉戈县地区的必其格廷阿门岩画中有一些蒙古包形状图案，看起来似乎形态很普通。其中一个蒙古包图案的顶毡较直且高，幕壁围子只刻出其轮廓。此图案显示，当时的蒙古包没有天窗，像个撮罗子，房椽杆子露出屋顶，并且其交叉的尖端被大幅度弯曲（图四、图五）。

　　类似的蒙古包形状图案在必其格廷阿门考察岩画中还有一些。如还有一个房舍图案岩画是以细微的线条勾勒出来的。这一房屋形状的墙壁偏斜，屋顶成圆形，并且带有光芒式辐射条（图六）。

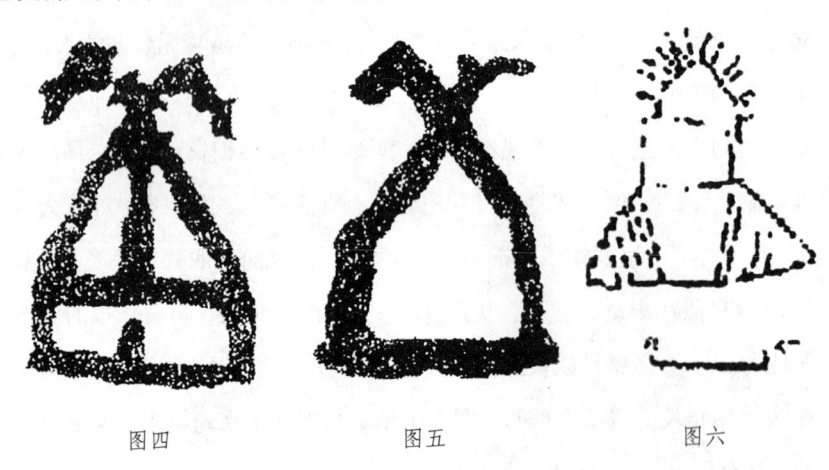

图四　　　　　　　图五　　　　　　　图六

蒙古包式与箱式车

　　巴彦拉戈县地区的必其格廷阿门东北方向的尽头有较多的岩画群。由此向西也发现少量的岩画。其中处于必其格廷阿门尽头河谷北侧100米的一处岩画刻画的是一幅包式车和箱式车相互连接形状的图案，其具有一定的学术研究价值。画中除可观察到相连的两辆勒勒车外，还有并排站立的两头羚羊及两组人物，在长年风吹日晒作用下风化而褪色状态较明显，具有古朴特征。不过，在包式车和箱式车相连接处所刻画的一组人物和图案中，其最左侧模糊的类似人物的形象，在整个画面中颜色略显发白，无疑，其刻画时间上晚于其余部分〔图七（1）（2）〕。

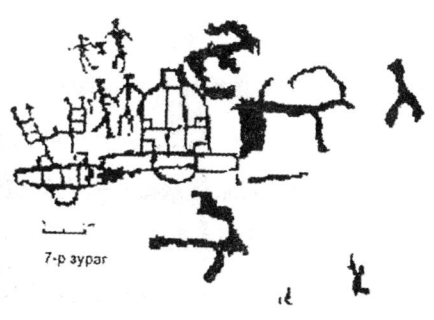

图 七(1)　　　　　　　　图 七(2)

所刻画的车载蒙古包,其幕壁竖长,顶椽座部成弓形弯曲状,顶椽尖部向上突起,蒙古包的门和系绑绳子清晰可辨。在门以上至天窗间,覆盖有哈达式装饰面。又,在幕壁外面的上角和底座四处刻画有方形等,十分引人注目。车辕是并行的两个线条,车轮是用半圆圈来表现的。此车的后边连接的是一部箱式车。箱式车的车辕也呈半圆形,车辕是由四条立式横线联络的并行的两条长线结构。车辕两侧各设有一个正方形,其上方画有一对带有两个略微钝粗顶端装饰的方框,方框相互之间用钩子连接后分别插到了车辕两边的正方形上。此幅岩画所描绘的一组人物、三头羚羊,其手法与青铜器时期的此类岩画风格相同。需要指出的是,以往蒙古人自己或其他人都认为,所谓的蒙古包式车是需用二十几头犏牛来拉动的。但必其格廷阿门的这幅岩画清楚地显示,除了那种大型牛拉车之外,小型的蒙古包式车的使用也是由来已久的。在法国旅行家鲁布鲁克的游记中他1253年经由蒙古金帐汗国时看到过有关箱式车的极其有价值的纪录。他在其《东行纪》中记载:"他们把编制好的柳条铺在车上,其上搭建屋舍,居住在其中。"[①] "此外,在箱车的上部制作四个方形,用柳条编结形成棚屋,再造一个出入其中的小门。他们游牧时蒙古包总是朝向南搭建的,而

---

① 威廉·鲁布鲁克:《东行纪》,乌兰巴托,1988年,第105页(Гильом де Рубрук. Дорнод этгээдэд зорчсон минь. УБ., 1988. Тал 105)。

包与包之间有间隔,箱车摆放在蒙古包的两侧。女人们可制作精致的蒙古包式车,我无法像绘画那样描绘这些。若能绘画,真可把这些全部画出来。一个富裕的蒙古人家至少拥有 100 至 200 辆车。"①

13 世纪著名旅行家鲁布鲁克的这一记载,对于理解必其格廷阿门青铜器时期的车辆形状岩画十分重要。画中包式车与箱式车相连接形式清晰可辨。13 世纪帝王显贵所使用的包式车来源于一般的小型车,而必其格廷阿门证实此类小型车早在青铜器时期已经使用。

太阳型时钟图案

离必其格廷阿门岩画较集中的中央部西侧约 50 米的东北朝向的岩石上有一个刻画有从中心射出八道光线的圆圈(图八)。这似乎描绘的是世间四面八方,也就是蒙古等游牧民族所理解的时间概念的原始图形。对这一时钟图案的实际应用方面,我与俄罗斯联邦科学院西伯利亚分院考古所 П.П.拉维茨基(П.П.Лабецкий)进行了实验。

当我在光线所交叉的结合点立一根木头时,其影子正好与上方的光线条出现重迭。此时我们所戴手表的时针正好是上午 11 点整。这在游牧民族的习惯里便是所谓的小午。这一岩画资料也说明,蒙古等游牧民族在青铜器时期已经有了观测时间的方式,并运用在了生活当中。蒙古游牧民族历来就有放牧时白天何时把羊群带到挤奶处、晚上何时送回窝子的独特方法。

我是个牧民之子,小时候就掌握了放牧时判断时间的便捷而随时随地可行的方法。那就是画出 90 度角度等同长度的两个线条,在其交叉处插一根草,再用其影子判断其小午、正午和大午等。正午时把羊群带到挤奶处,大午之后太阳斜下之前再次把羊群带到挤奶处。而何时挤马奶,则用

---

① 威廉·鲁布鲁克:《东行纪》,乌兰巴托,1988 年,第 107 页。

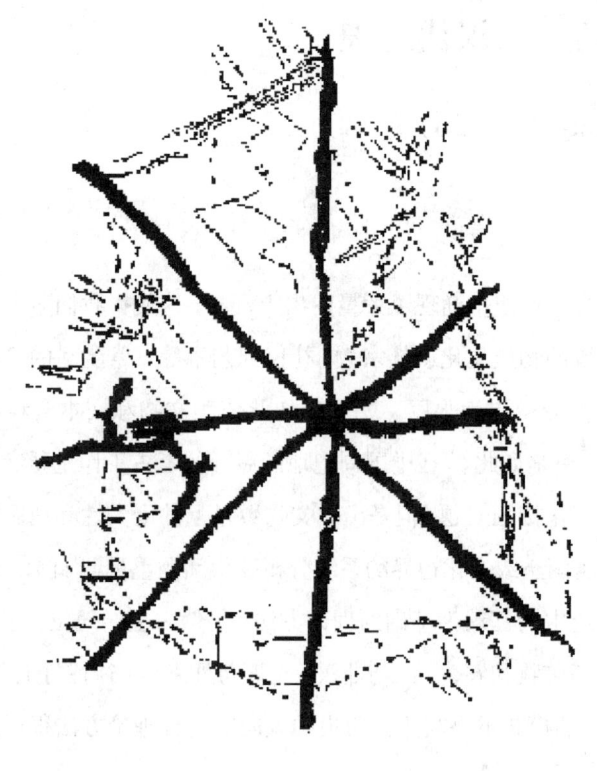

图八

蒙古包天窗所射进的光阴来判断。

以上所介绍的是蒙古考古发掘中的一些稀罕资料。

综合视角下的汉代边疆[*]

狄宇宙(Nicola Di Cosmo)著　程秀金译

在过去半个世纪中涌现了大量的出土资料,这使得我们对中国历史上任何一个阶段的物质文化或从宗教、礼仪到艺术等日常生活的其他方面的系统分析工作变得更为艰巨。尤其对如此依赖文物和文本资料的古代中国研究而言,更是如此。[①]在中国周边地区展开的考古工作重新定义了汉王朝边境上的文化接触问题,但是出土文物数量上的庞大性和地区模式的主导性使得超越国土或文化边界的系统分析变得问题重重。[②]此外,以竞争性社会经济系统中的互动为基础的理论方法,仍然占主导地位,并导致了在二元对立——游牧和农耕,汉与非汉,土著与外来者,往往打上"野蛮"和"文明"——的模式下书写边疆历史的倾向。这种理论方法很可能从属于

---

[*]　本文译自 Han Fronties, Toward an Integrated View, *Journal of the American Oriental Society* 129.2 (2009), pp. 199-214。——译者注

[①]　就考古和历史之间的关系,请参见 Michael Loewe, "Recent Archaeological Discoveries and the History of the Ch'in and Han Periods,"《中国考古学与历史学之整合研究》(*Integrated Studies of Chinese Archaeology and Historiography*), 4 (1997): 605-650。

[②]　这里有几篇论文试图以比较方式看待边疆地区: Yu Ying-shih's "Han Foreign Relations" in *The Ch'in and Han Empires 221 B.C-A.D. 220*, ed. Denis Twitchett and Michael Loewe (Cambridge: Cambridge Univ. Press, 1986), 377-462, 更侧重研究汉朝与域外民族而非边疆民族政治史 (deals more with the political history of Han relations with foreign peoples than with frontiers perse)。张春树《汉代边疆史论集》(台北食货出版社,1977)是一部论文集,只侧重于西域,并不包含考古研究。据我认为,当代可利用的最好著作,是马大正所主编《中国边疆通史丛书》。然而该丛书按照地区划分,每部贯穿中国历史,由此不能从中加以比较研究。唯一可做边疆管理比较研究的著作是马大正主编的《中国边疆经略史》(中州古籍出版社,1999)。

一种晚期的帝国和现代的视角——以来源于"开化使命"的殖民政策来审视边疆。[1]

事实上,尽管对边疆动态的兴趣在考古学家和历史学家的工作中都可以明显看出,但在中国早期帝国历史全景中依旧缺乏一种整体边疆观。而在罗马史中,罗马帝国边疆研究已成为帝国空间及其变迁演变概念中的基本组成部分。与之大致相比较就可一目了然,除非认真采取一种综合研究方法,否则我们将对汉帝国的理解程度将受限。从战国到秦,从秦到汉的政治转变涉及截然不同的观念,不仅是统治者和被统治者之间的关系,而且也包括不同类型臣民之间的关系,更不必说就军事扩张情况、机会和方式方面的讨论。地理和民族志概念随着中央政权的控制范围超出传统中原地区的多少而改变,且关于世界的认知也与汉朝对边远地区及未开发领域的开拓紧密相连。

我们可以从另一个不同的角度看待汉朝"帝国主义":巨大的环境差异和汉朝统治扩张时边境线上的大致变化,都导致了统治者无论面对何种具体的边疆地区及地区特性,都需要将边疆的管理和统治作为一个普遍问题来对待。另外还有来自今天所获得关于边疆大量资料的处理需要以及将文化史和社会、政治和军事史加以组合研究问题的需要。换言之,二维研究视角之下的边疆学中,边疆地区由当地特征和外来特征相冲突所构建,这种视角应当被三维研究视角所取代,即将那种动态关系置于帝国边疆构建背景下。值得注意的是,由汉朝建立的帝国边疆体系也是一个鲜活的行政有机体,对当地和中央的压力也随时间而不断发生变化,而汉朝沿边疆的探索也对后来的理论、辩论、政策和实践起到巨大作用。

---

[1] 对于北方边疆,欧文·拉铁摩尔将其定义的"草原与农耕地区之间的生态边界"仍旧很有影响力,参见 Owen Lattimore, *Inner Asian Erontiers of China* (New York: American Geographical Society, 1940)。关于"开化使命"参见 Stevan Harrell, "Introd-uction" in *Cultural Encounters on China's Ethnic Erontiers*, ed. Harrell(Seattle: Univ. of Washington Press, 1995), pp.3-36。

综合视角下的汉朝边疆研究的实际策略就是专注那些伴随边疆构建进程而出现的问题，以及在维持时序一致的同时，从它们之中推断其异同。首先，汉朝扩张主义问题一直与政治史联系在一起，并置于"动机"和"背景"双标题之下；其次，检验文化接触与试图通过辨别汉和非汉环境来划分文化和民族边界紧密联系在一起。本文先简要概述，然后将分北、南二地区来探讨政治和文化层面。

汉朝的北、南边疆在相关的历史和考古资料中被设想或代表不同的大区（macro-zones）。① 北方可进一步分为三个地区，南方至少可再分为两个地区。在今天的地理概念中，北方东部地区包括满洲和朝鲜部分地区，中部地区大致对应内蒙古、陕西和山西部分地区，西部从甘肃西部延伸到新疆。这些地区因自然环境（森林、草原和沙漠绿洲）、经济专门化（狩猎采集，游牧和农耕），政治和社会凝聚力方面的差异而彼此不同。

南方大区包括以云南为中心的西部和以岭南（山脉之南）著称的中部，大体上为广东和广西，但也包括湖南部分地区、越南北部和中部。南方的主要特征就是民族多样、地形崎岖和人口稀疏，直到近世以来一直被认为不适合汉人大规模移民和定居。尽管如此，行政、军事人员和商人也进入到了这一地区，南方在汉朝统治之下与北方边疆相比，政治、物质文化和社会组织方面更大程度地丧失了当地的特色。

在这两大区之外我们也应该增添与现代四川毗邻的西部区域，该地自公元前316年起，到汉时就早已经历了与中原地区（Sinitic Sphere）经济和文化漫长的一体化进程，在汉人的统治之下发展了当地的社会组织。② 然

---

① See, as an example, Rafe de Crespigny, *The Northern Frontier: The Policies and Strategies of the Later Han Empire* (Canberra: Australian National Univ, 1984); or Harold J, Wiens, *China's March Toward the Tropics* (Hamden: Shoe String Press, 1954).

② Jessica Rawson, "Tombs and Tomb Furnishing of the Eastern Han Period (AD 25-220)," in *Ancient Sichuan: Treasures from a Lost Civilization*, ed. Robert Bagley (Seattle: Seattle Art Museum, 2001), pp.253-258.

而四川继续呈现着极其独特的地方特色，与成都平原先秦文化藕断丝连，并保持与汉王朝其他地区以及非汉地区的联系。这些以及富饶的自然资源，促使四川成为经济发展和文化创新的主要基地，也令其成为向更遥远南方地区进行军事远征的跳板。①

上述地理划分并非仅仅出于对文化、历史或民族一致性的现代思维而做出的探索性划分。汉代历史的主要标准资料——《史记》、《汉书》和《后汉书》都以地区划分来描述边疆，不过民族政治因素高于地理因素。②在《史记》中，北方边疆分为三章：一百一十卷匈奴、一百二十三卷西域、最短的一章朝鲜。南方边疆分为三章，其中两章为粤人（南、东），一章为西南夷，大致分别对应岭南地区和云南省。③当然很多资料也包含在其他章节中，《司马相如（前179—前117）传》因其对南方地区的详细描述而脱颖而出。④《汉书》记载了匈奴（卷九十四上和下）、西域（卷九十六上和下，其相关资料也保留在卷六十一，《张骞传》和《李广利传》不同的章节中、对于南方民族描述，东夷、两粤（南、东）（记载与朝鲜合为一章

---

① Steven S. Sage, *Ancient Sichuan and the Unification of China* (Albany: State Univ. of New York Press, 1992), pp.169–74; Michael Nylan, "The Legacies of the Chengdu Plain," in *Ancient Sichuan*; *Treasures from a Lost Civilization*, pp.309–325; eadem, "Ordinary Mysteries: Interpreting the Archaeological Record of Han Sichuan," *Journal of East Asian Archaeology* 5.1–4 (2003): pp.375–400.

② 本文作者认为对匈奴、粤和朝鲜的定义主要是政治而非民族，因此这里使用民族政治术语。——译者注

③ 南方民族相关的史料地理与现代考古区域化之南方之间相互关系，参见吴春明：《中国东南土著民族历史与文化的考古学观察》，厦门大学出版社1999年版，第9—14页。

④ See Burton Watson, *Records of the Grand Historian*, 2 vols. (New York: Columbia Univ. Press, 1961), 2: pp.258–306, and Yves Hervouet, *Le Chapitre 117 du Che-ki* (*Biographie de Sseu-ma Siang-joü*) (Paris: Presses Universitaires de France, 1972).

(卷九十五)之中,不过其内部保留着《史记》的三方之开分法)。①《后汉书》有章节记载东夷(卷八十五)、南蛮和西南夷(卷八十六)、西羌(卷八十七)、西域(卷八十八)、南匈奴(卷八十九),有一章为乌桓和鲜卑(卷九十)。在后来王朝编年史中我们注意到了对于边疆民族安排和处理的进一步变化,诸如《三国志》、《宋书》、《晋书》和《北史》。对汉代和此后域外民族相关资料的详细历时研究,尽管至今尚未实现,但这可能让我们在异域民族关注和态度方面,通过处于边缘的非汉"文化"和土地归类的主要观点来揭示出史学方法上的变化。这一研究将加深我们对于边疆的认识——中原文化在这里变成相对的且并不必要的主导性文化价值,但文本分析、考古诠释和历史分析的问题将使得这一任务无比艰巨。②

我们注意到,这些资料对于民族史、异域习俗和事件的描述态度有一个明显转变。在战国时代主流思想中,异族土著所具有的野蛮属性很容易地被接纳在一种意识形态中,就是与特定中心(周王廷)的距离越远,道德越为低下。由此,地理上远离中华文化就足以成为质疑其道德修养的低下标准。在某种程度上,汉代知识环境继承了这些观点,异族概念也充斥着基于人类与气候因素相关的观念,但我们也看到对异族的自然表现转变。《史记》和《汉书》对南方和北方边疆土地、民族的描述也力图提供一

---

① 我能发现解释为何这三个民族被置于同一章中的唯一迹象就是一种扩张和征服之"帝国逻辑":如班固(32—92)提及著名大臣所提出"三方之开",参见《汉书》卷九十五。

② 异族中两大章的卷一百《匈奴列传》、卷一百一十《大宛列传》以及《汉书》对应的卷九十四和卷九十六的真实性(更确切地说优先性)一直是受到密切关注。对于《史记》卷一百二十三,尤其参见 Anthony F. P. Hulsewé, *China in Central Asia, 125B.C.-A. D. 23: An Annotated Translation of Chapters 61 and 96 of the History of the Former Han Dynasty* (Leiden: Brill, 1979)。对于匈奴章节对比性探讨,参见 David B. Honey, "The *Han shu* Manuscript Evidence, and the Textual Criticism of the *Shih-chi*: The Case of the Hsiung-nu lieh-chuan," *Chinese Literature: Essays. Articles, Reviews* 21 (1999): pp.67-97。

个历史的、非神话视角,汉代民族志的取向无疑来源于与边缘地区的不断接触。① 不过,在汉代史料中,可以看出其对边疆民族的处理方法也发生了变化,即往往将某一异族的某些特征描述成固定的形式。例如,《史记》记载的西南夷来自司马迁在派往四川期间所收集的第一手资料,后来大体上经过有限的补充后被收录到《汉书》中去。② 另外,相对于《史记》来说,"夷"在《汉书》的含义呈现出特有的民族内涵。③

一、确立汉朝边疆统治

从建立汉朝政治、军事部门和行政管辖机构的角度来看,可以很明显看出针对来自北方持久严重军事威胁而在边疆政策上作出的调整。公元前133年,汉武帝决定放弃和亲的"绥靖"政策,而在边疆防御方面采取更强硬手段,我们可以将其描述为"防御性扩张政策"。④ 这种外交政策的转变

---

① 最近以来从不同方面探讨古代中国"民族"问题,对于先秦,参见 Yuri Pines, "Beasts or Humans: Pre-Imperial Origins of the Sino-Barbarian Dichotomy" in *Mongols, Turks and Others*: *Eurasian Nomads and the Sedentary World*, ed. Reuven Amitai and Michal Biran(Leiden: Brill, 2005), pp.59-102。对于早期帝制阶段的北方民族更直接研究参见 Bret Hinsch, "Myth and Construction of Foreign Ethnic Identity in Early and Medieval China," *Asian Ethnicity* 5.1(2004): pp.81-103。对于南粤环境中"民族性",参见 For "ethnicity" in the southern Yue context, see Erica Brindley, "Barbarians or Not? Ethnicity and Changing Conceptions of the Ancient Yue(Viet) Peoples, ca. 400-50 BC," *Asia Major*, 3rd ser. 16.1(2003): pp.1-32。

② 方铁:《〈史记〉、〈汉书〉失载西南夷若干史实考辨》,《中央民族大学学报》(哲学社会科学)2004年第3期。

③ 石硕:《汉代西南夷之"夷"的语境及变化》,《贵州民族研究》2005年第1期。

④ 关于抛弃和亲政策决策之前辩论,参见 Nicola Di Cosmo, *Ancient China and Its Enemies*: *The Rise of Nomadic Power in East Asian History*(Cambridge: Cambridge Univ. Press, 2002), pp.210-215,这一转变基于或是部分源于文景时期实行的加强边防政策,参见雍秉乾:《略论西汉文景的时期对匈奴的积极防御政策》,《甘肃社会科学》2000年第2期。

首先表现在对匈奴的军事进攻方面，而匈奴在当时长城以北地区处于支配地位。当军事征讨尤其是公元前 121—前 119 年的大获全胜后足以使汉朝势力向北方边疆地区扩张时，普遍的扩张热潮也传递到其他地区。在仅仅几年中，朝鲜、塔里木盆地各城邦，云南和岭南地区都在汉朝的军事征服中臣服，行政机构重组意味着延伸了汉朝军事和行政管辖的范畴。环视这些地区，我们可以看到惊人的类似模式，对于这些地区出现的更强大、更明显敌视的或是不服从的势力给予直接军事干预，而与较弱小、服从的势力保持外交联系。边疆地区的行政管辖由两层组成：中央和地方，前者为中央机关从朝廷层面管理不同边疆地区和民族，而后者是边疆地区所设置的初郡和其他形式的地方管理机构。朝廷任命的封疆大吏和其他军事、民事官员管理当地事务。①

汉朝向各个边疆地区同时展开大体类似的进攻行动证实了这一假设，即当时通常政治主导思想就是用直接军事干预和实现直接行政管辖政策取代此前的绥靖的、朝贡关系政策。② 此外，在凭借军事力量持续打击不顺从的非汉首领时，西汉皇帝们欣然奖赏和尊宠那些归顺首领。好几种爵位被授予给匈奴贵族，尽管那些头衔不能保留很久，却极其显著地扩大了汉朝的外交范围。③ 归顺的异族首领也要被迫送子嗣入质汉廷。④ 联姻作为一种外交政策，既存在于非汉民族之间，也保留在汉人与异族首领之间。⑤ 总之，汉朝的外交措施、朝廷礼仪和尊宠制度随着时间变迁

---

① 简洁概述参见《中国边疆经略史》，第 53—56 页。

② 汉武帝对南越王朝从绥靖政策转向占领和直接控制政策，参见黄庆昌：《论汉朝与南越国的关系》，《南方文物》2003 年第 3 期。

③ 关于武帝授予匈奴首领头衔，参见 Michael Loewe, *The Men Who Governed Han China*(Leiden: Brill, 2004), 292, 299, and esp. pp.312-313。

④ 关于人质，参见 Yang Lien-sheng: "Hostages in Chinese History," in idem. *Studies in Chinese Institutional History*(Cambridge, Mass,: Harvard Univ. Press, 1961), pp.45-46。

⑤ 例如，公元前 33 年，汉元帝许婚匈奴单于一名贵族女子，《汉书》卷九十四。

而得到不断扩充和修正，而且也与非汉民族首领之间关系变化而出现的新任务结合到一起。

二、北方边疆

汉朝几十年来对长城以北地区的军事远征终于击破了匈奴联盟的政治联合，匈奴分裂为北匈奴、南匈奴两部，前者继续保持独立，而后者变成汉朝的附庸。随着游牧力量处于政治分裂状态，归顺的匈奴和其他民族例如乌桓和羌等，作为盟友沿着边疆地区开始形成缓冲区。武帝时期修筑"长城"新部分成为这一崭新扩张战略的组成部分，并与设立的新郡融为一体。[1] 自公元前 121 年，归顺的匈奴部落以属国形式纳入了汉朝政治管辖体系中，尽管他们的地域处于汉朝边界以外。[2] 而汉朝界内的一些游牧地区，因实行将内地汉人向边郡移民政策，而向汉族农耕移民和士兵开放[3]。通过地区或政治分割等种种手段杜绝匈奴潜在统一可能性的汉朝政策，尤其在两汉简短过渡期内（9—23）由王莽继续奉行而经常引发不满和混乱。[4] 然而，对于北方边疆稳定防御和破除游牧民族威胁却还没有找到一劳永逸的解决之策。[5]

---

　　[1]　Xu Pingfang, "The Archaeology of the Great Wall of the Qin and Han Dynasties", *Journal of East Asian Archaeology* 3.1-2（2001）：p. 273.

　　[2]　边界或边疆的常用术语是"边"（例如《汉书》卷九十四下）和"塞"（例如《汉书》卷九十四上）。汉朝行政管辖和直接军事控制之外地区称为塞外。（比如《汉书》卷九十四下）。

　　[3]　就西汉时期匈奴地区汉人定居点及其军事、政治经济和文化领域影响的综合研究，参见张元诚：《西汉时期汉人流落匈奴及影响》，《中国边疆史地研究》2000 年第 2 期。

　　[4]　关于王莽的匈奴政策，参见马勇：《论东汉王莽对北匈奴政策》，《云南民族大学学报》2000 年第 3 期；莫任南：《王莽对匈奴的民族政策有正确合理的一面吗》，《湖南师范大学学报》（社会科学版），1996 年第 1 期。

　　[5]　汉匈关系文献数量众多，其文献综述参见 Yu Ying-shih, "Han Foreign Relations," pp. 383-405。

在东北方面，公元前 108 年汉朝建立了乐浪郡，取代了由古朝鲜开创者卫满后裔建立的当地政权，其后又建立了玄菟、临屯和真番郡。[1] 在乐浪郡汉朝修筑要塞，建立汉文化飞地，与当地非汉民族文化互动。墓葬出土的众多汉代遗物与精英和非精英文化相吻合，包含铁器（兵器和农具）、青铜器、漆器、玉石、丝绸以及铭刻姓氏的印章，尤其普遍的是青铜镜、马具和车具。久而久之，汉人器物，本地仿制的汉镜、釉陶，铁犁仿造的技能和技术为非汉民族所掌握。[2]

在西北方面，作为总体进攻匈奴计划一部分，汉朝扩张到塔里木盆地。[3] 公元前 104 年，汉将李广利远征到费尔干纳地区之后，塔里木盆地绿洲众多城邦政治的分散局面使得曾经的霸主游牧势力消退而更利于确立汉朝行政管辖。[4] 汉朝不久设立了西域都护，公元前 60 年设立了专门的军事民政机构。[5] 移民到该地区的汉人主要包括军屯人员和罪犯，这尽管使得在这片民族和文化差异显著的地区保持着汉朝势力存在，但只局限于块块零碎地区。[6] 拜见地方王公的使者，无论真假都试图利用新边疆呈现的商业机会，将从朝廷获得的中原商品进行私下交易。在公元前 1 世纪以前，

---

[1] 朝鲜北部基于民族和考古环境下汉郡设立研究，参见 Ogg Li, *Recherche sur l'antiquité coréenne*（Paris：Collège de France, 1980），pp.55-70。

[2] 关于乐浪郡，参见 Hyung Il Pai, "Culture Contact and Culture Change: The Korean Peninsula and Its Relations with the Han Dynasty Commandery of Lelang," *World Archaeology* 23.3（1992）：pp.306-319。

[3] 汉朝扩张的历史背景，参见 M. A. N. Loewe, "Introduction" in Hulsewé, *China in Central Asia*, pp.39-70。

[4] 关于塔里木地区居国和城邦概念，参见 Nicola Di Cosmo, "Ancient City-States of the Tarim Basin," in *A Comparative Study of Thirty City-State Cultures*," ed, Mogens Hansen（Copenhagen：C, A, Reitzels Forlag, 2000），pp.393-407。

[5] 关于西部地区设立郡，参见 Michael Loewe, *Records of the Han Administration*, vol, 1（Cambridge：Cambridge Univ, Press, 1967），pp.58-62。

[6] 在汉武帝时期，公元前 89 年提议军屯或屯田制度，并在西汉后期得到发展。参见杨才林：《古代西北屯田开发述论》，《西北第二民族学院学报》2003 年第 3 期。

游牧民充当中原和西方之间贸易的中间人，但交易量微不足道。[①] 然而自从汉朝征服西域之后，大规模输入的中原商品刺激了商业活动的发展，很有可能导致了在随后的世纪中主宰东西贸易往来的粟特人贸易网络的形成。[②]1907 年斯坦因发现的粟特文书证实，一个贸易网络的确存在，它以撒马尔罕为基地，它的商人遍及中国主要的商业中心，包括都城洛阳。[③] 尽管政治控制旨在从经济和政治上隔离匈奴作为汉朝向西扩张政策的中心，但来自西部声誉极佳的物产如闻名的费尔干纳骏马，也成为使其持久控制贸易路线的诱因。

东汉时期，北方边疆持续对汉朝构成严重威胁。安置匈奴人的政策并没有加大边疆地区安全，因为沿边界或在境内安置的归顺汉朝游牧民，仍然会被卷入复杂的游牧政治纠纷中去，这使得他们更易受攻击，而且使得原先指望他们提供边防屏障的想法落空。[④] 南匈奴被安置在八个边郡，继续与北匈奴相抗衡，直到公元 88 年汉廷决定发动军事远征对北匈奴实施打击。汉军击溃了北匈奴，但伴随胜利之后的是一波又一波投降游牧民迁移到汉朝边疆地区附近，被安置到一个行政管辖机构中，与南匈奴分隔而开。在 2 世纪中，匈奴继续保持分裂状态，内部你争我夺，实力衰退。

匈奴的衰弱使得居住在西北边疆地区也就是今天甘肃境内的羌人乘机

---

① "草原丝路"概念在在汉语历史文献中相当流行，参见刘迎胜：《丝路文化：草原卷》，浙江人民出版社，1995 年。

② Etienne de la Vaissière, SogdianTrader: A history (Leiden: Brill, 2005), pp.37-41.

③ Etienne de la Vaissière, "The Rise of Sogdian Merchants and the Role of the Huns: The Historical Importance of the Sogdian Ancient Letters," in *The Silk Road: Trade, Travel, War and Faith*, ed, Susan Whitfied (London: The British Library, 2004), pp.19-23.

④ Yihong Pan, "Early Chinese Settlement Policies towards the Nomads," *Asia Major*, 3rd ser, 5, 2 (1992): pp.416-463.

摆脱匈奴的控制,形成能够挑战汉朝权威的政治联盟。① 西汉在公元前81年开始实行安置羌人的政策,但与当地羌人部落之间龃龉不断,其中一些部落在一些方式上承认依附汉朝。在东汉期间,驻扎在羌人边疆地区的一些汉朝将领中出现了军阀统治,加剧了其固有的不稳定性。② 此外,离开此地的汉人居民迁移模式导致汉人人口减少,而在境内对被俘的或难以驾驭的羌人的再安置使得社会和军事的控制不稳定。在公元50—150年之间的爆发的边境战争和两次大规模反叛屡屡需要动用军事干预。在王朝后期汉朝将领段颎采取残酷战术,导致一定规模的羌人部落近乎种族灭绝。公元184年以后羌人反叛加之士卒兵变终止了汉朝在该地区的统治,拉开了汉朝灭亡的序幕。

中国历代王朝正史所叙述相对简单的政治史已为考古研究所补充和复杂化,并集中在两个方面:中国与北方民族之间的文化联系和非汉民族的民族文化认同。关于汉代中国和匈奴之间相互影响的争论来自两个方面:汉文化对于匈奴社会影响和匈奴文化对于"中原"的影响,尤其是就物质文化而言。③ 近来蒙古发掘出大型复杂墓地,出土了大型墓葬结构。在蒙古和外贝加尔地区约100处遗址中出现大约5000~7000座匈奴坟墓。④ 根

---

① 周松:《两汉时期匈奴和羌在今兰州地区的活动述论》,《西北民族学院学报》1999年第1期。

② 关于汉羌关系,参见 Rafe de Crespigny, *The Northern Frontier*; *The Policies and Strategies of the Later Han Empire*(Canberra: Australian National Univ., 1984), pp.154-168。

③ 关于汉文化对于匈奴社会、习俗和政治制度"影响",参见高红梅:《汉文化对匈奴社会初探》,《西北民族学院学报》2001年第4期;张美花、张美娟:《匈奴受汉文化影响初探》,《黑龙江民族丛刊》2003年第6期。关于匈奴对中原影响,参见王庆宪:《匈奴风俗文化在中原地区的传播和影响》,《黑龙江民族丛刊》2003年第6期;Emma C. Banker, "Chinese Luxury Gods Enhanced: Fifth Century B.C.-First Century A.D." in Jenny F. So and Emma C. Bunker, *Traders and Raiders on China's Northern Frontier*(Seattle: Univ. of Washington Press, 1995), pp.69-75。

④ Z. Batsaikhan, *-Hunnu*(Xiongnu)(Ulaanbaatar: National Univ. of Mongolia, 2002), p.27.

据其所出土的五铢钱和铜镜,断定其年限在西汉和东汉之际。丝绸、漆器、一辆汉代马车的大量遗留残件加上兽形金器和几何形状饰物显示,汉朝与蒙古北部继续保持着外交和贸易来往,很显然并没有为归顺的南匈奴所隔断。其中有类似汉式的大型倾斜墓葬,但不是出现于靠近长城的匈奴地区,显示其属于一位有权势的贵族统治者[1]。这一地区王公的形成可能是汉朝早期匈奴贵族政治变动的结果。

在接近长城的内蒙古地区所发掘的墓葬中,没有出现在北方所发现的大型结构,诸如金、银器之类的贵重物品很少,而且与同一地区出土的战国时代墓葬相比,更局限于风格装饰。[2] 此外,在汉代匈奴"鄂尔多斯"墓葬中出土的金器背面铭刻有汉字,显示它们之中有一些为中原出品。[3] 在内蒙古地区汉代墓葬中也发现五铢钱和青铜镜。[4] 我们应当注意到,考古学家试图通过将考古遗址和文化与历史中出现的民族地名,主要是乌桓、匈奴和鲜卑联系起来,且致力于试图在文物记录方面求得一定程度的一致性,但这却可能因很多游牧民共有的相似文化特征而变得复杂化。[5] 事实上,逐渐达成共识的诸如匈奴、羌和鲜卑的民族名称既不能反映种族、物质,也不能反映语言关系,而是代表了大概在一片区域嬗递的政治联盟。[6] 这些人群的移动和他们有时复杂的长途迁移,正如鲜卑的情况那样,

---

[1] Jean-Paul Desroches and YeroolErdene, "L'Architecture des tombes," in Desroches et al., *Mongolie*; *Lepremier empire des steppes* (Paris: Actes Sud, 2003), pp.108-118.

[2] 赵爱军:《试论匈奴地区的金银器》,《北方论丛》2002年第4期。

[3] 田光金、郭素欣:《西沟般匈奴墓反映的诸问题》,《文物》1980年第7期,第13—17,22页。

[4] 内蒙古文物考古研究所等:《凉城县北营子汉墓发掘简报》,《内蒙古文物考古》1991年第1期,第25—35,10页。

[5] 这一取向很明显的例子就是鲜卑和匈奴金银器动物纹之间比较,参见黄雪寅:《匈奴和鲜卑族金银器的动物纹比较》,《内蒙古文物考古》2002年第2期,第55—66页。

[6] Albert Dien, "A New Look at the Xianbei and Their Impact on Chinese Culture," in *Ancient Mortuary Traditions of China*: *Papers on Chinese Ceramic Funerary Sculptures*, ed. George Kuwayama(Los Angeles: LosAngeles County Museum of Art, 1991), p.43.

产生出异质结构（多民族联盟）。① 随着汉朝走向灭亡，中央权威开始消退，边疆政治更响应于"游牧"方式，通过战争、联盟和迁移促进各族群的融合，而非倾向于汉帝国策略，即沿着辖区界线安置、分割和重组游牧民。

在西北边疆情况则迥然不同，因为抗击游牧强敌主要是为了保护汉朝在这一地区的商业和经济利益。公元 73 年班超军事干预西域，旨在从北匈奴控制下争夺当地城邦，重建汉朝在塔里木盆地和费尔干纳地区的权威。他采用的通过剥夺匈奴对绿洲城邦的索贡积累的财政收入以削弱匈奴的战略与西汉扩张并行不悖，但在此情况下有额外利益需要保护，诸如对贸易路线的利用。

汉人向北方和西北移民导致混合经济地区的发展，直接或间接地刺激了农业的发展。进入这些地区的移民和士兵开荒和扩大灌溉网络，此前从事其他生产的当地人也转行为农业活动，由此粮食产量增加。在边疆境内安顿下来的南匈奴人群中可能出现定居化进程。②

更为引人注目的是商业繁荣。两个主要变化直接源于汉朝在该地区的势力存在：货币经济和商业网络的发展。第一批铜钱很有可能由汉族商人和官员携带输入这一地区。它们中的大多数，已经被大量发现的是东汉时代五铢钱，在于阗和龟兹当地铸造，一些在于阗制造的钱币铭刻汉字和佉

---

① Albert Dien, "A New Look at the Xianbei and Their Impact on Chinese Culture," in *Ancient Mortuary Traditions of China*: *Papers on Chinese Ceramic Funerary Sculptures*, ed. George Kuwayama (Los Angeles: Los Angeles County Museum of Art, 1991), p.43.

② 《后汉书》卷八十九；王炳华：《从考古资料看新疆古代的农业生产》，《丝绸之路考古研究》，乌鲁木齐，新疆人民出版社，1993 年，第 271—74 页；Corinne Debaine-Francfort and Henri-Paul Francfort, "Oasis irriguée et art bouddhique ancien à Karadong: Premiers résultats de l'expédition franco-chinoise de la Keriya, Xinjiang, République populaire de Chine," *Comptes rendus de l'Académie des Inscriptions et Belles-Lettres*, 1993 (Paris: Diffusion de Boecard, 1993), pp.929-949.

卢文，年代可追溯为公元 30—150 年。① 尽管它们铭刻汉字，但在计量和图案方面却模仿贵霜帝国统治下的大夏（Bactria，巴克特里亚）所使用的希腊钱币。因为其计量类似于汉朝的两，这些钱币也被设计成适用于两种货币体系。龟兹钱币更遵循中国传统，即使在汉朝灭亡后仍继续被制造并在当地使用。②

这些商业发展正值东汉，作为城市社会以及中国与中亚之间商业网络、文化、民族和语言交流的形成时期。③ 众所周知，西域早已在这一千年早期成为博大精深的佛教传统的接收者，其艺术和文化生活深受熏陶。在克里雅河（Keriya）流域发现的佛教绘画显示出显著的可追溯到东汉后期的印度艺术影响，此时贵霜帝国在塔里木盆地影响加大。④ 且东汉后期，与安息王国（Parthian）宗教交流增加，此时中亚知识分子如僧侣安世高开始将佛教经文传入中国。⑤

---

① J. Cribb, "The Sino-Kharoshti Coins of Khotan: Their Attribution and Relevance to Kushan Chronology, Part I," *Numismatic Chronicle* 144（1984）: pp.128-152; "Part II," *Numismatic Chronicle* 145（1985）: pp.136-149.

② Ma Yong and Sun Yutang, "The Western Regions under the Hsiung-nu and the Han," in *History of Civilizations of Central Asia*, vol, 2: *The Development of Sedentary and Nomadic Civilizations, 700 B.C. to A.D. 250*, ed, János Harmatta et al,（Paris: UNESCO, 1994）, pp.234-235.

③ Etienne de la Vaissière, *Sogdian Traders: A History*（Leiden: Brill, 2005）, 13-41; James C, Y, Watt, "Artand History in China from the Third to the Eighth Century," in *China: Dawn of a Golden Age, 200-750 AD*, ed, James C, Y Watt et al,（New York: Metropolitan Museum of Art, 2004）, p.5.

④ Corinne Debaine-Francfort, "Agriculture irriguée et art bouddhique ancien au coeur du Taklamakan（Karadong, Xinjiang, IF-IV siècles）: Premiers résultats de l'expédition franco-chinoise de la Keriya," *Arts Asiatiques* 49（1994）: pp.34-52.

⑤ Marylin Martin Rhie, *Early Buddhist Art of China and Central Asia*, vol, 1（Leiden: Brill, 1999）, pp.23-25.See also: Antonino Forte, *The Hostage An Shigao and His Offspring*（Kyoto: Italian School of East Asian Studies, 1995）.

三、南方边疆

在汉武帝时代，政策向更具进攻型干涉总体转变所带来影响也从今天四川的旧疆以南延伸到岭南地区。[①] 而早期汉朝确立关于北方和南方边疆扩张之间联系的资料，即是以派往西域的汉使张骞报告为基础的寻找前往中亚路线的战略需求。张骞认为有可能从南路前往大夏，由此可以绕开充满敌意的羌人和匈奴。汉武帝派遣的使团发现这条路线提供给汉朝关于云南和南方其他地区的信息。[②] 在汉朝向南深入前，南方存在的两大强国是岭南的南越王国和位于西南的滇王国，但与北方不同，南方并没有发动什么像模像样的政治和军事挑战。当地人尽管天性不温顺，但远离朝廷，缺乏对汉朝构成重要威胁所具备的一定的组织能力。不过汉朝所采取的"平定"和纳入的手段类似于其在北方的行动，包括军事远征，设立郡县，军事民政机构以及军屯。[③] 不过确立统治之后，汉朝更优先采取招募土著首领和依赖当地将领而非发动大规模远征来平息当地动荡局势的办法。[④] 发动反叛的原因也不同于北方，因为它们不是由公开试图挑战汉廷的怀有民族统一志向的首领所发动的[⑤]；相反，它们却是未同化民族对汉族移民开发资源活动的反抗，以及对军队在确立汉朝权威进程中的施暴行为，尤其是腐

[①] 关于秦代对于古代四川的殖民，参见 Sage, *Ancient Sichuan and the Unification of China*, pp.119-156。

[②] 关于所谓"南方丝绸之路"历史关联性综述，参见 Bin Yang, "Horses, Silver, and Cowries: Yunnan in Global Perspective," *Journal of World History* 15, 3 (2004): pp.281-322。

[③] 孙长忠：《试论汉武帝的西南夷民族政策》，《信阳师范学院学报》(哲学社会科学) 2005 年第 25 期，第 106—110 页。

[④] Michael Loewe, "Guangzhou: The Evidence of the Standard Histories from the *Shi ji* to the *Chen shu*, a Preliminary Survey," in *Guangdong: Archaeology and Early Texts*, ed. Shing Müller et al. (Wiesbaden: Harrassowitz, 2004), p.54.

[⑤] Ibid., p. 69.

败的汉人官员暴政的反抗。

南越国是由秦朝将领赵佗（前203—前137）大约在公元前203年所建，汉朝开国不久南越就与其建立正式附庸关系，象征性臣服，即名义上而非事实上限制另一位统治者的主权权力。① 公元前111年，汉朝进攻和"平定"这一地区，由此开启了当地和汉文化之间互动以及一定程度上的同化进程，而在此之前，岭南地区与汉文化圈只有零星的、可能的间接联系，尤其是与楚国之间。②

岭南地区的行政区划包括九郡，最南端的是日南郡，位于越南中部，于公元前111年平定南越不久设立，虽然在公元1年人口普查中该郡是人口密度最稀疏的郡，但到了公元140年却在人口稠密程度跃居第二。③ 不过在西汉时代汉人势力大体上只局限于少数军队、官员和定居者。这一地区因众多危险因素包括致命疾病、毒虫猛兽和充满敌意人群而臭名昭著，而主要因存在着奢侈品贸易机会而令人对该地感兴趣。公元前110年之后，汉朝官兵及随从甚至进入遥远的海南岛并安顿下来。④

在汉朝统治到来之前，秦朝在该地区的存在只是在文化上的昙花一现，尽管秦朝在此首创了官僚结构，设置了三个大郡。赵佗统一这一地区，独立于汉朝统治之外后，建立起与汉朝的朝贡关系，但其间经常出现对抗和充满敌意行为。赵佗定都于番禺城，即今广州，自觉遵守当地越俗。但也依然受汉代庄严肃穆风格的影响，如赵眜（文帝王，公元前137—122年

---

① 关于赵佗，参见 Michael Loewe, *A Biographical Dictionary of the Qin, Former Han and Xin Periods* (*221 BC–AD 24*)(Brill: Leiden, 2000), pp.710–711；关于南越国通史，参见张蓉芳、黄淼章：《南越国史》，广州，广东人民出版社，1995年。

② 关于汉代南越地理位置，尤其北界研究，参见梁国昭：《汉初南越国北界及有关问题》，《热带地理》，1995年第12期，第369—375页。

③ 《汉书》卷二十八下。

④ 黎雄峰：《西汉武帝征南越与汉族入琼》，《海南师范大学学报》（社会科学）2004年第6期，第111、127页。

在位)王陵模仿汉朝皇陵。[①] 该王陵于 1983 年被发现,出土数千件随葬品,其中包括印章,这对于鉴定南越地区文化以及与北方联系非常关键,显示出与楚国早期联系以及与主流汉文化在当时的交流。王陵结构本身是多室结构,以汉式风格兴建,随葬的金缕玉衣指明来自北方皇室的象征的传入。[②]

有人指出,南越出现的北方青铜礼器不能证明普遍的文化适应现象,反而是非常规、偶尔的交流,因为文化背景中的属于北方的青铜器似乎显现出一种独特的无视盛行于中原文化圈(Sinitic Sphere)的规范和用途。[③] 此前的越文化元素,如圆柱形青铜桶,把手位于桶体侧环[④],继续存在。久而久之,与汉朝习俗、手工艺、装饰、礼仪和艺术图案之间持续的越来越密切的接触,产生了来源于当地和输入元素融合的新形式,但这些新形式的实际社会及文化价值观不能简单视为类似于其他地区的那些主导形式。[⑤]

南越最重要的边疆特征是该地区的长期海上贸易。而到汉朝大举进攻时,南越早已是奢侈品出产和贸易的重要中心。南越王陵中出土的一个银盒的风格据认为源于波斯,证明广泛的贸易网络从岭南经过云南延伸到缅甸、印度,再从那儿经过海路到达波斯。[⑥] 既然在南越没有发现汉代或其他货币,那么很有可能贸易是采取易货或朝贡方式,但肯定有相当规模,包括独特的输入商品诸如青铜器和陶器香炉,此外还有来自东南亚、印度、

[①]　关于番禺和赵佗墓,参见 *Schatze für König Zhao Mo das grab von Nan Yue*, ed., Margarete Prüch(Umschau: Braus Verlag, 1998)。

[②]　Paula Swart, "The Tomb of the King of Nanyue," *Orientations* 21, 6(1990): pp.56-66.

[③]　Lothar von Falkenhausen, "The Use and Significance of Ritual Bronzes in the Lingnan Region during the Eastern Zhou Period," *Journal of East Asian Archaeology* 3, 1-2(2001): pp.193-236.

[④]　蒋廷瑜:《西汉南越国时期的铜桶》,《东南文化》2002 年第 12 期,第 39—43 页。

[⑤]　刘晓明:《南越国时期的汉越文化的并存与融合》,《东南文化》1999 年第 1 期,第 22—27 页。

[⑥]　周永卫:《南越王墓银盒舶来路线考》,《考古与文物》2004 年第 1 期,第 61—64 页。

波斯或非洲的象牙、犀角、奴隶和香料。①

南越王国早已存在的贸易网络以及当地发达的造船和航海技术使得汉朝海上贸易受益匪浅。② 汉朝的主要海港是日南、徐闻和合浦，第一个位于越南北、中部，而后两个在广东南部沿海。尽管日南在东汉后期沦陷于林邑王国，但这三个海港在所称的南海贸易都很活跃，包括当地和海外贸易。当地特产为珍珠、水果和棉布，海外贸易包括出口中国丝绸、玉器和黄金，进口玻璃、玛瑙、千金石、琥珀和水晶，很自然在汉代继续进行奢侈品贸易，诸如犀牛那样的奇兽以及犀角从南亚和东南亚进口，象牙既有出自于当地所产大象，也有一些从远自印度乃至非洲进口。考古研究没能证实南越国古都番禺作为港口的观点，尽管其地处于沿海。不过看来番禺却是当地和进口商品的贸易中心。③

基于所发现的随葬品，尤其是特征显著的北方风格（汉式）砖砌墓葬结构，考古学家认为在东汉时期汉文化在岭南和云南存在得更为普遍。④ 事实上，我们能发现汉文化和当地文化之间互动的不同渠道的证据。当地文化的某些方面，尤其是那些突出体现权威和精英地位的方面，往往更易于被输入的象征、传统和物质文化所替代。但所存在着的汉文化看来并没有支配、终止或压制边疆各个地区与域外文化世界的文化交流，这一特征尽管尚未被人所领悟，但却被广泛地记录下来。⑤ 此外，南方青铜器和其

---

① 冯雷：《南越国与海外交流》，《岭南文史》2000 年第 3 期，第 45—48 页。

② 张蓉芳、黄淼章：《南越国史》，广州，广东人民出版社，1995 年第 281—289 页。

③ 《史记》卷一百二十九；《汉书》卷二十八下；James K. Chin, "Ports, Merchants, Chieftains and Eunuchs: Reading Maritime Commerce of Early Guangdong," in *Guangdong*; *Archaeology and Early Texts*, p.220。

④ Francis Allard, "Erontiers and Boundaries: The Han Empire from its Southern Periphery," in *Archaeology of Asia*, ed. Miriam T. Stark (Maiden, Mass.: BlackwellPublishing, 2006), pp.233-254.

⑤ Michèle Pirazzoli-t'Serstevens, "Pour une archéologie des échanges" Apports étrangers en Chine-transmission, réception, assimilation, *Arts Asiatiques* 49 (1994): pp.21-33.

他文化元素也传入到当地汉人社会，在汉人官员墓葬中有发现。[1] 南方文化的另一方面就是当地文化进化的特点，可见于公元1世纪"汉式"图案和装饰，源于先秦时代的中原。[2]

公元前109年，滇国（今云南）被征服。滇王国曾于公元前3世纪早期（约公元前279年）为楚国将军庄蹻所接管，在秦朝乃至汉代早期保持独立。[3] 随着南越被征服以及南方进攻屡奏凯歌，汉武帝派遣使者要求滇国归顺。当这一要求为指望能得到当地酋长们支持的滇王所拒绝时，汉军从四川发动进攻，兵锋所至，滇王不战而降，由此该王国转变为益州郡，置于汉朝军事管辖之下，尽管滇王可以在半独立状态下继续统治其民。

滇文化的繁荣得益于与周边及遥远地区的多元交流环境，该地区与四川西部、贵州、广西和越南保持着紧密联系。[4] 西北地区出土的石棺墓群可能与四川西部游牧文化有着联系。这也通过兽形图案和奇特兵器与北方草原和中亚世界联系到一起，但是这些联系方式如何产生有待进一步研究。[5] 在广西出土了类似于滇文化的青铜钟、鼓。在该地区也发现了宝石和金，被精湛的青铜冶金技术应用到装饰上。具有代表性的遗址是滇池周

---

[1] Patricia Berger, "'In a Far-Off Country': Han Dynasty Art from South China," *Orientations* 18.1（1987）: pp.20-31.

[2] Sophia-Karin Psarras, "The Han Far South," *AsiatischeStudien* 51（1997）: pp.757-796.

[3] 关于秦汉时代征服滇国的军事方面，参见 Bin Yang, "Military Campaigns Against Yunnan: A Global Analysis," ARI Working Papers No. 30, September 2004（publication online web page: http: //www.ari.nus.edu.sg/pub/wps.htm）, pp.1-14。

[4] Michèle Pirazzoli-t'Serstevens, *La civilisation du Royaume de Diana l'époque Han: D'après le materielexhumé à Shizhai shan*（Yunnan）（Paris: École française d'Extrême-Orient, 1974）, pp.71-77, 103-106, 109-117.

[5] Michèle Pirazzoli-t'Serstevens, "Les Cultures du Sichuan occidental à la fin de l'Age du Bronze et leursrapports avec les steppes," in *L'Asie centrale et ses rapports avec tes civilisations orientales des origins a l'Age duFer*（Paris; Diffusion de Boecard, 1988）, pp.183-196.

围的古墓群，如石寨山和李家山，已于 1955 年开始进行挖掘。①

从出土的墓葬文物来看，滇国社会看来等级森严，首领、精英成员和平民之间区别明显。贵重物品如青铜鼓、兵器和海贝壳都与他们彼此不同的社会身份联系到一起，也许也显示出处于同一阶级和性别中的等级和持有财富情况。②尤其重要的是发现了存在着一个武士贵族阶层，在其中发现从低到高有着一定程度的流动性以及由于军事类别和等级区分而产生的差异。③战争在云南当地人生活中起着重要作用，战斗场景往往再现于青铜器上，其中有滇国士兵留着奇特的辫子与敌人交战画面。④青铜贝壳容器的盖子上叙述装饰中出现的祭品显示出葬礼包括当地习俗可能在整个南方地区很常见。⑤石寨山出土的青铜器也可看到民族标识如发型或特色服饰等。在此基础上，可以假设存在着民族多样性，但试图与云南当今民族志建立联系尚未形成可行性假设。⑥青铜鼓和贝壳容器上有多种外观设计和装饰用的是叙事图案，大概被首领用于公众宗教活动或政治场合，它们

---

① 参见张增祺、王大道：《云南江川李家山古墓群发掘报告》，《考古学报》1975 年第 2 期，第 97—156 页；张增祺：《晋宁石寨山》，昆明，云南美术出版社，1998 年。

② 杨文顺：《从〈西南夷列传〉和考古资料看两汉时期的滇国社会》，《楚雄师范学院学报》2003 年第 1 期，第 37 页。

③ Yun Kuen Lee, "Status, Symbol, and Meaning in the Dian Culture," *Journal of East Asian Archaeology* 3.1-2 (2001): 103-31; Alice Yao, "Scratching Beneath Iconographic and Textual Clues: A Reconsideration of the Social Hierarchy in the Dian Culture of Southwestern China," *Journal of Anthropological Archaeology* 24 (2005): pp.378-405.

④ Francis Allard, "Stirrings at the Periphery: History, Archaeology, and the Study of Dian," *International Journal of Historical Archaeology* 2 (1998): p.336.

⑤ 云南博物馆：《云南晋宁石寨山古遗址及墓葬》，《考古学报》1956 年第 1 期第 5 页。

⑥ Wang Ningsheng, "Ancient Ethnic Groups as Represented on Bronzes from Yunnan, China," in *Archaeological Approaches to Cultural Identity*, ed. S. J. Shennan (London: Unwin Hyman, 1989), 195-206. 对于古代云南民族认同研究评论，参见 Heather A. Peters, "Ethnicity Along China's Southwestern Frontier," *Journal of East Asian Archaeology* 3.1-2 (2001): pp.75-102.

也出土于贵族墓群中。①

滇国主导经济是农业,其中农民饲养家畜如猪、羊和牛。为了战争和狩猎也饲养马匹,但其使用却是权贵和上层社会所拥有的特权。②从贝壳货币流通地区,包括印度和东南亚,可以看出云南参与到更广阔的贸易网络中去。汉朝殖民导致贝壳货币的消失,而以五铢钱取而代之,由此显示出政治变化对当地经济的影响程度。③

滇国物质文化和艺术展现出鲜明特性,通过其自然主义的极具表现力的再现而可加以识别,这种装饰尽管并非特别精致,但显现出其他边疆地区所未曾发现的强劲活力。在动物神灵中尤其常见的是蛇和牛,它们经常作为艺术图案而使用。不过,这一独特艺术,在汉朝征服之后没有存在多久,其消失过程尽管还不清楚,却与西汉时期发展着的汉文化有着越来越紧密的联系有关。④需要指出的是,滇文化还没有完全被描绘出来,经过数十载的发掘工作,考古学家已经在云南确认出好几种不同文化传统,证实了该地区文化的丰富多彩,同时也揭示出将各个当地传统彼此分离的艰难。⑤

四、结语

在汉武帝统治时期,原本旨在与周边独立政体之间建立条约或宗藩朝

---

① Robert E. Murowchick, "The Political and Ritual Significance of Bronze Production and Use in Ancient Yunnan," *Journal of East Asian Archaeology* 3.1-2(2001): pp.164-170.

② 王宁生:《古代云南的养马业》,《思想战线》1980年第3期;Tze-huey Chiou-Peng, "Horsemen in the Dian Culture of Yunnan," in *Gender and Chinese Archaeology*, ed, Katheryn M, Linduff and Yan Sun(Walnut Creek, Cal, : Altamira Press, 2004), pp.298-306。

③ Bin Yang, "Horses, Silver, and Cowries: Yunnan in Global Perspective," pp.306-308.

④ Michèle Pirazzoli-t'Serstevens, "I Qin e gli Han," in *La Cina*, ed, idem(Turin: UTET, 1996), pp.167-252.

⑤ Francis Allard, "The Archaeology of Dian: Trends and Tradition," *Antiquity* 73/279(1999): pp.77-85.

贡关系的汉朝政策，转变为一种直接统治，通过专门设立新的中央和地方统治机构而将新征服的边疆地区纳入帝国统治之下。

这一转变并不能被描述为"昭昭天命"，汉朝扩张既非偶然也非渐进过程。所有边疆地区管辖的类似过程可由适时发动军事远征来揭示，它们都发生在公元前2世纪最后数年之内，这一类似性也可由政府用来确立这些边疆地区统治手段所展现，如行政区划（郡）、军屯和汉人移民定居点和贸易中心。地区差异取决于边疆地区的政治、生态和民族之组合。总而言之，北方地区需要更大量的资源，包括经济和军事方面，这归因于这一地区的政治动荡以及游牧民族有能力威胁汉朝中心城市这些因素。

通过无数学者的工作已经解决了边疆史的制度和政治层面的一些问题，五十年来的考古研究产生出不同的研究趋向，虽不能颠覆由文本资料聚集形成的叙事，但引出了新问题。随着我们对边疆地区非汉民族物质文化了解越来越多，文化接触种类和力度可被量化或至少在互相影响和"汉化"方面之外被加以明确描述。我们可就文化中介、同化、排斥或融合方面对边疆地区和汉朝中心城市，乃至更广阔文化区域——中亚、蒙古北部和西伯利亚大草原，或是南方海上世界之间存在着的直接和间接联系加以研究。汉代中国对这些地区的"影响"也可通过来源于文本和考古资料的社会、民族和人口数据的比较而更精确地加以评估。

考古和文本资料的整合需求往往将边疆讨论限制到地方层面，而在地方层面上，研究对象则被局部可验证假设所限制。这一研究视角采取批判的态度看待汉文化普遍扩张观念（例如"向热带进军"），但并不排斥来自中原文化圈（Sinitic Core）文化形式和品位上对当地文化局部同化的观点。与此同时，关于汉朝边疆的综合研究方法对于更深刻理解中心和其边缘地带之间关系，显示边疆与汉朝政治文化形式演变之关联性，乃至对于我们理解当中国最早统一为一个帝国时中国一词的内涵，都极为重要。

蒙古人、阿拉伯人、库尔德人和法兰克人：拉施德丁的部落社会比较民族学研究*①

艾鹜德（Christopher P. Atwood）著　贾衣肯译　李鸣飞校

拉施德丁（Rashīd al-Dīn）的作品依旧令人着迷。他的史学著作，以平易近人的散文写成，包括许多他书未载的事件，极具价值。他对其他宗教、文化的包容态度，在中世纪史学家中是独一无二的。在献给合儿班达·完者都汗（Kharbanda Öljeitü khan）的《史集》最终修订本前言中，他提到自己要将非穆斯林地区的记载传闻，按照他们在书籍中所载和口头所述的原意，从该民族通行的书籍和显贵人物的言辞中摘出来并加以转述，对之奇特的多神崇拜也全部保留。② 同样，拉施德丁在对高阳生《脉诀歌括》的译

---

*　译自 Christopher P. Atwood, "Mongols, Arabs, Kurds, and Franks: Rashīdal-Dīn's Comparative Ethnography of Tribal Society", In *Rashīd al-Dīn as an Agent and Mediator of Cultural Exchanges in Ilkhanid Iran*, ed. Anna Akasoy, Ronit Yoeli-Tlalim, and Charles Burnett, London: Wartburg Institute, 2013, pp. 223-250。

①　感谢米卡·M. 纳提夫（Mika M. Natif）给予该文初稿的宝贵意见和建议。该文绝大部分研究是在 2006—2007 年普林斯顿高等研究所优美而平和欢畅的环境中进行。感谢该所同仁及其他职员以及慷慨资助我在这里从事研究的斯塔尔基金会（The Starr Foundation）。文中引用中文史料时，考虑到所有版本中卷数都是一样的，我先标明卷数，斜杠后给出引用版本的页数。

②　W. M. 撒克斯顿（W. M. Thackston）译注：《拉施德丁·法兹勒·阿拉赫之史集：蒙古史》第 1 卷，剑桥，1998—1999 年，第 7—9 页；L. A. 赫塔古罗夫（L. A. Khetagurov）译：拉施德丁《史集》第 1 卷第 1 分册（下文称《史集》俄译本第 1 卷第 1 分册——译者注），莫斯科，1952 年，第 48—50 页；在引用拉施德丁之文时，基本以撒克斯顿译本为主，但也根据赫塔古罗夫、斯米尔诺娃（Smirnova）及其他俄译本注解和史料作适当修改。印第安纳大学内陆欧亚学系博士候选人罗伯特·W. 顿巴尔（Robert W. Dunbar）在我领会拉施德丁的波斯语（从某种程度而言）所使用的译本方面，给予

注——《珍宝之书》中，也只以译文形式介绍了周敦颐（1017—1073）的新儒家宇宙观和《太极图说》，而没有作任何评论。① 在其《印度史》中，述及印度先知、宗教时，虽对印度诸神有所评判，但绝大部分为原始资料所反映的佛教徒观点。② 在完成于回历 705 年（公元 1304—1305 年）并在日后成为《史集》核心内容的《合赞汗御修史》中，他已践行这一方法。③ 他以汇集并用波斯文翻译蒙古文献及口头传说的方式展现蒙古历史，附相关解释、说明，仅偶见个人观点和疑问。

这种早熟的多元文化主义是拉施德丁在当今享有盛誉的主要原因。尽管他的研究以文献为主，缺乏田野调查（下文将论及这点），拉施德丁与今之人类学家和民族学学者有着同样的信念，即认为任何一个想了解人类全部经历的人，都需在某种程度上接受其他文化诠释自己的方式。这种包容性使之关于蒙古帝国的记述相较其他同类外文著作有着独特的价值。毫无疑问，没有一个历史学家用波斯文或阿拉伯文给我们以如此多的"未经过

我——一个对波斯语了解有限的蒙古学家帮助，在此致以谢意。Rashidu-ddin Fazlullah's Jami 'u' t-Tawarikh: Compendium of Chronicles. A History of the Mongols, transl. W. M. Thackston, 3 vols, Cambridge, 1998-9, I, pp.7-9; Rashīd al-Dīn, Sbornik letopisei, transl. L. A. Khetagurov, I, 1, Moscow, 1952, pp. 48-50.

① 参见罗维前和王一丹有关该卷的研究（王一丹：《波斯拉施特〈史集·中国史〉研究与文本翻译》，北京，2006 年，第 40—41 页）；拉施德丁据中文史料，尊称周敦颐为"周子"。

② 见安娜·阿卡索伊（Anna Akasoy）和希伯来·忒拉里木（Ronit Yoeli-Tlalim）有关该卷的研究。See the contributions by Anna Akasoy and Ronit Yoeli-Tlalim in this volume.

③ 采纳志茂智子（Satoko Shimo）之说的同时，我倾向于把作为一部纯蒙古帝国史、修成于哈赞汗时期的《哈赞汗御修史》，与作为世界史、撰成于哈儿班达·完者都汗时期的《史集》区分开。参见志茂智子：《哈赞汗与〈哈赞汗御修史〉——关于〈哈赞汗御修史〉与〈史集〉之"蒙古史"的关系》，（《东洋文库纪要》1996 年第 54 期，第 93—110 页）。我感觉她夸大了哈赞汗在这部著作中的地位，并在两个稿本何者更重要的问题上，难以赞同她的意见。Satoko Shimo, 'Ghâzân Khan and the Ta'rîkh-i Ghâzânî -Concerning its Relationship to the "Mongol History" of the Jâmi'al-Tawârîkh', Memoirs of the Toyo Bunko, 54, 1996, pp. 93-110.

滤"的蒙古原始资料。因此，现在的读者在利用拉施德丁的著作时毫无戒心，这着实是由于他显得很现代和具有吸引力。

尽管拉施德丁对蒙古人的广泛兴趣有着这一独特性，在这里，我也不得不满怀敬意地表达我个人与他相左的观点，更多情况下是针对当代蒙古社会史学者所塑造的他。拉施德丁强调了"氏族"（clan）和系谱知识（genealogical knowledge）对蒙古人的重要性，这部分通常被认为描述了一个血缘部落社会（a kin-based tribal society）发展为国家的过程，就像在许多"国家形成"论著作中看到的那样。正因为拉施德丁运用了比较学方法进行社会史概论，其归纳对当今史学家产生了很强的吸引力。仿佛一位十四世纪的作家摸索着许多当代人类学名著所阐述的游牧民世系与世仇（lineages and feuds）理论。二者独立创设同一理论，似毫无疑问地证明他们具真知灼见，但我认为，他们与事实相去甚远。相反，这说明拉施德丁和当代人类学利用对已然涉及国家政权赏赐、家族分封的记载所作最新分析，探讨国家之前（pre-state）历史和史前史时产生了同样的错觉。换而言之，拉施德丁的蒙古氏族并非曾经有过、消失于帝国时期的某个东西，而是产生于帝国创建时期，并被认为对帝国统治的稳定性具有重要意义而得以维持的功臣家族（noble houses）。

拉施德丁和鲍里斯·拉阔夫列维奇·符拉基米尔佐夫

拉施德丁的《哈赞汗御修史》对今之蒙古社会史的影响难以高估。鲍里斯·拉阔夫列维奇·符拉基米尔佐夫在其影响深远的《蒙古社会制度史：游牧封建制》中综述蒙古帝国史料时，置《哈赞汗御修史》于首位，而把《元朝秘史》放在其后，仅作为"另一个很重要的史料"看待。[1] 由

---

[1] 符拉基米尔佐夫著，M. 卡尔索夫（M. Carsow）译：《蒙古社会制度史：游牧封建制》（下文简称《蒙古社会制度史》——译者注），巴黎，1948年，第7—8页。B. Vladi-mirtsov, *Le Régime social des Mongols: Le Féodalisme nomade*, transl. M. Carsow, Paris, 1948, pp. 7–8.

于他认为有关蒙古帝国的史料"在数量上和价值上远胜于之后（即 14 至 17 世纪）的史料"，可以说，在他用于研究近现代以前的蒙古社会史（pre-modern Mongol social history）的资料中，拉施德丁的《蒙古史》居首位，《元朝秘史》次之。

这一点可从他的论著内容得到证实。符氏所建构的社会史基于这样一些概念："森林部落"（oi-yin irgen [peoples of the forest]）与"草原部落"（ke'er-ün irgen [peoples of the steppe]）、"以古列延形式游牧"（即上百或更多帐幕的大规模联合游牧 nomadizing in küriyen [large corrals of a hundred or more yurts]）与"以阿寅勒形式游牧"（即"独立游牧"nomadizing in ayil [isolated yurts]）、"氏族"（the clan or oboq）、"世袭奴仆"（the hereditary serf-vassal or tunaghan boghol）、"部落"（the tribe or irgen），等等。对上述这些概念，《元朝秘史》仅做实例[1]，而拉施德丁《哈赞汗御修史》既有定义，又有实例。一些概念，例如"老世袭奴仆"（the old hereditary serf-vassal），仅见于《哈赞汗御修史》（书中沿袭多数波斯文文本，将 ötegü boghol "老奴"（old slave）[2] 误作 unaghan boghol "世袭奴"[hereditary slave]）。[3] 可以说，符拉基米尔佐夫有关蒙古社会的这些概念，实际上源

---

[1] 符拉基米尔佐夫著，M. 卡尔索夫译：《蒙古社会制度史》，第 39，44，56—57，79—80 页。Vladim-irtsov, Le Régime social (n. 5 above)，pp. 39, 44, 56—7, 79—80。

[2] ötegü bo'ol 一词，参见符拉基米尔佐夫著，刘荣焌译：《蒙古社会制度史》，（中国社会科学院民族研究所社会历史室，1978 年。书中认为不能译为"奴"，而是译为"部属"或"仆从"，并进行了详细解释，参见该书 79—91 页。本文由于原作使用"old slave"一词，因此在必要时仍译为"老奴"，其他情况使用音译。——译者注

[3] 符拉基米尔佐夫著，M. 卡尔索夫译：《蒙古社会制度史》，第 79—80 页。伯希和（P. Pelliot）、韩百诗（L. Hambis）：《蒙古征战史》，莱顿，1951 年，第 85—86 页。伯、韩基于波斯文手稿比较，对该词所作解读，为出现于竹温台墓志第 23 行的 ötögü boghod 一词复数形式所证实（柯立夫 [F. W. Cleaves]：《纪念竹温台之 1338 年汉蒙碑刻》，下文简称《1338 年汉蒙碑刻》——译者注），《哈佛亚洲研究学报》1951 年第 14 期，第 1—104 页，尤其是第 55，70，95 页及注 112。戈哈德·德福（Gerhard Doerfer）：《现代波斯语（Neupersischen）中的突厥蒙古语成分——以较早的新波斯史料尤其是蒙古和帖木儿时期

自拉施德丁。

符拉基米尔佐夫将自己的论点概括为游牧封建制度。他设想国家（仅有封建制一种形态）和氏族制度不能并存，认为成吉思汗之前的氏族制度因成吉思汗帝国的兴起甚或由帝国的衰亡而导致瓦解。[1] 后来的史学家，尤其是在西方，比符拉基米尔佐夫更为教条，视"部落制度"和"封建制度"为社会历史的两个不相容的阶段。他们通常从符拉基米尔佐夫的论说中汲取拉施德丁有关国家之前社会即"部落"社会（'tribal' society）的传统解释，认为在成吉思汗时期之前（the pre-Chinggisid period）已产生等级制"部落"社会，在帝国时期最终会过渡到"封建制度"和无部落社会。[2] 此观点的基本内核，因符拉基米尔佐夫的西方弟子习惯于用"国家"和"国

的为主》第 1 卷，威斯巴登，1963 年，第 160—161 页，注 40，首次将该段与拉施德丁的文本联系在一起。近期有关该词语解释问题的检讨，有白岩一彦（Kazuhiko Shiraiwa）：《关于〈史集〉中的 Ötegü Boġol》，《东方学报》1986 年第 47 期，第 27—31 页。Vladimirtsov, Le Régime social (n. 5 above), pp. 79-80; P. Pelliot and L. Hambis, Histo-ire des Campagnes de Gengis Khan, I, Leiden, 1951, pp. 85-6. F. W. Cleaves, 'The Sino-Mongolian Inscription of 1338 in Memory of Jigüntei', Harvard Journal of Asiatic Studies, 14, 1951, pp. 1-104, and in particular, pp. 55, 70, 95 n. 112. Gerhard Doerfer, Türkische und mongolische Elemente im Neupersischen, unter besonderer Berücksichtigung älterer neupersischer Geschichtsquellen, vor allem der Mongolen-und Timuridenzeit, Wiesbaden, 1963, I, pp. 160-61 (n. 40). Kazuhiko Shiraiwa, 'On the Ötegü Boġol in the Jāmi 'al-Tavārīkh of Rashīd al-Dīn', Acta Orientalia (Copenhagen), 47, 1986, pp. 27-31。

① 符拉基米尔佐夫著，M. 卡尔索夫译：《蒙古社会制度史》，第 169—171 页。Vladimirtsov, Le Régi-me social (n. 5 above), pp. 169-171。

② 在《当代人类学基础》（美国新泽西州，恩格伍德—克里夫斯，1968 年）系列丛书中，劳伦斯·克拉德尔在其《国家形成》中，以突厥和蒙古人之"塔塔尔国家"为其四个研究案例之一（第 82—103 页）；马歇尔·D. 萨林斯（Marshall D. Sahlins）在个人专著《部落人》中，视"中亚游牧民"为纯血缘部落社会与国家之间社会形态"酋邦"与"锥体形氏族"的典型（第 24—25 页）。The 'Foundations of Modern Anthropology' series: Lawrence Krader, Formation of the State, Englewood Cliffs, NJ, 1968, pp. 82-103. Marshall D. Sahlins, Tribesmen, Englewood, Cliffs, NJ, 1968, pp. 24-25。

家的形成"取代"封建制度"而变得模糊不清;其实,这是没有太大差异的区分。不管怎样,其血缘的、"氏族—部落"观念,从概念和术语上并没有发生变化。

符拉基米尔佐夫建构的内亚(Inner Asia)血缘社会(kin-based society)这一"典型"主要基于拉施德丁之著作,因此,对部落、部落制度(tribalism)和血缘社会诸问题的重新检视——本人已探索五年有余——都须从拉施德丁着手。这意味着须将他有关蒙古人的叙述,置于他那个时代环境以及他写作目的中去了解,而非简单地挑出他专门论述蒙古人"实际如何"的一些段落,赋予其权威。(学术界)对中世纪蒙古社会的阐述,已形成一个标准程序,即以叙说成吉思汗时期之前社会结构为其开篇,然后简单地把帝国的兴起描述为不知怎么就改变或瓦解了这个蒙古游牧社会的理想形态。① 然而,用于描述成吉思汗时期之前社会的原始资料,毫无例外地书于蒙古帝国时期。因此,对"部落制度到封建制度"、"部落到国家"这两个阶段的阐述,不是对两个独立记载的历史情境进行比较

---

① 例如,E. D. 菲利普斯(E. D. Phillips):《蒙古人》,纽约,1969年,第26—35页,介绍蒙古社会时写道:"父系氏族是蒙古人社会的基础",然后在第40—50页,对"新蒙古国家与军队"介绍道:"成吉思汗现在以封建方式扩建其及其家族统治下的蒙古国。部落设置被废除……"大卫·摩根(David Morgan):《蒙古人》,牛津,1986年,第37页,以"游牧氏族和部落的本质"问题,为其成吉思汗之前状况之开篇。尽管他谈到部落体制(tribal system)有可能比其血缘性(kin-based nature)所意味的更为开放,但认为由血缘决定游牧部落成员,无疑解释了显然为虚假的系谱大量充斥于当代及后世作品的情形(第37页)。在"蒙古帝国的机构及本质"一章之征服内容之后,他述及"旧的部落认同"(old tribal identities)的瓦解和一个受军队拥护的新"创立的部落体制"的诞生(第89—90页)。保罗·比埃尔(Paul Buel):《蒙古世界帝国历史辞典》,兰哈姆,2003年,第5—7页,第13—16页,在论及成吉思汗的兴起是如何为了战争和扩张需要而将蒙古社会重组为数千个源出"高度混杂"群体之前,同样描述了一个依次基于血缘关系、地域部落和军事首领之上的成吉思汗之前的社会。在最近所见《穆斯林世界缔造者》系列丛书之彭晓燕(Michal Biran)《成吉思汗》新传纪(牛津,2007年)中,在附有谱系的"蒙古部落组成"一节(第28—32页)和"机构转变:过渡中的蒙古"一节(第41—46页)

并假设如何从一个阶段发展到另一个阶段的结果,而是或多或少、不加分析地采用帝国时期对成吉思汗时期之前回顾性的描述,再套以社会科学术语改撰而成。①

拉施德丁之跨文化比较

符拉基米尔佐夫能在拉施德丁概念基础上形成自己的概念并与之如此贴近,是因为波斯史学家——像著名的伊本·赫勒敦(Ibn Khaldūn,1332—1406)——使用了似乎很超前的跨文化比较方法来研究蒙古社会。如同伊本·赫勒敦一样,拉施德丁很多具影响力的观念都是在其《突厥人兴起之传说及其分为各支系之情形》(下文简称《突厥人》)的非叙事性前言中提出。这些支系包括了那些被称为突厥和蒙古的人,还有唐兀惕(Tanguts)等其他的人。② 这部分内容依次分为四章:第一,突厥史概说,侧重西方乌古斯人(Oghuz);第二,内亚东部无君主之民,后来在成吉思汗

之间,还有"铁木真的青年时代及其得势掌权"一节,"机构转变:过渡中的蒙古"中也一如既往地提到了十进制组织打破部落联盟(tribal affiliations)的内容。See for example E. D. Phillips, The Mongols, New York, 1969, pp. 26-5; David Morgan's The Mongols, Oxford, 1986, pp.37, 89-90; Paul Buell's Historical Dictionary of the Mongol World Empire, Lanham, MD, 2003, pp. 5-7 and 13-16; Michal Biran, New biography Chinggis Khan, Oxford, 2007, pp. 32-40 and pp. 41-46.

① 因此,尽管符拉基米尔佐夫描述了帝国时期蒙古人经济和牧营方式(camping-style)的巨大变化(《蒙古社会制度史》,第 53—56 页),但他没有系统考虑这些变化对社会结构或史料的影响。

② 拉施德丁用于这些群体(units)的术语后来引起争议。彼得·戈尔登(Peter Golden)认为拉施德丁使用的不同术语均鲜明地表达了氏族部落世系(clan-tribal lineage)概念,戴卫·斯尼思(David Sneath)则主张拉施德丁用于细分蒙古人的术语 qawm(复数形式为 aqwām)并没有"部落"或"世系"的含义,见戴卫·斯尼思:《无首领之国:贵族秩序、家族社会及对内亚游牧之错误表述》,纽约,2007 年,第 107 页;彼得·戈尔登对该书的书评,《亚洲学报》2009 年第 68 期,第 293—296 页,着重参阅第 294 页。据我所知,尚无有关拉施德丁之社会群体方面术语的全面研究。在撰写该文过程中,我感觉,事实介于两种主张之间。Qawm 一词似乎是用于任何突厥—蒙古群体的惯用术语,

以后被称为蒙古人;第三,内亚东部有君主之民,在成吉思汗以后被称为蒙古人(实际上,他们中只有客列亦惕人[Kereyid][1]可能说蒙古语);第四,对外征服前的蒙古人(分为两部分),包括迭儿列勤或普通世系(the Dürlükin or 'common' lineages)和尼伦或骨干世系(the Niru'un or 'backbone' lineages)。

在四章内容中,他用人种、历史、政治、语言和民族特征区分并归类他们的支系。他把长久以来与伊朗人保持着联系的西部乌古斯人,与在外貌和语言上接近蒙古人的东部突厥人分开。[2]他通过识别身份(旧式蒙古人与新称为蒙古的人)和政治结构(有君长之民与无首领之民)的变化来划分后者。[3]在旧式蒙古人中,他从外貌、方言和语汇角度把居领导地位的"纯蒙古人"尼伦和(the leading Niru'un)和普通的迭列儿勤(the common

---

大者如唐兀惕,小者如蒙古特有的某一世系的分支。其他术语如qabīla(复数形式为qabā'il,通常被译为"部落"),多见于拉施德丁在与阿拉伯人和其他人进行比较,来阐述蒙古社会结构的内容中。但他在有些地方(例如,《史集》第1卷,第117页;O. I. 斯米尔诺娃译:《史集》第1卷第2分册,莫斯科,1952年,第16页。下文称《史集》(俄译本)第1卷第2分册——译者注)提道"每个蒙古部落(qabīla)和民族"。在文中,我尽量使用拉施德丁的术语,不仅为说明他的用法,同时期待该文能激发贤能之士对其术语的研究。See D. Sneath, Headless State: Aristocratic Orders, Kinship Society, and Misrepresentations of Nomadic Inner Asia, New York, 2007, p. 107, and the review of this book by Peter B. Golden in the Journal of Asian Studies, 68, 2009, pp. 293-96(294). Sbornik letopisei, transl. O. I. Smirnova, I, 2, Moscow, 1952, p. 16.

[1] "Kerait"(客列亦惕人)为源自波斯语读法的传统拼写,实为见诸所有蒙古史料之"Kereyid"(客列亦惕人)这一正确书写形式的讹化。

[2] 《史集》第1卷,第61页;《史集》(俄译本)第1卷第1分册,第126页。Rashīd al-Dīn, Compendium of Chronicles(n. 1 above), I, p. 61; cf. Rashīd al-Dīn, Sbornik letopisei, I, 1(n. 1 above), p. 126.

[3] 《史集》章节标题,第1卷,第21—79页,以及其他分类段落,例如,第24、44页及79—80页;《史集》(俄译本)第1卷第1分册,第73—152页,着重参阅第77、102—103、153页。Rashīd al-Dīn, Compendium of Chronicles(n. 1 above), I, pp. 21-79, pp. 24, 44, and 79-80; cf. Rashīd al-Dīn, Sbornik letopisei, I(n. 1 above), pp. 73-152, 77, 102-103, 153.

Dürlükin）区分开。他在此处枚举斡亦剌惕（Oyirad）方言"刀子"为例，彼处征引原始蒙古语谚语为据。① 因这类资料和拉施德丁的盛誉，符拉基米尔佐夫称其巨著超越了自己时代，此并不足为奇。

> 这一杰作是名副其实的历史百科辞典，在中世纪的欧洲或亚洲，没有人能自称出其之右……拉施德丁以精彩的细节述说了蒙古部落的游牧生活，他的观点基于蒙古首领的大量证词之上……②

据此，他认为该作品在精神层面上并不是中世纪的，而完全是现代的并且基本上是受到民族学和人类学的启迪。拉施德丁收集口头证据，是为了向波斯同行说明蒙古部落的游牧生活，并向他们（和我们）揭示蒙古人的社会结构。

的确，拉施德丁表现出一位早期人类学家好归纳与比较的兴趣。在其《突厥人》序言之始，他划分人类生活方式并论及两大地区的游牧生活：

> 首先应当知道，在大地各带，曾经且至今都有居于城市、农村和荒野的人。荒野居民的草地广袤，有供给许多牲畜的饲料，且远离文

---

① 《史集》第 1 卷，第 43、55 页；《史集》（俄译本）第 1 卷第 1 分册，第 102、118 页。后来的手稿副本删去了谚语的蒙古语表达形式，而只保留了波斯语形式。泽基·瓦利迪·托甘（A. Zeki Validi Togan）：《拉施特对蒙古历史的比较研究》，《中亚杂志》1962 年第 7 期，第 60—72 页（着重参阅第 65—66 页）。关于"刀"（madagha）一词，见德福（Doerfer）：《现代波斯语（Neupersischen）中的突厥蒙古语成分——以较早的新波斯史料尤其是蒙古和帖木儿时期的为主》第 1 卷，第 496 页（注 362）。Rashīd al-Dīn, Compendium of Chronicles（n. 1 above）, I, pp. 43, 55; Sbornik letopisei, I, 1（n. 1 above）, pp. 102, 118. A. Zeki Validi Togan, 'The Composition of the History of the Mongols by Rashīd al-Dīn', Central Asiatic Journal, 7, 1962, pp. 60-72（65-6）. Doerfer, Türkische und mongolische Elemente im Neupersischen（n. 7 above）, I, p. 496（n. 362）.

② 符拉基米尔佐夫著，M. 卡尔索夫译：《蒙古社会制度史》，第 7 页。Vladimirtsov, Le Régime social（n. 5 above）, p. 7.

明和农业地区。例如,在伊朗境内,阿拉伯人的地区是长满草、极度缺水的荒漠地带,适于吃草多、喝水少的骆驼。因之,难以计数的阿拉伯部落与氏族,在从遥远的西方直至印度海岸的整个沙漠荒原地带,建起自己的家园。还有自古以来被称为且依然称为突厥的人,也在荒原、山区和森林中,分部落、支系而居……[①]

在此,拉施德丁提出城市、农村和荒野(即草原游牧)三种不同生活方式,好比伊本·赫勒敦之贝都因人与定居生活的二分法[②]。这里的"阿拉伯人",一如中世纪文献的惯例,指阿拉伯贝都因人或游牧民,而非城市或农村说阿拉伯语的人。[③] 说阿拉伯人领地在伊朗境内,似乎很奇怪,但蒙古人的征服再现了伊朗几乎包括整个中东旧境的状貌。蒙古人界定伊利汗国(Ilkhanate)地域自"阿姆河至埃及",这与《列王纪》三分世界的传统划分相吻合,即罗马(法兰克人和希腊人)、土兰(中国和突厥人的地)及包括"波斯和阿拉伯人土地"[④] 的伊朗。罗马没有游牧民,但突厥和阿拉伯人分

---

① 符拉基米尔佐夫著,M. 卡尔索夫译:《蒙古社会制度史》,第 21 页;《史集》(俄译本)第 1 卷第 1 分册,第 73 页。Rashīd al-Dīn, Compendium of Chronicles(n. 1 above), I, p. 21; Sbornik letopisei, I, 1(n. 1 above), p. 73.

② 伊本·赫勒敦(Ibn Khaldūn)有时会把都市生活与乡村生活进行大致的比较,有时又会与草原游牧生活相对比。见伊本·赫勒敦著,F. 罗森塔尔(F. Rosenthal)译,N. J. 达乌德(N. J. Dawood)编:《历史导言》,普林斯顿,1967 年,第 91 页及之后。See Ibn Khaldūn, The Muqaddimah: An Introduction to History, transl. F. Rosenthal, ed. N. J. Dawood, Princeton, 1967, pp. 91ff.

③ 鲁文·阿米塔伊(Reuven Amitai)在会议上宣读该文初稿时强调了这点,"宗教、医学、科学和艺术领域之异花授粉者拉施德丁"研讨会,伦敦,2007 年 11 月 8 日。Reuven Amitai stressed this point in his comments on the earlier version of this paper presented at the conference 'Rashīd al-Dīn as an Agent and Mediator of Crosspollinations in Religion, Medicine, Science and Art', London, 8-9 November 2007.

④ 《史集》第 2 卷,第 478—479 页;T. 科瓦尔斯基(T. Kowalski):《列王纪》中的突厥人,载 C. E. 博斯沃思(C. E. Bosworth)、奥德尔肖特(Aldershot)编:《早期穆

别是土兰和伊朗的典型游牧民。

拉施德丁两次将塔塔尔人和蒙古人比作以战术和自相残杀而出名的人。关于塔塔尔人，他写道：

> 他们以好动刀子出名，在轻微的挑衅中，毫不留情地用刀刺伤对方，就和库尔德人（Kurds）、舒勒人（Shūl）① 和法兰克人（Franks）一样。现存于蒙古人中的法律，不见于他们那个时期，他们天性中充满复仇、愤怒和嫉妒。以他们人数之多，如果能同心协力，乞台人（Khitayans）和其他任何一种生灵都难以与他们匹敌……②

在与阿拉伯人的比较中，拉施德丁阐述了与人类学家称作"互补的对立"（complementary opposition）相同的观念（在这种模式中，据或真或虚的世系贴近度，人群处于冲突合并与再合并的过程中）③：

斯林世界中的突厥人》，2007年，第121—134页（着重参阅124页）；A. 菲尔多西（A. Ferdo-wsi）著，D. 戴维斯（D. Davis）译：《波斯〈列王纪〉》，纽约，2006年，第36页。伊利汗国史学家巴达维（Bay□āwī）将伊朗地域界定为"从阿拉伯领土到忽毡（Khojand）的边境"参见 C. 梅尔维尔（C. Melville）：《从亚当到阿八哈：巴达维重新整理的历史》，《伊朗学研究》2001年第30期，第67—86页，尤其是第76页，参照第78页）。Rashīd al-Dīn, Compendium of Chronicles (n. 1 above), II, pp. 478-479; T. Kowalski, 'The Turks in the Shâh-Nâma', in The Turks in the Early Islamic World, ed. C. E. Bosworth, Aldershot, 2007, pp. 121-134 (124); A. Ferdowsi, The Shahnameh: The Persian Book of Kings, transl. D. Davis, New York, 2006, p. 36; C. Melville, 'From Adam to Abaqa: Qādī Baidāwī's Rearrangement of History', Studia Iranica, 30, 2001, pp. 67-86, and in particular p. 76, cf. p. 78.

① 舒勒人是罗耳（Lurs）游牧民 三个支系中最南边的一支。

② 《史集》第1卷，第43—44页；《史集》（俄译本）第1卷第1分册，第102页。Rashīd al-Dīn, Compendium of Chronicles (n. 1 above), I, pp. 43-44; Sbornik letopisei, I (n. 1 above), p. 102.

③ P. C. 萨尔兹曼（P. C. Salzman）：《互补的对立存在吗？》，《美国人类学家》（新系列）1978年第80卷第1期，第53—70页。See P. C. Salzman, 'Does Complementary Opposition Exist?', American Anthropologist, New Series, 80/1, 1978, pp. 53-70.

> 应当知道，详述过的所有突厥各部与诸种蒙古，作为一个整体，从未有过统治一切部落的强大的君主。每个人都有自己的君主和首领，但他们在大多数情况下，都处在争斗与彼此不和的状态中。就像这一带的阿拉伯人，每个部落各自有首领，这些首领彼此不相隶属。①

自然，拉施德丁希望读者自己作出判断：他们不曾有过强大的君主——直到成吉思汗出现为止。因此，拉施德丁将其材料含蓄地置于"国家形成"框架中。在这一框架中，"互补的对立"的暴力与稳定为帝国扩张所取代。

他所有的民族学比较内容中，与氏族推算（clan reckoning）和世系知识（lineage knowledge）相关的部分被符拉基米尔佐夫引用，并在日后产生了重大影响。其主要两段内容如下：

> 出自阿阑—豁阿（Alan Qo'a）的支系和人们如此之多，如果统计人数，可能会超过百万（a hundred tümens），且他们每个人都有清晰、可靠的系谱（family tree），因为保持与父亲、祖先的关系，是蒙古人的习俗。出生的每个孩子，像其他所有的蒙古人那样，都要教给并反复灌输于之系谱观念（genealogy），他们中没有一个人不知道自己的部落和世系（lineage）。 蒙古人之外的其他人都没有这一习俗——除阿拉伯人也保留了系谱。②

---

① 《史集》第 1 卷，第 113 页；《史集》（俄译本）第 1 卷第 2 分册，第 7 页。Rashīd al-Dīn, Compendium of Chronicles（n. 1 above），I, p. 113; Sbornik letopisei, I, 2（n. 12 above），p. 7.

② 《史集》第 1 卷，第 116 页；《史集》（俄译本）第 1 卷第 2 分册，第 13 页。Rashīd al-Dīn, Compendium of Chronicles（n. 1 above），I, p. 116; Sbornik letopisei, I, 2（n. 12 above），p. 13.

在另一段中，他提到阿阑—豁阿[①]的其中一个后裔，即前面提到的超过百万的后裔的一个分支：

> 统必乃可汗……有九个聪明、能干的儿子，从他们每一个人衍生出的支系和人们名高位重。现在，他们中的每个氏族计有两到三万家庭，男女人数可达十万。这绝对不夸张，因为记住祖先和系谱是蒙古人自古以来的习惯，且他们没有宗教或教会来引导，因此，父母给每个出生的孩子反复灌输他们的部落和系谱。这已成为他们恪守的常规，即使现在，这一规矩对他们也都很重要。阿拉伯人也如此。九个支系的每一支所获得的名字和称号广为人接受，且至今为其子孙沿用。[②]

这两段内容说明，与阿拉伯人进行比较，是拉施德丁理解蒙古人的重要方式。正如我们所知，突厥人和蒙古人与阿拉伯人颇为相似，一方面他们都是游牧民，另一方面都被分为作战团体。现在，他证明他们在部落与氏族组织方面也相似。简言之，所有这些资料都说明，上述内容是对部落和游牧社会的一般阐释。此处围绕血缘社会和分支世系（segmentary lineages）概念谈论世系，彼处勾勒出打破互补的对立与血亲复仇法规，以合法暴力建立起专制国家的国家形成论。 在某种程度上，拉施德丁确实是在关注人类生存的规律，就像后来伊本·赫勒敦所做的那样。但，他是在暗示，一

[①] 波斯史料中对蒙古语 q 和 gh 音不作区分，尤其在词首位置，一般都转写成 -q-。但在蒙古语中这是两个明显不同的音素。本人按蒙古语将二者转写形式区分开。波斯文 qol、abaqa 和 qo'a，分别与蒙古语 ghol（中心）、abagha（叔伯）和 gho'a（美丽的女人）相对应，qabchal（峡谷）、qorchi（箭筒士）等词则与蒙文相同。在引用拉施德丁原文时，本人保留了词语的波斯语转写形式。

[②] 《史集》第 1 卷，第 124 页；《史集》（俄译本）第 1 卷第 2 分册，第 28—29 页。Rashīd al-Dīn, Compendium of Chronicles (n. 1 above), I, p. 124; Rashīd al-Dīn, Sbornik letopisei, I, 2 (n. 12 above), pp. 28–29.

个形成于血缘基础上的社会和血亲复仇法规一样,是一个消失中的部落历史的一部分吗? 如果是,我们还能听从他关于蒙古社会发展轨迹的描述吗?

如上所述,拉施德丁有关蒙古人世系意识(lineage-consciousness)的两段内容,均为符拉基米尔佐夫重点引用,作为其阐述蒙古氏族结构的依据。[①] 如所周知,符拉基米尔佐夫认为氏族被成吉思汗国家十进制组织、军事战役以及放逐蒙古人于辽远边塞为戍卫的举措所打破。所以,尽管拉施德丁没有说明世系意识是否依然鲜活地存在于他那个时代的蒙古人中(后文将论及这一点),上述关于世系的段落却常被解读为专指成吉思汗时期之前的血缘社会。然而,仔细分析拉施德丁的资料可知,不管这位波斯史学家本意如何,其史料很好地说明了,世系的重要性并非为帝国征服活动所摧毁的前帝国社会的特征,相反,它是在帝国社会里得到维持、强化和推广的一个特征。换句话说,广泛的系谱知识(genealogical knowledge)不是与国家相对立的部落的特点,而是由国家培植起来的一个组织模式。

蒙古人与阿拉伯人的类比:民族学的还是历史学的?

我们先关注一下拉施德丁用来和蒙古人比较的主要对象——阿拉伯人。在伊斯兰教背景下,把一些人和阿拉伯人进行比较,就不仅仅是一个中立的民族学比较了,它还强调神所注定的征服者的作用。 因而,拉施德丁在第一段与阿拉伯人进行比较后,直接由世系问题转向对成吉思汗及其后裔合赞汗(Ghāzān Khan)的赞美,把他们称为"无价的珍珠"和伊斯兰教习俗净化者。因此,把蒙古人的政治分裂与火并与阿拉伯人进行类比的同时,被征服的塔塔尔人与蒙古人相同的特征却被拿来与库尔德人、舒勒人和法兰克人的相比较,这并非巧合——对后者无疑含有否定意味。

[①] 符拉基米尔佐夫著, M. 卡尔索夫译:《蒙古社会制度史》,第56—57页。Vladi-mirtsov, Le Régime social (n. 5 above), pp. 56-57.

拉施德丁在自己的国度（即伊利汗国）提及阿拉伯人时，有可能想到伊拉克的阿拉伯人及其被蒙古人所统治。至于说阿拉伯人分布于自"遥远的西方至印度海岸"的地域，这种提法似乎主要来自他所了解的阿拉伯人历史，而非个人考察。系谱观念在伊斯兰教国家兴起的古典历史中根深蒂固，这是众人皆知的古阿拉伯人形象特征。这种形象，很可能，即便不是太多，是他参照对比资料的来源。并且，如保罗·德雷施（Paul Dresch）所说，阿拉伯人的系谱不仅为拉施德丁，还为分支世系社会论的发明者英国人类学家们尤其是埃文斯·普里查德（E. E. Evans-Pritchard）提供了模式。[1]拉施德丁笔下的蒙古人与分支世系模式如此契合的原因之一，就是拉施德丁和现代社会人类学家都把他们按照经典型的贝都因人形象模式化了，正如我们在伊斯兰教历史中看到的那样。

然而这一形象，关键依托于阿拉伯帝国系谱模式错误地应用于前伊斯兰时代，这一事实可从多个层面察觉到。如久所闻知，阿拉伯人最早的系谱记载（genealogical records）均见于其征服活动之后，是阿拉伯士兵记录其养老金资格这一需求催生的后果。[2]广而论之，中世纪阿拉伯社会的系谱学（genealogical science）和诗学、语法一样，是一门专门的学科。这些学科的确稳固了前伊斯兰时期贝都因人起源的权威性。但他们在城市的专

---

[1] P. 德雷施（P. Dresch）:《支系：植根阿拉伯而异地盛开》，《文化人类学》1988年第3期，第50—67页。在此感谢雷·奇普曼（Leigh Chipman）在查阅阿拉伯系谱文献方面给予我的帮助。P. Dresch, 'Segmentation: its Roots in Arabia and its Flowering Elsewhere', Cultural Anthro-pology, 3, 1988, pp. 50-67.

[2] P. 德雷施:《支系：植根阿拉伯而异地盛开》，第52—58页。Z. 索姆巴基（Z. Szombathy）:《系谱：中世纪伊斯兰教的人类学田野调查》，《伊斯兰教文化》1999年第73期，第61—108页（着重参阅第98—99页）。戴卫·斯尼思在其重要论著《无首领之国》（第132—134页）已注意到这点。Dresch, 'Segmentation' (n. 30 above), pp. 52-58; Z. Szombathy, 'The Nassâbah: Anthropological Fieldwork in Medieval Islam', Islamic Culture, 73, 1999, pp. 61-108 (98-99). David Sneath, The Headless State, pp. 132–134.

业人士，把这些有关贝都因人的原材料用于各种各样的穆斯林社会环境，而不管他们赖以了解贝都因人的这些学科所具有的中世纪伊斯兰教学术共性和特点。[1] 简言之，深入了解各种系谱传统的背景可发现，不是部落人，而是帝国社会的饱学之士在从王朝创建的参与者中寻求父系世系的声誉。难道这就是拉施德丁征引的蒙古人系谱吗？

两套系谱的相似还因为，拉施德丁所记录的皇室后裔人数很可能是间接根据皇室支出记载而得出，如同阿拉伯系谱的来源。当拉施德丁记录统必纳可汗有两到三万子孙时，想起早期史学家志费尼（Atā-Malik Alā-al-Dīn Juwaynī, 1226—1283）对成吉思汗后裔的统计："现在生活舒适、富裕者逾两万。"[2] 如果在蒙哥（Möngke）时期，成吉思汗后裔的确已达到两万（可能性不大），那么到拉施德丁的时代，家族更为庞大的土敦—蔑年（Menen Tudun）的后裔不太可能只有两三万人。拉施德丁的统计很可能基于志费尼的数目，并小心谨慎地递增到了三万人。不管怎样，这个数目有

---

[1] Z. 索姆巴基：《系谱》、《中世纪穆斯林社会的系谱》，《伊斯兰学研究》2002 年第 95 期，第 5—35 页。另参阅 F. 罗森塔尔（F. Rosenthal）：《系谱（Nasab）》，《伊斯兰百科辞典》第 2 版。在此感谢（普林斯顿）高等研究所的帕特里夏·科龙（Patricia Crone），是他使我注意到这篇文章。该文显系一部创制的旨在反映穆罕默德尊处诸先知之至高无上地位的系谱文本，它已成为阿拉伯部落结构的范例，参见 D. M. 瓦里斯科（D. M. Varisco）：《象征和神圣的历史：穆罕默德系谱和阿拉伯部落》，《人类学季刊》1995 年第 68 期，第 139—156 页。关于圣经系谱在阿拉伯系谱传统中的地位，参见 Z. 索姆巴基：《系谱》，第 100—101 页。Szombathy, 'The Nassâbah' (n. 31 above) and 'Genealogy in Medieval Muslim Societies', Studia Islamica, 95, 2002, pp. 5-35. See also F. Rosenthal, 'Nasab', in EI; D. M. Varisco, 'Metaphors and Sacred History: The Genealogy of Muhammad and the Arab 'Tribe'', Anthropological Quarterly, 68, 1995, pp. 139-156. Szombathy, 'The Nassâbah'(n. 31 above), pp. 100-101.

[2] 志费尼著，波伊勒（J. A. Boyle）译：《世界征服者史》第 2 卷，剑桥，1958 年，第 594 页。Alā-al-Dīn Atā-Malik Juwaynī, The History of the World Conqueror, transl. J. A. Boyle, Cambridge, 1958, II, p. 594.

可能来自蒙古帝国皇室支出账目。

志费尼的数目又从何而来？有可能来自蒙古人的系谱记录。这种对皇族成员（包括世袭奴仆，hereditary slaves）总人数的记载，金朝有之，蒙古人照例因袭。① 在元朝，有关皇族亲属、驸马和功臣的所有岁赐记录都被编辑成卷，收入《经世大典》（1329—1331）。如该卷序录所说，岁赐"始定于太宗之时，而增于宪宗之日，其文牍可稽也"②。分析《元史》中相关节略记载可知，这些资料主要源自窝阔台 1236 年及蒙哥 1252 至 1257 年的人口统计和土地、薪金分配。③ 这一相当于皇族及其家属名录的人口

---

① 1183 年居都城的金朝皇族有 170 户，28790 人（其中 982 人是自由民，27808 人是奴仆），参见脱脱等撰：《金史》卷四十六，北京，1975 年，1034 页。相关的计数还包括皇族家庭拥有的田地和牛的数目。拉施德丁下述故事反映了"黄金家族"（altan uruq）一般的人口数目："忽必烈可汗（Qubilai Qa'an）下令统计［爪都（Ja'utu）］子孙，他们计有八百个人。'怎么会？'他问，'拙赤—合撒儿（Jochi Qasar）四十个儿子繁衍后代八百人，别勒古台（Belgütei）和爪都（Ja'utu）诸子百人，才得子孙八百个人，没再多生吗？'回答是，拙赤—合撒儿的子孙富裕，别勒古台—诺颜的贫穷。"参见《史集》第 1 卷，第 138 页；《史集》(俄译本) 第 1 卷第 2 分册，第 57 页。忽必烈询问的数目，很有可能成为官方为存留皇族系谱及其开支所作记录的一部分，而非一时来兴的统计结果。注意 urugh 是突厥语拼写，在语音学上，词尾 -gh 和 -q 有明显区分；uruq 是蒙古语，该词中的后元音和谐（包括 a, o, u 与对应的 e, ö, ü）中仅有一个后舌后塞音。Rashīd al-Dīn, Compendium of Chronicles (n. 1 above), I, p. 138, and Rashīd al-Dīn, Sbornik letopisei, I, 2, p. 57.

② 序录存于苏天爵编：《元文类》卷四十，台北，第 23 页下半部分；宋濂编：《元史》卷九十五，北京，1976 年，第 2411 页。

③ 《元史》卷九十五中有固定数目的年度支出都系具体年代。从 1229 年至 1260 年的支出来看，绝大部分属于 1236—1252 年间，1257 年出现过小的高峰（支出年度和人数比例如下：1236：41；1238：2；1252：47；1253：2；；1255：1；1257：18；1258：2.）。如果我们严格地限于皇族（皇子、斡儿朵［ordos］和公主）而不包括功臣，对比数值就会发生变化，1236 年和 1257 年成为主要年份（1236：16；1252：4 和 1257：11）。参见《元史》卷九十五，第 2411—2444 页（其余均为功臣人数），至于封禄体系，见 T. T. 阿尔森（T. T. Allsen）:《共享的帝国：蒙古人统治时期的封地》，载 A. M. 哈札诺夫（A. M. Khazanov）、A. 温克（A. Wink）编:《定居世界中的游牧民》，里士满，2001 年，第 172—190 页。T. T. Allsen, 'Sharing out the Empire: Apportioned Land under the Mongols', in Nomads in the Sedentary World, eds A. M. Khazanov and A. Wink, Richmond, 2001, pp. 172-190.

蒙古人、阿拉伯人、库尔德人和法兰克人　　129

统计记载，很可能成为志费尼计算出成吉思汗种裔逾两万人的原始资料。①

更明确反映出世系在拉施德丁时代的现实重要性的是，他对蒙古部落出人意料的传记性叙述。西突厥或乌古斯人久为伊朗世界熟知，因而，他记载了这方面的经典"民族学"资料。如祖先传说、部落印记或动物标记。这些内容和蒙古阿阑—豁阿的乞牙惕·孛儿只斤（Kiyad-Borjigid）祖先传说，成为拉施德丁著述中在蒙古后期突厥作家笔下的突厥继任者王国（如阿不勒·哈孜［Abū'l-Ghāzī］在位期间，1642—1664）经久不衰的一部分。② 但当拉施德丁完全接近蒙古人时，他对每个部落或世系的叙述变得与以往大不相同：越来越像是由系谱而形成的一系列简短传纪，并且时代由成吉思汗时期之前延续到伊利汗国拉施德丁自己所处的时代，间或及于元朝。如此，所宣称的有关部落的著述，倒更像是合赞汗时期适时建起家谱的大家族贵族名录。如此安排的结果是，没有显赫成员的世系，很少受到拉施德丁的关注；实际上，不难想见，若非很有名的世系，有可能根本不会收入其书中。另外，拉施德丁部落式传记辞书，无疑反映了伊利汗国统治阶层的重要一点：蒙古人凭借其昔日世系之荣誉跻身领导阶层，而"穆斯林"（即非蒙古人）则需靠自己当前功绩。③ 如此，古籍资料服务于非常现实的地位问题了。

---

①　志费尼著，波伊勒译：《世界征服者史》第 2 卷，第 594 页。Juwaynī, The History of the World Conqueror (n. 33 above), II, p. 594.

②　参照该卷中罗恩·塞拉（Ron Sela）相关研究。

③　《哈赞汗御修史》通常将伊利汗国定义为具"穆斯林和蒙古人"（Muslims and Mongols）双重性质的社会，参见《史集》第 3 卷，第 519、741、758 页。这继承了之前见于志费尼论著中的"突厥人和塔吉克人"（Turk and Tazik），《世界征服者史》第 1 卷，第 116—117、121、199、318、337 页；第 2 卷，第 615、621、638 页。在同一卷中，还可见到非头韵而相对的"蒙古人和塔吉克人"（Mongol and Tazik），第 713、721 页。Rashīd al-Dīn, Compendium of Chronicles (n. 1 above), III, pp. 519, 741, 751, 758. Juwaynī, The History of the World Conqueror (n. 33 above), I, pp. 116-117, 121, 199, 318, 337, and II, pp. 615, 621, 638. 713, 721.

传记和功臣

拉施德丁编纂"部落"传记的想法从何而来？伊斯兰史学传统中不存在任何与之相似之处。蒙古人之前的西突厥起源传说，显然也不是其灵感来源，因为书中关于突厥人的第一部分，在写乌古斯的内容时没有传记资料，与之相反，在之后关于新旧蒙古人的内容中有大量传记资料。为此，有人会猜想这可能是受东亚影响之故。因为中国史书中的列传也是按官方认可的民族地位（ethno-legal status）、世系和时间编排，与拉施德丁著述的部落部分具有一定相似之处。这些相似性突出表现于拉施德丁部落部分内容中，至少有一个传记可被证明与《元史》列传中的一个传记一样，都出自蒙古语文本。[1] 拉施德丁著述内容及形式受东亚影响并不奇怪。东亚对伊利汗国艺术及知识分子生活的影响随处可见，正如托马斯·阿尔森（Thomas Allsen）首先指出并为本人研究所证实的那样，拉施德丁的史学通

---

[1] 比较《史集》第 1 卷，第 74 页（参照《史集》（俄译本）第 1 卷第 1 分册，第 145 页）唐兀特之察罕传（察罕原名"盃德"，《元史》中讹化为"益德"）与《元史》（卷一百二十，第 2955 页）相关内容。在罗卜藏丹津《黄金史》中可以看到，崇拜个人帽子的趣闻轶事，转嫁到了成吉思汗身上，参见罗卜藏丹津：《黄金史：古代帝王统治事略》，乌兰巴托，1990 年，第 93 页下半页；H. P. 维茨（H. P. Vietze）、根登·罗卜桑（Gendeng Lubsang）编：《黄金史：17 世纪蒙古编年史》（内容及索引），东京，1992 年，第 66—67 页。本人和金浩东（Hodong Kim）正准备一篇文章，以证明和元史编撰者所引用的该段及其他段落内容均源自蒙古文本。Rashīd al-Dīn, Compendium of Chronicles (n. 1 above), I, p. 74 (cf. Rashīd al-Dīn, Sbornik letopisei, I, 1 [n. 1 above], p. 145), with Yuan shi, 120/2955. Lubsang-Danzin's Altan tobchi; see Ertnii khaadyn ündeslesen tör yosny zokhiolyg towchlon khuraasan Altan towch khuraakh khemeekh orshwoi, Ulaanbaatar, 1990, p. 93b, and Altan tobči: Eine mongolische Chronik des XVII. Jahrhunderts von Blo bzań bstan'jin. Text und Index, eds H. P. Vietze and Gendeng Lubsang, Tokyo, 1992, pp. 66-67.

蒙古人、阿拉伯人、库尔德人和法兰克人　　　　131

过蒙古语文本而深受中国范式影响。①

　　值得注意的是，较之以往诸朝代，"功臣列传"类在元朝官修史中被赋予更高一级的自主性和重要性。② 拉施德丁著述之部落部分看似采用了这一类，但它只有被中国人称为"国族"以及"国族"助手的部分，全然不包括本地官员和文人学士，其与《元史》及其他任何一个中原"蛮族"王朝史列传的主要区别就在于此。正如上文所述，其结果是建立起了作为民族差异和民族特权特征的世系组织——处于统治地位的蒙古人有之，被统治的波斯穆斯林则无。

　　然而，在东亚政治理论中，世系构建对于国家稳定的重要性是普遍受关注的问题，而不受民族制约。畏兀儿儒学家小云石海涯（Sevinch-Qaya）在给元仁宗（Ayurbarwada，爱育黎拔力八达，1311—1320 年在位）进谏的六项改革措施中的第四点提到"表姓氏以旌勋胄"③。换句话说，蒙古人应该像中国人那样，启用宗族之名（lineage names）为正规称呼的一部分，以在多数非皇族人中维护朝廷世袭制传统。在此，小云石海涯极力主张蒙古人遵从具悠久传统的中国政治思想即视稳固的世系为世代得官封爵的苗床。正如宋朝研究系谱的先驱张载（1020—1077）所书：

　　谱牒又废，人家不知来处，无百年之家……宗子之法不立，则朝

---

①　T. T. 阿尔森：《蒙古欧亚大陆的文化及征服》，剑桥，2004 年，第 93—100 页。蒙古统治时期东亚对波斯艺术影响的诸多显例见于吴金恩（Leo Jungeun Oh）：《拉施德丁在世界史中的东亚形象》，"宗教、医学、科学和艺术领域之异花授粉者拉施德丁"研讨会论文，伦敦，2007 年 11 月 8 日。T. T. Allsen, Culture and Conquest in Mongol Eurasia, Cambridge, 2004, pp. 93-100. Leo Jungeun Oh's paper 'The Visualization of East Asian Culture in the World History of Rashid al-Din', presented at the conference 'Rashid al-Din as an Agent and Mediator of Crosspollinations in Religion, Medicine, Science and Art', London, November 8, 2007.

②　见本人近期有关元代史学的研究。

③　《元史》卷一百四十三，第 3422 页。

廷无世臣。且公卿一日崛起于贫贱之中,以致公相,宗法不立,既死遂族散,其家不传……如此则家且不能保,又安能保国家。①

北宋史学家欧阳修(1007—1072)曾以嘲讽的口吻指出,缺乏持继的具共同姓氏的父系家谱是如何使得游牧民历史几乎湮灭无闻。② 小云石海涯希望向蒙古人灌输一种他们所知不多的理论:世袭制度带来世袭地位——该制度适用于任何自尊的中央集权国家。

这种关注与拉施德丁有关蒙古人著述的关系突出表现在小云石海涯所言的"勋胄"一词上。"勋"字与含有"功臣"之意的词语相连,指因早期辅佐帝业而在中原王朝封得重要官职的人。尽管蒙古人没有象小云石海涯期盼的那样以姓为其称呼,元朝依旧赐予这种"功臣"后裔以不同寻常的重要角色。

引人注目的是,"勋胄"的第一个字是"元勋世臣"的一部分。"元勋世臣"是蒙古语"老奴"(ötegü boghol,斡脱古—孛斡勒)③这一专词的中文

---

① P. 巴克利·艾伯瑞(P. Buckley Ebrey):《继嗣群体组织发展的早期阶段》,载 P. 巴克利·艾伯瑞、J. L. 沃森(J. L. Watson)编:《中华帝国晚期的家族组织——1000至 1940 年》,伯克利,1986 年,第 16—61 页(着重参阅第 37—38 页)。引文见张载:《张载集》,中华书局,1978 年,第 258—259 页。P. Buckley Ebrey, 'Early Stages in the Development of Descent Group Organization', in Kinship Organization in Late Imperial China, 1000—1940, eds P. Buckley Ebrey and J. L. Watson, Berkeley, 1986, pp.16-61(37-38)。

② 见本人《中古中国部落概念:欧阳修及沙陀王朝神话》,载 D. 艾格勒(D. Aigle)等编:《亚洲杂志:纪念弗朗斯沃兹·奥宾专刊》,圣奥古斯丁,2000 年,第 593—621 页。See my 'The Notion of Tribe in Medieval China: Ouyang Xiu and the Shatuo Dynastic Myth', in Miscellanea Asiatica: Festschrift in Honour of Françoise Aubin, eds D. Aigle et al., SanAugustin, 2010, pp. 593-621。

③ F. W. 柯立夫:《1338 年汉蒙碑刻》,第 30 页(汉文译文),图版第 8 和第 9(汉文译文),第 55 页(蒙古文译文),第 70 页(蒙古文译文)。此处的蒙古文拼写 ötögü boghod,为该词东部方言的复数拼写形式。F. W. Cleaves, 'Sino-Mongolian Inscription of 1338'(n. 7 above), p.30(translation of Chinese), plates VIII-IX(Chinese text), p. 55(Mongolian text), p.70(translation of Mongolian)。

翻译。该词及其所出现的那个段落，正是符拉基米尔佐夫用于描绘成吉思汗时期之前氏族制度如何与游牧封建制度并存的关键。① 然而被拉施德丁按时间顺序放在他"部落"部分和"成吉思汗"之前阶段的这个词，在蒙古语中专指成吉思汗之后的成吉思汗"功臣"后裔。仔细阅读符拉基米尔佐夫全文引用的拉施德丁相关主要段落可知，该词其实出现于帝国时期。现再引拉施德丁之文如下：

> 现在称为斡脱古—字斡勒（ötegü boghol）的蒙古人，是在成吉思汗时期得到此名。斡脱古—字斡勒的意思是成吉思汗祖先的世袭奴。他们（即这些世袭奴）中的一些人，在成吉思汗时代立过值得嘉奖的功绩，从而树立权威，这正是他们被称为斡脱古—字斡勒的原因。（我）将在适合的地方逐一提及那些保持着斡脱古—字斡勒身份的人。②

① 符拉基米尔佐夫著，M. 卡尔索夫译：《蒙古社会制度史》，第79页及之后内容。Vladimirtsov, Le Régime social（n. 5 above），pp. 79 ff . 符拉基米尔佐夫沿用拉施德丁将 ötegü bogho "老奴" 作 unaghan boghol "世袭奴仆" 的译法，犯了一个重要错误，但他对拉施德丁将蒙古帝国史上不同时期机构混为一谈的失察之过更为严重。

② 《史集》第1卷，第117页；《史集》（俄译本）第1卷第2分册，第15页；Rashīd al-Dīn, Compendium of Chronicles（n.1 above），I, p.117; Rashīd al-Dīn, Sbornik letopisei, I, 2（n. 12 above），p.15. 比较白岩一彦译：《关于 Ötegü Boġol》，第29页。但白岩一彦没有征引这段首句。符拉基米尔佐夫著，M. 卡尔索夫译：《蒙古社会制度史》，第77页，引用了这段。ötögü boghod、öteg boghol、ötögü bo'oldeng 这些不同拼写形式，与方言和转写因素均有关。ötegü 与 ötögü，属于方言问题。在蒙古西部方言中，非字首短元音通常圆唇音弱化，nökör 变为 nöker, ortoq 变为 ortaq, bo'ol 变为 bo'al, 凡此等等，均为这方面例证。至于 boghod、boghol、bo'ol，涉及两方面的问题。首先，该词书写形式包括一个在中古蒙古语口语中实际上已不发音的 -gh-。在转写中古蒙古语时，按照惯例，不发音的 -g-/-gh- 用撇号表示（实际发音通常脱落）。但它在拉施德丁以及其他人在伊利汗国宫廷所说的蒙古化程度很高的突厥语中的蒙古名和一些词中是发音的。因此，蒙古语中的 Cha'adai 和 Hüle'ü 在波斯史学家的突厥—蒙古语（Turco-Mongolian）中变为 Chaghatai and Hülegü。蒙古人读作 bo'ol 的词就被写成（也许已被拉施德丁完全读作）boghol。结果是，boghol-bo'ol 的复数形式 boghod（读作 bo'od）无所归从。为避免混乱，全文依旧使用 boghol。

细心的读者会注意到，拉施德丁在这段话中自如地跨越了三个时期。首先，他说斡脱古—孛斡勒一词指成吉思汗时期之前的成吉思汗家族奴仆（slaves）。其次，他提到他们在成吉思汗时期因立功"树立权威"——正如他所说，该词的确产生于这个时期。最后，他表明，只有那些在当时具有这一身份的人，才会在他的著述中提及。就像白岩一彦（Kazuhiko Shiraiwa）在其述评拉施德丁所有关于斡脱古—孛斡勒的内容时主张的那样，"该身份有两方面内容组成，即成吉思汗家族的世袭仆人（hereditary servants）和对成吉思汗有特殊功勋的人"[①]。

但证据清楚地表明，只有第二种情况才是斡脱古—孛斡勒一词恰如其分的含意，第一种情况则属于拉施德丁牵强附会的联系。这一点可从白岩一彦引用的另两个段落内容看出。我们知道，塔塔尔人尽管被成吉思汗歼灭殆尽，但他们中的许多人后来成为（成吉思汗）杰出的将官。他补充道："斡脱古—孛斡勒的惯例适用于他们。"在巴牙斡惕（Baya'ud）部的锁儿罕（Sorqan）那段中他又说"成吉思汗允许他加入斡脱古—孛斡勒"[②]。我们在这里看到的人（例如锁儿罕—失剌）都不在累代侍奉成吉思汗先人或其他任何人（例如塔塔尔人）的行列中，但他们依旧因参与帝国的创建而被称为斡脱古—孛斡勒。同样，尽管拉施德丁称札剌亦儿（Jalayir）部曾经是成吉思汗"父传子而继承的世袭财产"并"因此，这个部落成为他的斡脱古—孛斡勒"，但我们也有反映该部人在蒙古帝国身份的必要参照："在他（成吉思汗）和他家族的时代，他们中的许多人因下述（特别）原因被封为异密

---

① 白岩一彦：《关于 Ötegü Boġol》，第 29 页。Shiraiwa, 'On the Ötegü Boġol' (n. 7 above), p. 29。

② 白岩一彦：《关于 Ötegü Boġol》，第 30 页；比较《史集》第 1 卷，第 37 页；《史集》（俄译本）第 1 卷第 1 分册，第 93 页。Shiraiwa, 'On the Ötegü Boġol' (n. 7 above), p. 30; Compare Rashīd al-Dīn, Compendium of Chronicles (n. 1 above), I, pp. 47, 97; Rashīd al-Dīn, Sbornik letopisei, I, 1 (n. 1 above), pp. 107, 177。

(Emirs,统治者)和值得尊敬并享有荣誉的人。"① 白岩一彦提出的斡脱古—孛斡勒与成吉思汗世系②姻亲之间的联系强化了这一点:孛儿只斤·乞颜姻亲身份同样是在创建帝国的特定时期确立,并非简单从过去继承而来。③

① 白岩一彦:《关于 Ötegü Boġol》,第30页;比较《史集》第1卷,第37页;《史集》(俄译本)第1卷第1分册,第93页。这段内容在《史集》(第1卷,第119页;参照《史集》(俄译本)第1卷第2分册,第19页)中的重复率很高,但文中将 ötegü bo'ol 译成了波斯语'世袭奴'(banda-yi khānadān 'hereditary slaves')。Shiraiwa, 'On the Ötegü Boġol' (n. 7 above), p. 30; compare Rashīd al-Dīn, Compendium of Chronicles (n. 1 above), I, p. 37; Rashīd al-Dīn, Sbornik letopisei, I, 1 (n. 1 above), p.93. This passage is largely repeated in Rashīd al-Dīn, Compendium of Chronicles (n. 1 above), I, p. 119 (cf. Rshīd al-Dīn, Sbornik letopisei, I, 2 [n. 12 above], p. 19), but with ötegü bo'ol given in Persian translation as banda-yi khānadān 'hereditary slaves'。

② 白岩一彦《关于 Ötegü Boġol》(第30—31页)基于《史集》(第1卷,第84、46页;《史集》(俄译本)第1卷第1分册,第159、106页)中有关兀良合惕部(Uriangqad)的兀答赤(Udachi)和塔塔尔人(Tatars)的内容。

③ 与弘吉剌惕(Qonggirad)、亦乞烈思(Ikires)、汪古惕(Önggüd)、斡亦剌惕(Oyirats)、畏兀儿(Uyghurs)和哈剌鲁人(Qarluqs)姻亲关系的结成,都是在帝国创建的特定时期。见 F. W. 柯立夫译:《蒙古秘史》,剑桥,1982年;I. 德拉切沃兹(I. de Rachewiltz):《蒙古秘史索引》,布鲁明顿,1972年,第62—66段,第176、235、238、239段;《元史》卷一百一十,第2915—2927页,卷一百二十二,第2999—3002页。See Secret History of the Mongols, transl. F. W. Cleaves, Cambridge, 1982, and I. de Rachewiltz, Index to the Secret History of the Mongols, Bloomington, 972, §§ 62-66, 176, 235, 238, 239; Yuan shi, 110/2915-2927, 122/2999-3002. 正如我曾指出,不应过于人为地在皇室孛儿只斤·乞颜(Borjigin-Kiyan)家族中不同特权身份之间画等号:例如怯薛官(keshig)和姻亲(quda)。这些类别时混时分, ötegü boghol 与姻亲实属同类,见本人《兀鲁思(Ulus)异密(Emirs)、怯薛官(Keshig)、署名(Signatures)和婚姻伴侣:传统蒙古制度的演变》,载戴卫·斯尼思编:《帝国治国之道:6至20世纪内亚政治形态和统治手段》,贝灵哈姆,华盛顿州,2006年,第141—173页(着重参阅第160—163页)。See C. P. Atwood, 'Ulus Emirs, KeshigElders, Signatures, and Marriage Partners: The Evolution of a Classic Mongol Institution', in Imperial Statecraft: Political Forms and Techniques Of Governance In Inner Asia, Sixth-Twentieth Centuries, ed.D. Sneath, Bellingham, WA, 2006, pp. 141-173 (160-163)。

所有这些段落反映了一个重要事实，那就是斡脱古—孛斡勒是成吉思汗时期产生的一个身份或权利。另外，这一身份是继嗣性的，仅适于那些可宣称自己是成吉思汗领导下创建帝国的"功臣"后裔的人——如果这一宣称被遗忘，就会失去这个身份。这正是小云石海涯试图通过强化宗族名称的日常化而要消除的朝廷危患：名门望族的晚辈及旁系后裔有可能失去他们的家族身份和任官资格。因之，严格地说，任何将斡脱古—孛斡勒一词用于成吉思汗时期之前的做法，都是错置了时代。

符拉基米尔佐夫对斡脱古—孛斡勒的处理正是犯了这种错误。他笼统地将之定义为"久远时期的一个氏族或一个家庭的世袭仆从（vassals）"，视其为成吉思汗时期之前氏族社会的一个身份，用相当长的篇幅加以讨论，并提到在成吉思汗时期之初这个或那个人无可争议地成为斡脱古—孛斡勒。① 符拉基米尔佐夫将相关段落内容用于成吉思汗时期之前，却是因拉施德丁将斡脱古—孛斡勒一词与成吉思汗时期之前的捏古思（Negüs）或迭儿列勤（Dürlükin）（普通）蒙古人身份鉴别联系在一起所致。这两个词构成了可从其他史籍如《元朝秘史》觅得线索的成吉思汗时期之前蒙古世系双重划分的组成部分。拉施德丁把所有蒙古人（前成吉思汗时期之狭义概念上的原初蒙古人）分为两组，有时按姓氏捏古思和乞颜（亦称为孛儿只斤），有时又按概念"迭列儿勤"（普通）和"尼仑"（骨干）分类。乞颜—孛儿只斤／尼仑是统治阶层，源于阿阑—豁阿的神奇身孕；捏古思／迭儿列勤则是普通的蒙古人。②

---

① 符拉基米尔佐夫著，M. 卡尔索夫译：《蒙古社会制度》，第 80、84 页。 Vladimirtsov, Le Régime social, (n. 5 above) pp. 80, 84。

② 尤其是《史集》第 1 卷，第 26、79—82, 98、112 页；《史集》（俄译本）第 1 卷第 1 分册，第 78—79 页, 152—156 页, 178、197 页。See particularly Rashīd al-Dīn, Comp-endium of Chronicles (n. 1 above), I, pp. 26, 79-82, 98, 112; Sbornik letopisei, I, 1 (n. 1 above), pp.78-79, 152-156, 178, 197。

然而，细读拉施德丁之文会发现，他将斡脱古—孛斡勒和捏古思这两种身份联系在一起，仅因这些家族在成吉思汗时期之前缺乏政治领导传统。因此，二者与在成吉思汗之前有着统治传统、为成吉思汗对手并在被成吉思汗打败、建立蒙古帝国之前没有沦为奴仆（slaves）的尼仑"骨干"蒙古人不同。① 然而捏古思与斡脱古—孛斡勒不是对等的概念，因为它们都可以拿来与统治集团对比，前者在成吉思汗创建帝国之前既有，后者则见于帝国创建之后。

拉施德丁将捏古思与斡脱古—孛斡勒两种身份联系在一起，并没有交代他这种联系是为了搞懂这两个词的含义还是源自史料之见。可以肯定的是，世袭身份和世系在帝国创建之前可能重要，但这种重要性只有在帝国创建期间及创建之后才被强化并赋予明确合法的界线，并可推断它产生于为承传这一身份并使之合法化而作历史记载的需求。

世系重要性的强化，当然始于杰出的帝国创建者成吉思汗自己，始于他确保与他的 90 至 120 位千户长和所有巴勒诸纳河（Baljuna）盟誓者世代分享国家政权和收入的政策。② 我们在拉施德丁对斡脱古—孛斡勒一词

---

① 《史集》第 1 卷，第 117—118 页；《史集》（俄译本）第 1 卷第 2 分册，第 16 页。Rashīd al-Dīn, Compendium of Chronicles (n. 1 above), I, p. 117-18; Sbornik letopisei, I, 2 (n. 12 above), p. 16。

② 千户长和万户长为世袭，早为众人所知。至于说千户作为帝国十进制等级制度单元，比其他各级单元具有更高的职权和继承性，我个人表示怀疑，并在哥伦比亚大学维泽赫德东亚研究所（Weatherhead East Asian Institute）午餐讲座（Brownbag Lecture）（纽约，2007 年 2 月 15 日）宣读的论文《"蒙古社会"的基本单元：是什么或不是什么》（Mongol Society's Basic Unit: What It Was and Wasn't）中提出自己观点，该文将作为我正在撰写的暂定名为《部落蜃景：中国内亚边疆的可汗、牧场和家庭》（Tribal Mirage: Khans, Pastures, and Families on China's Inner Asian Frontier）一书的第一章内容面世。巴勒诸纳河（Baljuna）盟约者指，1203 年夏成吉思汗处于其生涯低谷之际，与他共饮巴勒诸纳河（Baljuna）河泥水的患难之交。《元史》卷一百二十二《哈散纳传》，第 3016 页，载，这些人都被允诺世代享有帝国职权。

的解释中再次看到类似于他部落（传记）部分中的三段时间顺序模式：辅佐成吉思汗并被授权统治千户的功臣，他的先人在过去（通常毫无名声），（有了名声的）他的子孙在伊利汗国和元朝。① 他对斡脱古—孛斡勒解释的结果具有讽刺意味地说明，唯有置于帝国时期，我们才可以肯定我们在探讨一个世袭身份被认可的确切的世系。相比之下，上述人物在成吉思汗时期之前的重要性在于他们会成为"功臣"——设想他们必然会形成一个权力已明确的继嗣群体，无疑是荒诞的。

系谱知识淡化了？

因此，我建议阅读拉施德丁的系谱材料（genealogical material）时，首先要把它看作是蒙古贵族记录其身份这一需求的副产品，其次才是他比较民族学研究的结果。这意味着对系谱的关注确实存在于他那个时代的蒙古人中。然而，对他那个时代系谱如何普遍受关注，拉施德丁却有着矛盾的说法。有时他把这种关注描写为流行于蒙古人中的习俗：

> ……保持与父母、祖先的关系是蒙古人的习俗，出生的每个孩子，像其他所有的蒙古人那样，都要教给并反复灌输于之系谱观念，他们中没有一个人不知道自己的部落和血统。②

注意这段描述完全用现在时态。在别处他写道：

---

① 金浩东有关该卷的研究，精辟地论述了拉施德丁千户长列表是如何取材于他那个时代服务于伊利汗国的诸将并将他们世系追溯至成吉思汗时代的。如金氏所揭示，拉施德丁"千户长名录"中的大部分，都与其历史著作中的"部落部分"同出一源，这有力地说明了，部落部分内容是以这种方式构成的。

② 《史集》第1卷，第116页；《史集》（俄译本）第1卷第2分册，第13页。Rashīd al-Dīn, Compendium of Chronicles（n.1 above）, I, p.116; Sbornik letopisei, I, 2（n.12above）, p. 13。

蒙古人、阿拉伯人、库尔德人和法兰克人　　139

记住祖先和系谱是蒙古人自古以来的习惯，……，父母给每个出生的孩子反复灌输他们的部落和系谱。这已成为他们恪守的常规，即使现在，这一规矩对他们也都很重要。①

同样，在这段里提到蒙古人始终保持着对系谱的关注。

然而在《合赞汗御修史》序言中，拉施德丁暗示人们对系谱的关注日渐衰微。他撰写蒙古人历史是必要的。他写道：

为使蒙古肇兴时发生的不同寻常的大事和事件不致因岁月流逝而磨灭……因为在这个时代没有人知晓这些事，出自达官贵人的青年晚辈逐渐淡忘他们祖父叔舅的名字、头衔以及过去发生的事件。一个民族的伟人的子孙后代怎么能对他们父辈的生平、系谱和名字一无所知？尤其是神曾赐予各种恩典的那些人。②

评价这两种关于蒙古人系谱知识尚存或衰微的矛盾说法，须从他历史著述的立论目的着手。无论说系谱知识始终保存着，还是蒙古人正在淡忘过去，这两种主张均非客观之见。在前两段中，拉施德丁在为其关于前成吉思汗时期之叙述的准确性进行辩护，以防被指责这些事情时代弥远而难以知其真相。所以，他主张蒙古人全体保留了有关自己世系的准确知识。（然而，细心的读者会注意到，在他书中很难找到与前成吉思汗时代世系相关的一两个环节）。

---

① 《史集》第 1 卷，第 124 页；《史集》（俄译本）第 1 卷第 2 分册，第 28—29 页。Rashīd al-Dīn, Compendium of Chronicles (n. 1 above), I, p. 124; Sbornik letopisei, I, 2 (n. 12 above), pp. 28–29。

② 《史集》第 1 卷，第 19 页；《史集》（俄译本）第 1 卷第 1 分册，第 68 页。Rashīd al-Dīn, Compendium of Chronicles (n. 1 above), I, p. 19; Sbornik letopisei, I, 1 (n. 1 above), p. 68。

另一方面，拉施德丁在其序言中认为，他的历史著作满足了一种必要的需求。和许多因反应平淡而失落的历史学家一样，他不得不找到一个实际的理由来吸引潜在的读者。为此，他哀叹年轻的显贵们对他们先辈的伟业毫无兴趣，并暗示这些伟业正是他们当前地位赖以存在的根基。小云石海涯加强宗族名称日常化的建议出自对社会衰落的同一种恐惧感。最后一段关于衰落的陈词滥调确实起了作用，它在哀叹支撑着自己的（系谱）知识衰落的同时，使世袭地位合法化。这段话显示出了拉施德丁通过前一段强调的"即使现在"想要说明什么。孤立地看，也许我们可以把这段理解为是对蒙古人对于整个社会从部落向国家过渡或传统习俗向伊斯兰教习俗变迁进行持续抗争的一种表达。但它其实是对蒙古人怎样对社会道德习俗从高贵父辈到堕落晚辈普遍式微的情形进行抗争而后适应统治的表述。鉴于最后一段中表达衰落的用语广为流行，与明确表示世系知识尚存之词语形成对比，我猜此处表示衰落的用语是一种惯常的老调，那些强调系谱知识尚存的段落内容则多来自实际观察。再者，有关（系谱）知识衰微的内容不失为有益的提醒，即世系知识如同其他习俗，不是像踢足球那样从一个人传到另一个人即可的事，而是在很大程度上必须靠撰写历史，不断加以滋养的复杂的社会实践。

此外，请注意，在他史书中极力劝导要关注的仅仅是世勋功臣，也就是那些先辈辅佐过帝业的官僚们的谱系。这里明确表示等级的词语与前两段只涉及"蒙古人"一般习俗而无类似词语形成了鲜明对照。但拉施德丁很好地利用了"蒙古人"的系谱知识，为绝大多数是皇族及其"老奴"（old slaves）/功臣（meritorious servants）系谱的准确性进行辩护。

据此，对蒙古上层和下层人的系谱意识作明显区分兴许是个错误。系谱观念是基于家庭出身的社会等级观念，它充斥于见诸记载的蒙古皇族和上层社会，在这个社会中，即便是在最卑微的官员中，也完全不可能采用任人唯贤的标准。另外，蒙古人这一身份本身也是世袭的，将之与被征服的穆斯林区别开来依然非常重要。如果千户长完全为世袭,那么百户长和十户长的任命,很可能也是世袭的。因此在元朝,世袭传承最初限于千户长和万户长,不久在十进制等级制度高低各阶层普及。[①]毋庸置疑,伊利汗国的情况也如此。然而,仅在一段中,拉施德丁明确讨论了等级和系谱知识,均在蒙古"中层阶级"士兵中杰出的斡脱古—孛斡勒层面述及。

在成吉思汗统治时期及之后,一些(塔塔尔)人成为出色的异密并获得高级头衔,还有一些人在斡耳朵(Ordo)中成为达官显贵。斡脱古—孛斡勒的惯例适于他们。从那时起到现在,每个斡耳朵(Ordo)和兀鲁思(ulus)都曾有过杰出的异密。有时,也把成吉思汗家族的姑娘嫁给他们,或从他们中聘娶新娘。在每个兀鲁思有许多出自这个部落而没有成为异密的人,他们依然加入了蒙古军队。他们中的每个男

[①]《元史》卷九十八,第 3508 页。在元朝,世袭身份之受重视见于社会各阶层,非仅限于上层或蒙古人。元末权衡在其《庚申外史》中写道:"惜乎,元朝之法,取士用人,惟论根脚。其余大政为相者,皆根脚人也。居纠弹之首者,又根脚人也。莅百司之长者,亦根脚人也。"见船田善之(Funada Yoshioki)著,陈一鸣译:《色目人与元代制度、社会——重新探讨蒙古、色目、汉人、南人划分的位置》,《蒙古学信息》2003 年第 2 期,第 7—16 页(着重参阅第 11 页)。这里表示祖先之意的"根脚",是蒙古语 huja'ur 一词(根、出身、血统的意思)的混合音译。权衡之见已为当今学者所认同。罗伯特 P. 海姆斯(Robert P. Hymes)在研究抚州儒家时写道:"与宋朝不同,元朝显然把血统视为正式身份的一个恒久标准:这是儒户体系内涵的重要部分",见其《宋元抚州之婚姻、继嗣群体及地方主义策略》,载 P. 巴克利·艾伯瑞、J. L. 沃森编:《中华帝国晚期的家族组织——1000 至 1940 年》,第 95—136 页,尤其是第 127 页。See his 'Marriage, Descent Groups, and the Localist Strategy in Sung and Yuan Fu-chou', in Kinship Organization in Late Imperial China (n. 44 above), pp. 95-136, esp. p. 127. 蒙古民兵组织体系中的官吏世袭化趋势很明显,之后的满清蒙古八旗驻军亦如此。统帅 300 人的佐领(满文作 Niru-i Janggin; 蒙文作 Sumun-u Janggi)职位,传给直系或旁系男性亲属的,在汉军中占 69%,满族驻军中占 87%,在蒙古驻军中几乎占全部,见史景迁:《康熙与曹寅:一个皇室宠臣的生涯揭秘》,纽黑文,1966 年,第 3—4 页。See J. D. Spence, Ts'ao Yin and the K'ang-hsi Emperor: Bondservant and Master, New Haven, 1966, pp.3-4。

人都知道他们属于塔塔尔部的哪个支系。①

此处可注意到，首先，对塔塔尔人系谱知识的描述，完全用的是现在时态，而且是放在伊利汗国的蒙古人的背景下。② 其次，塔塔尔人不是单独的一个本地化的家族群体，而是散布于不同斡耳朵、封地和军事组织的诸多家庭。最后，如同杰出人物保留了他们斡脱古—孛斡勒及与可汗姻亲关系的世袭身份，蒙古士兵也记着他们的地位和身份。

不同的塔塔尔人支系若非聚居群体，普通人记忆系谱身份（genealogical identity）又有什么用？ 我们仅能根据这段话在拉失德丁一文中的位置及上下文猜测，这方面知识是把他们与成吉思汗创业连在一起，与军事组织中的现实地位系在一起的纽带。不仅是杰出将领，就连卑微官吏的地位都是承袭的，从而在社会范围内产生了系谱记忆（genealogical memory）需求。 连平民都能从他们对某一皇族的世袭依附身份中找到自身价值和尊严，如同我们在窝阔台王子钦察（Qipchaq）与出自察合台（Cha'adaid）王子八剌（Baraq）世袭仆从札剌亦儿（Jalayir）家庭的平民札剌亦儿台

---

① 参照《史集》第 1 卷，第 47 页。撒克斯顿译文过于随意，第一部分我采用了白岩一彦《关于 Ötegü Boġol》中的相关译文；第二部分采用了《史集》（俄译本）第 1 卷第 1 分册，第 107 页。Cf. Rashīd al-Dīn, Compendium of Chronicles（n.1 above）, I, p. 47. Thackston's translation is quite free and I have followed that of Shiraiwa, 'On the Ötegü Boġol'（n. 7 above）for the firstpart and Rashīd al-Dīn, Sbornik letopisei, I, 1（n. 1 above）, p. 107, for the second。

② 在蒙古帝国继任可汗中，伊利可汗和术赤后代（Jochids）与塔塔尔人的通婚似较其他可汗多，见本人《兀鲁思、异密、怯薛官、署名和婚姻伴侣：传统蒙古制度的演变》，第 170—173 页（表 3—6）；拉施德丁著，J. A. 波伊勒译：《成吉思汗的继任者》，纽约，1971 年，第 110、114 页。See Atwood, 'Ulus Emirs'（n. 53 above）, pp. 170-173（Tables 3-6）and Rashīd al-Dīn, Successors of Genghis Khan, transl. J. A. Boyle, New York, 1971, pp. 110, 114。

（Jalayirtai）之间对话所见：

"你是谁？"钦察说，"离间兄弟？"

"我是八剌的仆人"，札剌亦儿台回答说，"轮不到你来问我是谁。"

"何时？"钦察说，"有过哈剌出（平民）与成吉思汗种裔争辩，像你这样一条狗，竟敢无礼地答复我？"

"如果我是一条狗，"札剌亦儿台说，"我是八剌的，不是你的。你要懂得自己的荣誉和地位。"①

结　语

尽管拉施德丁真的有比较的兴趣和民族学的眼光，但这些兴趣服务于他所致力的政治史，而且是一个效忠者面目的政治史。在他对蒙古世系和系谱知识的描述中，他首先关心的是维护自己研究的合法性。如同对阿拉伯人征服活动的研究，拉施德丁这一研究主要基于皇家种裔有关自己系谱记忆的准确性。作为历史学家，描绘出一贯保持完好的系谱对他有利。其次，因利用蒙古文本且服侍于蒙古宫廷，他也就采纳了蒙古皇室观点，即通过将社会地位拥有者的身份追溯至其先人在成吉思汗创业时期所获得的地位而使全社会的身份合法化。拉施德丁把蒙古人理解为从属于一个皇种世系的那颜（noyan）诸世系（但自相矛盾地称为哈剌出—孛斡勒［qarachu boghol］"平民和奴隶"［commoners and slaves］、孛斡勒—捏古思［boghol nekün］"奴隶和仆人"［slaves and servants］或斡脱古—孛斡勒［ötegü boghol］"老奴"［old slaves］等）联盟，并非自己发明，而是采用了蒙古人的说法。当然，这一说法所反映的时代不是成吉思汗之前，而是帝

---

① 拉施德丁著，J. A. 波伊勒译：《成吉思汗的继任者》，第 152 页；参照《史集》第 3 卷，第 524 页。Rashīd al-Dīn, Successors of Genghis Khan（n. 64 above），p. 152; cf. Rashīd al-Dīn, Compendium of Chronicles（n. 1 above），III, p. 524。

国创建以及帝国在成吉思汗继任者发展的时期。[1]

拉施德丁把阿拉伯人和突厥—蒙古人作为征服伊朗的以世系为荣的游牧民而在二者之间进行的明显类比，反映了蒙古帝国那些均把蒙古人与其自身文明古老而规范化的过去相等同的主流文人学士的共同手法。正如1338年的元代碑名所记：

> 凡在国人，出一言，施一政，不待问学，亦动与古圣贤合，天运之所在如此。[2]

拉施德丁几乎用同样的方式把算端完者都（Sultan Öljeitü）描写为不学而知的人，靠本能就获得博识与虔诚这些唯有靠学习才能拥有的东西[3]。在这里，转入伊朗背景后，类比对象不再是儒家圣训，而是穆斯林古贤智慧。这种对蒙古人与早期阿拉伯人之相似性的本能把握，还被什叶派雄辩家娴熟地运用于推进其事业在完者都王国的发展，他们提出非阿里系者夺取哈

---

[1] 这种看法突出体现于塔吉克·阿哈（Tazik Aqa）被斥责没能捕获窝阔台（Ögedeid）王子察巴特（Chabat）时的答复："察巴（Chaba）是（皇）种，象我这样的凡夫俗子，如何斗得过他？"见《史集》第3卷，第525页；塔蒂亚娜·斯克琳科娃（Tatiana Skrynnikova）：《统治与被统治：成吉思汗蒙古帝国的政治》，载《帝国治国之道》，第85—115页，该文很好地强调了我们常用于表示低微身份的词语，其实是指臣僚，而非奴隶，因而他们能与达官显贵共处。遗憾的是，她沿用了早已为学术界推翻的拉施德丁《史集》早期俄译本中关于 unaghan bo'ol 等词的错误解读。Tatiana Skrynnikova's article, 'Relations of Dominance and Submission: Political Practice in the Mongol Empire of Chinggis Khan', in Imperial Statecraft (n. 53 above), pp. 85–115.

[2] 蒙古文文本见柯立夫：《1338年汉蒙碑刻》，第54页（17—18行），参照第69、30页，图版第8—9。For the Mongolian text, see Cleaves, 'Sino-Mongolian Inscrip-tion of 1338', p.54 (lines 17-18); cf. pp. 69, 30, pls viii-ix. 这里的 tngri 一词，中文译作"天"，在西部欧亚语言中，"天"通常还作"神"（allāh, theos, deus 等）的对等词翻译。

[3] 见霍夫曼（Hoffmann）有关该卷的研究。

利法王国和非成吉思汗之裔篡得汗国是一样的。①

这样描述的用意不仅仅是为了奉承蒙古统治者，也为了影响他们的行为。如果蒙古可汗如其一贯遵从被征服者古老的智慧传统那样，将此看法内化为己有，那么当他们的幕僚为政策导向而提出类似传统时，他们无疑会听从。②拉施德丁对他那个时代的伊朗穆斯林和有家族意识的蒙古人古老智慧的对比，反映了这种合法的一贯论调，就像我们在他和他的前辈志费尼之作中所见：蒙古人和扩张时期的阿拉伯人一样知道世系的重要性，所以他们是天生的征服者。合赞汗及其追随者拉施德丁在另一处所做的与缺乏世系的马穆鲁克算端（Mamluk Sultanate）国钦察统治者的对比非常尖锐。③

---

① J. 菲佛（J. Pfeiffer）：《宗教教派：穆斯林史料所见苏丹完者都皈依什叶派（回历709年/公元1309年）》，《蒙古学研究》1999年第22期，第35—67页（着重参阅40—41页）；H. A. R. 吉布（H. A. R. Gibb）译：《伊本·白图泰游记》第2卷，剑桥，1962年，第302页。See J. Pfeiffer, 'Conversion Versions: Sultan Öljeytü's Conversion to Shi'ism (709/1309) in Muslim Narrative Sources', Mongolian Studies, 22, 1999, pp. 35-67 (40-41); Travels of Ibn Battūtah, transl. H. A. R. Gibb, II, Cambridge, 1962, p. 302。

② 见本人《解释程式与历史写作：对于中间阶层的策略》，载 I. 沙勒（I. Charleux）、R. 阿马永（R. Hamayon）和 G. 德拉普拉斯（G. Delaplace）编：《古代内亚实证：正统、传递与神圣》，贝灵哈姆，2010年，第95—129页。See my 'Explaining Rituals and Writing History: Tactics against the Intermediate Class', in Representing Power in Ancient Inner Asia: Legitimacy, Trans-mission and the Sacred, eds I. Charleux, R. Hamayon and G. Delaplace, Bellingham, 2010, pp. 95-129。

③ 《史集》第3卷，第646页，记载了合赞汗（Ghāzān Khan）与大马士革镇长们如下一段对话：伊斯兰教国君（即合赞汗）问他们："我是谁？"他们答道："您是合赞汗，阿鲁浑（Arghun）汗之子，阿巴哈（Abaqa）汗之子，旭烈兀（Hülegü）汗之子，托雷汗之子，成吉思汗之子。"他又问道："谁是马穆鲁克（Mamluks）君主纳斯儿（Nasir）的父亲？"他们回答："阿费（Alfi）。"他问道："那谁是阿费的父亲？"他们所有的人沉默不语。因为他们明白了这些人不是靠功勋，而是靠意外事件夺得君位，并且他们都是伊斯兰教国君赫赫有名的后裔的仆人。正如鲁文·阿米塔伊（Reuven Amitai）指出，拉施德丁对马穆鲁克人的敌视态度充分体现于该段（见他有关该卷的研究）。在此，我只想补充说明，对拉施德丁的主张尤其是认为荣誉来自世袭地位和世界截然分为皇族和奴隶

在这种情况下,有人也许会说,与阿拉伯人的对比,不像隐藏在塔塔尔部一节中的,与库尔德人、舒勒人和法兰克人的对比那么新奇和出人意料。拉施德丁意在说明,至少部分蒙古人不是新阿拉伯人,还只是野蛮人。对所有阿拉伯—蒙古人的比较更具颠覆性的这段话,再次引录如下:

> 记住祖先和系谱是蒙古人自古以来的习惯,且他们没有宗教或教会来引导,父母给每个出生的孩子反复灌输他们的部落和系谱。

他以此示意,尽管他那个时代的许多蒙古人可能与阿拉伯人相似,但这种相似性并没有触及阿拉伯帝国所以特殊的本质——宗教。如果我们能更多地肯定拉施德丁对穆斯林文化和宗教的态度,就可以更加确定他对蒙古人缺乏独特宗教启示的态度。然而,相关研究显示,学术界关于拉施德丁对上述问题的态度意见分歧很大。[①]

尽管如此,这段内容可能在揭示伊朗史学家自己对蒙古人(也许还包括阿拉伯人)态度的同时,难以掩盖拉施德丁所本之源、资料和组织(方式)与阿拉伯帝国既往史汇集的历史和系谱同出一辙的事实。然而,这些相同点与他对成吉思汗之前的蒙古人作民族学研究时所用材料的诠释相

(臣仆)两类的观点以及这一观点所由之具体标准,应尽可能多地从他吸收蒙古人观点的角度进行探寻,如同不不遗余力地从他知识背景中挖掘他个人特点那样。

[①] 如同李·奇普曼在其有关该卷研究中所述,拉施德丁在其一生中普遍被认为,不是一位理性主义者,就是一个隐秘的犹太人,或兼为二者。米卡·纳提夫对该卷的研究颇具说服力。她认为拉施德丁的形象包含了显示其依旧忠诚于犹太教的一个完美无缺的理想化自画像。尽管 J. 菲佛(Judith Pfeiffer)在其研究中强调了拉施德丁在蒙古人统治时期已皈依伊斯兰教,但比尔吉特·霍夫曼(Birgitt Hoffmann)对任何自我表现的表面意义表示质疑。拉施德丁在其《哈赞汗御修史》中无处不弱化蒙古宫廷中显现出的非伊斯兰教因素,尤其是1259年哈赞汗正式宣布信奉伊斯兰教之后,在某种程度上,这也是在表明他拥护排除非穆斯林于公众政治生活的宫廷原则。这些明显分歧的观点,反映了学术界尚未透过表象,洞悉拉施德丁内心深处的信仰。

左。应该说这是蒙古人自己痴迷于将所有身份追溯至帝国创建时期相应地位的副产品。这兴许与他个人观点相背，但完全与其蒙古资料和材料提供者的相吻合，在其著述中处处强调的蒙古人未淡化的世系意识，却是由成吉思汗创建的帝国机构加以培和强化。符拉基米尔佐夫把13至14世纪的蒙古社会史描述为一个正经历着从"氏族宗法关系"到"封建制"的社会变革。但正如我尝试在这里说明的，他所理解为国家之前的氏族，实际上是国家不可或缺的机构；等级制度下的氏族是一个只有当蒙古人接受了儒家和伊斯兰教思想后才被强化的帝国机构。

完者都的巡游，1304—1316[*]

查尔斯·梅尔维尔（Charles Melville）著　俞雨森译

和中世纪时期东西方很多君主一样，蒙古统治者完者都亦在多地之间巡回统治。他将苏丹尼耶（Sultāniyya）定为都城，但在相当长的时间内，他并不在该城；而当他旅行至别地时，他的政府各部门成员也随其离开。一般来说，他一年中的行程可分为冬季（Qishlāq）[①]和夏季（Yailāq）两部分。在波斯历史上，这种旅行方式早已出现。色诺芬（Xenophon）是最早描述波斯帝王们的此类季节性迁移的古代作家之一，他提到，居鲁士大帝（Cyrus the Great）一年中在巴比伦（Babylon）停留七个冬月，春季的三个月则在苏萨（Susa）度过，而在盛夏的两个月，埃克巴坦那（Ecbatana）[②]则成了他的驻地[③]。安息王朝的君主们也在埃克巴坦那度过夏天，"因为米底亚是一个凉爽的国家"，而他们的冬季居留地则是底格里斯河畔的塞琉西亚（Seleucia）[④]：在完者都的统治中期，他的驻地安排差不多和安息王朝一致。

---

[*] 本文译自Charles Melville, "The Itineraries of Sultan Öljeitü, 1304-1316", *Iran*, Vol. 28（1990）, pp. 55-70。——译者注

[①] 伊朗多地（如Ardabil）目前仍多个有名叫Qeshlaq的村镇，或可视为自中古以来巡游传统的遗迹。——译者注

[②] 埃克巴坦那，即位于今伊朗中西部的哈马丹省（Hamedan），曾是米底王国的都城，后成为阿契美尼德王朝的夏都。自阿契美尼德至萨珊时期，埃克巴坦那一直是米底亚省的首府。参见《伊朗学大辞典》（EncyclopaeIranica）。——译者注

[③] Xenophon, *Cyropaedia*, VIII.6.22, tr. W. Miller, Loeb Classical Library [LCL]（London, 1979）, II, 421; 以及the Anabasis, III.5.15。

[④] Strabo, *Geography*, XI.13.1, tr. H. L. Jones, LCL（London, 1969）, V, 303; 塞琉西亚位于底格里斯河畔，与泰西封对望，毗邻巴比伦。

完者都和古代波斯君主们之间的这种相似之处并没有直接的关联，但这并不妨碍我们对这两者乃至其与中世纪欧洲君主之间进行比较研究。就阿契美尼德朝的情况而言，库克曾论述道，假设统治者的确季节性地在三四个都城之间转移，那么一年中的四分之一时间将被耗费在旅途上；"而在一个如此君主集权的国家，实在难以想象如果没有一个固定的办公地点，整个行政事务将如何运作，要知道，这可不是在封建制的金雀花王朝（the Angevins）"①。因此，他重估了波斯君主的"移动"程度，提出苏萨可能已经成为阿契美尼德王朝政府的永久都城②。但这种通过和金雀花王朝的对比而得的质疑也适用于完者都统治的时代吗？他可同样继承了这套可以追溯至萨珊波斯乃至更久远时期的官僚系统。又或者，伊朗的蒙元政权更接近 13 或者 14 世纪的欧洲王国吗？无论哪种情况，政府的活动究竟在何种程度上被这种定期的大规模巡游所影响？

　　11 世纪，塞尔柱王朝人在伊朗的活动表面上看也与其后的蒙古统治者有相似之处，但大卫·摩根（David Morgan）已经质疑了这一关联性。他注意到，塞尔柱宫廷的确常常处在迁移的状态之中，古老的游牧生活始终对其独具吸引力。不过，他同时指出英格兰的亨利二世（1159—1189）同样过着迁移的生活，却从未有人提出过金雀花时代的人试图重返游牧者生活。因此，摩根进一步提出，塞尔柱宫廷的迁移（和金雀花王朝类似）主要是为了巡视地方权贵，并对其权力加以限制。③这也许是对的，但将亨利二世和塞尔柱苏丹们进行对比，本身就是对后者的恭维，而且并没有正面回应塞尔柱人对其游牧传统的态度。④

---

① J. M. Cook, "The Rise of the Achaemenids and the Establishment of Their Empire", *CHIr*, II(Cambridge, 1985), p. 238.

② Cook, pp. 236-238. 在苏萨和波斯波利斯之间，往来极为频繁。

③ D. Morgan, *Medieval Persia 1040—1797*(London, 1988), p. 35.

④ 另见 M. F. Sanaullah, *The Decline of the Saljaqid Empire*(Calcutta, 1938), esp. pp. 7-8. 由于缺乏关于塞尔柱苏丹们的迁移活动的细节，因此难以对其动机进行分析。

因此，游牧才是问题的核心。至少对于蒙古人来说，答案是毫无疑问的——伊利汗国自始至终致力于保持游牧的习惯。[①] 季节性迁移是这种习惯的集中体现，但在此不得不指出，这种习惯本质上是一种在游牧传统背景下的经济行为。因此，完者都的迁移尽管与阿契美尼德时代的波斯君主类似，但这仅仅是表面上的。后者的生活以宫殿为中心，以城市为依归，而且他们的季节性迁移尽管有随之而来的政治上的好处，但主要是为了避免寒冷或者炎热的极端天气。同时，伊利汗统治者的巡游和中世纪欧洲君主也有本质的不同，后者或许也有部分经济上的考虑，但其旅行的动机绝不会和游牧生活相联系。

本文将着重讨论完者都巡游的性质，同时附上其他类似的例子作为参考。文章将关注的重点放在完者都行程的"地理年代学"（Geochronology）上[②]，并提出以下问题：他为何巡游；他在途中都做些什么；特别是，他的这种巡游是维持其统治的必要手段吗？提出这些问题很容易，但回答却很难，但我们的这番考察将对完者都的统治以及蒙古人在伊朗的统治有所裨益。此外，我们也可扩展另一个比较的维度，即将他们和其后出来的各种游牧起源的伊朗各朝政权进行比较，因为这本身就是伊朗截至 19 世纪末的历史的一大特点。

一

本文之所以对完者都的巡游（1304—1316）进行研究，原因是多方面的。

在相关的故事中，打猎是最主要的目的。假如苏丹们对政务感兴趣的话，内扎姆·莫尔克（Nizām a-mulk）就不必写作《治民要术》（siyāsat-nāma）了。《治民要术》的英译见 Hubert Darke, *The Book of Government or Rules for Kings*: *The Siyar al Muluk or Siyasat-nama of Nizam al-Mulk*, Routledge Curzon, 2001.——译者注

① A. K. S. Lambton, *Continuity and Changein Medieval Persia*, Columbia Lectures on Iranian Studies, 2（Albany, 1988）, pp. 26, 254.

② 这个名词出现在 Boutier et al., *Un Tour de France royal: Le voyage de Charles IX*（1564—1566）(Paris, 1984), p. 17, 感谢彼得·布朗（Peter Brown）介绍我阅读此书。

首先，他的统治时期常常被后世史家忽略。[①] 和他的兄长合赞（Ghā-zān）(1294—1304)的性格和成就相比，他要逊色不少；而合赞之所以拥有不朽的地位，则和维齐尔（Vazīr）拉施德丁（Rashīdal-īn）写作的历史密切相关。传统史家们对完者都的兴趣主要包括两个方面：其一，他的儿子及继承人不赛因（Abū Sa'īd）(1316—1335)是伊利汗国的末代君主，因此，史家们总希望可以从完者都的统治期发现汗国衰落的线索；其二，完者都的私人生活是一部多彩的罗曼史，也颇引人注目。然而，更重要却常常被忽视的一点是，完者都的统治是蒙元帝国在伊朗统治的黄金时期。他延续了他兄长合赞的革新精神，尽管可能不及后者专注；幸而他始终有拉施德丁的辅佐，而合赞改革的动力正来自拉施德丁的启发。[②] 这位维齐尔在完者都的统治期内长期在任，他的家族则掌控了地方省份的统治权，在这种有利局面下，在合赞时期尚未固定的改革政策势必在这一时期被巩固了下来。穆斯塔非（Mustaufī）将完者都的统治时代赞誉为伊利汗国的黄金时期，尽管这个荣誉并非依靠他一人之力可以获得[③]，但所有同时代的文人都提到了完者都统治的温厚和公正，且对汗国的井然有序赞赏有加，这些都是衡量统治得当与否的标准。[④]

---

① 标准的史家笔法，见 H. H. Howorth, *History of the Mongols. III. the Mongols of Persia*（London, 1888），pp. 534-584，以及 J. Boyle, "Dynastic and Political History of the Il-Khans", *CHIr*, V（Cambridge, 1968），pp. 397-406。

② I. P.Petrushevsky, "Rashīd al-Dīn's Conception of the State", *Central Asiatic Journal*, XIV（1970），pp. 148-162.

③ Hamd-Allāh Mustaufī, *Tārīkh-i Guzīda*, ed. 'A.Navā'ī（Tehran, 1362/1983），p. 606 on Oljeitü; Abū Bakr al-āharī, *Tārīkh-ī Shaikh Uvais*, ed.And tr. J. B. van Loon（The Hague, 1954），p. 149, tr. p.51，作者说不赛因的统治期是蒙古历史上最好的时期。这基本取决于作者何时（及为谁）写作。

④ E.g. Aharī, p. 148, tr. p. 50; Shams al-Dīn Amulī, *Nafā'is al-funūn fi'arāyis al-'uyūn II*, ed. I. Miyānji（Tehran, 1379/1959），p.257; Hāfiz-i Abrū, *Dhail-i Jāmī' al-tavārīkh*, ed. K. Bāyāni（Tehran, 1350/1971），p. 66, 以及 Abu'l-Qāsim Kāshāni, *Tārīkh-*

其次，一个更显而易见的原因是，完者都统治的时期大体上是和平安宁的。蒙元统治最早的暴虐时代已经过去了——以合赞改宗伊斯兰教为标志——完者都之前君主们的出行都是为了迎战和击退他们的敌人，但到了完者都的时代，他已经没有战争的压力，因此可以轻松地四处巡游。他的巡游暗含游牧的性质，且并不是假以军事之名而行。那么，又有其他哪些可能的原因呢？我们可以从以下三个角度进行考察：完者都的巡游可以只是他的个人爱好的体现，也可以被看作是他动用国家资源的一个方面，同时，巡游本身在国家行政运作的地位也值得研究。总而言之，对这一时期的君主巡游现象进行研究，有助于我们更好理解伊利汗君主的这种行为对政府运作的影响。

第三个也最直接的原因则是这项研究也有相对充足的史料作为支持。研究完者都统治时期的主要史料是哈沙尼（Abu'l-Qāsim Kāshānī）的编年史《完者都史》（Tārīkh-i Uljāytū）[①]。此书完成于完者都的儿子及继承者不赛因统治的早期。作者应该和宫廷走得很近，因此方便获得关于君主和统治阶层的信息。全书以编年形式开展，且每一年的材料也根据时间顺序编排。本书编订者认为，从本书潦草的风格可以看出这或许是一份类似宫廷记事录的文本。这对重建这位苏丹和他的宫廷的迁移历史帮助极大，甚至是必不可少的。遗憾的是，哈沙尼时不时地会有遗漏，并且似乎从来没有修正过它。这份材料常常会出现自相矛盾之处。周和月的日期顺序并不一致；有些月份顺序是错乱的。其中一份编年中的时间更延续到了下一年。另一方面，这份材料准确地使用突厥动物阴阳历，尽管每一轮都提前了一

I Uljāytū, ed. M. Hambly（Tehran, 1348/1969），esp. pp. 228–229. 关于哈沙尼著作的详细情况，可参见刘迎胜：《哈沙尼和他的〈完者都史〉》，《蒙古学资料与情报》1985 年 Z1 期。——译者注

① 为了便于读者查找具体出处，下文所有的注释均维持相关史料作者的拉丁语音译名，尽管在正文中使用了汉语音译名。——译者注

年。① 总体而言，这些缺陷并不特别要紧，但不幸的是仅仅只有几部其他较为确切史料可以和哈沙尼的编年史进行比对。

其中最有用的三部史书包括瓦萨夫（Vassāf）（到 1319）、巴拿卡提（Banākatī）（到 1320）和穆斯塔非（到 1330）的著作。② 其中，瓦萨夫的史书是最有价值的，他对某些重要事件都有确切的时间记录，例如，他记载的完者都在幼发拉底河畔对阵剌合伯特（Rahba）的具体时间和哈山尼以及同时期的阿拉伯史料一致。穆斯塔非和巴拿卡提以及后来的帖木儿时期的历史学家们的著作中都有哈沙尼书中没写的内容，但他们同样不能证实哈沙尼书中提到的某些细节。

对于研究金雀花王朝时期英格兰王公们巡游现象的历史学家来说，只有在不得已的情况下才会依赖编年史——伊顿（Eyton）修亨利二世（Henry Ⅱ）的迁移史的目的之一就是为了修正编年史中的错讹。③ 他在研究中惯常使用的史料包括法庭档案（Chancery rolls）和皇家特许状（royal charters）在内的各类档案④。遗憾但也不令人意外的是，完者都时期的此类档案材料完全欠奉。唯一值得庆幸的是，几件有明确断代信息的文件存世至今，比如完者都在伊斯兰历 704 年（公元 1305 年）在木干（Mūghān）的

---

① 动物历的权威著作，参见 L. Bazin, *Les calendriers turcs anciens et médiévaux*, Thése, Université de Paris III, 1972 (reprod. Lille, 1974), esp. pp. 593 ff. 本文所用的换算基于 P. Hoang 书中的图表，见 P. Hoang, *Concordance deschronologies néméniques cninoiseet européenne*(Chang-Hai, 1910), pp.270-271. 另可参见本文作者的另一篇文章 "The Chinese Uighur animal calendar in Persian historiography of the Mongol per-iod", Iran 32 (1994), pp. 83-98。

② Vassāf Shīrāzī, *Tajziyat al-amsār va tazjiyat al-a'sār*, ed. M. M.Isfahānī (lith. Bombay, 1269/1852), summarized by'A. Ayatī, Tahrīr-īTārīkh-i Vassāf (Tehran, 1346/1967); Banikati, *Tārīkh-i Banākatī*, ed. J. Shi'ār (Tehran, 1348/1969).

③ R. W. Eyton, *Court, Household and Itinerary of King Henry II* (Dorchester, 1878), p. iv.

④ E. M. Hallam, *The Itinerary of Edward II and His Household. 1307-1328*. List and Index Soc. 211 (London, 1984), p. 15.

巴尔赞德（Barzand）给菲利四世（1285—1314）旨在联合对抗马木鲁克人的信，以及一条哈沙尼（Kāshānī）写的可以明确断代的信息。[1]

二

因为史料有限，要想重建完者都的迁移过程是颇有难度的，遑论细节处的考究，即使在史料中被提及的地名，也尚未完全考证清晰。[2]穆斯塔非的《心之喜》（Nuzhat al-qulūb，大约完成于 1340 年）提供了同时期最有价值的地理学信息。此书不仅列举和描述了各个城镇，而且提供了从苏丹尼耶（Sotaniyya）通往帝国各个部分的主要路线。[3]穆斯塔非提到，完者都丈量了多条不同的道路，并树立了里程碑，因此他书中提及的路线有可能就是完者都当时的选择。在哈沙尼的史书中出现一些措辞，例如"他一站接着一站地行进，直到到达某地某地"[4]，那就很有可能完者都的路线刚好就是穆斯塔非书中提到的，尤其是从苏丹尼耶到巴格达的路线。但是穆斯塔非只提供了几条主干道的详细信息，而支路的细节却没有着墨。实际上这中间存在不少误差。尚·奥丁（Jean Audin）就注意到当时可能采用两套不同的道路系统——商路连接着主要的城镇，而游牧之路则围绕各地牧场形成——11世纪之后，随着游牧民大量迁入伊朗，后者变得日益重要。[5]只考察完者都的巡游，还不足以揭示这种分别。尤其是伊朗的西北部，由于一直以来鲜

---

[1] A. Mostaert and F. W. Cleaves, Les Lettres de 1289 et 1305 des ilkhan Arγun et Öljeitü à Philippe le Bel（Harvard, 1962），esp. pp. 84-85，另见该书 178 页注 3。

[2] Krawulsky 对此已经做了详细研究，但仍有空白之处，见 D. Krawulsky, Irān-Das Reich der llhāne. Eine topographisch-historische Studie.TAVO 17（Wiesbad1978）。

[3] Nuzhat al-qulab, ed. G. Le Strange（London, 1915），pp. 163-trans. Le Strange（London, 1919），esp. pp. 160-162, 172-174。

[4] 例如 Kāshānī, pp. 51, 88, 89, 151, 154。

[5] J. Aubin, "Réseau pastoral et réseau caravanier; les grand'rotdu Khurassan àl'époque mongole", Le Monde iranien et l'Islam II（1971），105-130, and the references cited on p. 106 n. 3.

有古典阿拉伯地理学家关注，其道路情况十分模糊。现在，我们通过穆斯塔非提供的信息，再加上完者都具体的巡游路线，可以看到这片区域的游牧活动远比之前想象的频繁，同时，也可以得出可能的游牧方向。

完者都的巡游路线图已经尽量恢复，具体可见附录1。有关这些路线的地理和数据问题将在下文中讨论，例如完者都活动的模式以及他行经的路线，行程的时间安排，路程的距离以及行程的速度，以及他在行进和安营驻扎上的时间分配比例。

有关巡游地点的选择，哈沙尼每条编年史的开头均详细说明完者都每年分别在哪些地方度过夏季和冬季，因此我们很方便就可以得出结论[①]。起初，夏季是在乌江（ūjān）[②]度过，此地也曾被完者都的兄长合赞汗用作都城。之后，苏丹尼耶则取而代之，成为苏丹的夏季驻地，完者都在其统治的一开始就将这里定为其都城。冬季驻地有两种选择，一是阿蓝（Arrān）[③]和木干（Mūghān）两地的草原，地处库尔河（Kur）和阿拉斯河（Aras）的南面，二是巴格达的邻近区域。仅有三次例外：第一次发生在706（1307）夏天的五至七月，完者都率领军队征战吉兰（Gilan）；第二次发生在712（1312年12月到1313年1月），他率军来到幼发拉底河畔对阵剌合伯特；第三次则是在713（1313—1314年）之间的冬季，他在阿斯塔拉巴德（Astarabad）和马赞德兰（Mazandaran）度过了大部分冬季时光，以应对一场由察合台诸王们发起的来自呼罗珊的入侵[④]。

[①] 这让人联想到中世纪欧洲的宫廷史官们记录下国王每年过圣诞节和复活节的地点。

[②] 乌江位于今伊朗东阿塞拜疆，毗邻大不里士。——译者注

[③] 阿蓝位于外高加索东部，地处库尔河（或库那河）与阿拉斯河之间，因此在阿拉伯史料中被称为 Bayn al-nahrayn（意为"两河之间"）。自塞尔柱时期始，此地开始突厥化。——译者注

[④] Al-'Umarī, Masālikal-absār fī mamālik al-amsār, ed. K. Lech, *Mongolische Weltreich*（Wiesbaden, 1968），p. 87，提到夏季在卡拉巴赫度过，而冬季在乌江或巴格达度过，不过这并非特指完者都统治时期。

根据其任期内不同时期的特点，完者都每年在这些固定地点的巡游可以被归纳为三个不同阶段。在早期阶段（即 704［1304］至 708［1309］），他辗转于乌江或苏丹尼耶和木干草原之间。① 路线并无严格规定，但一般都要经过大不里士（Tabriz），因为完者都需要顺道去探望他母亲在沙姆草原的墓地（Shām-i Ghāzān），该墓地恰位于大不里士西面。在 705（1305）和 706（1306）两年，他北上通过纳赫希凡（Nakchivān）到达阿拉塔格（Alātāgh），或者直接前往阿蓝和木干。其他年份，根据穆斯塔非的描述，则可能经过阿哈尔（Ahar），这可能也是完者都从彼拉苏瓦尔（Pīlasuvār）回到乌江的路线。比较少被采用的路线是在乌江、木干和大不里士三地之间，走这条路线通常是去打猎。

第二阶段始于 709（1309）的冬天，直至 713（1313—1314）年。在这数年间，完者都改变行程，冬季驻地被换成木哈瓦（Muhawwal）和巴格达西部。直到 713（1313—1314）年，他又选择到马赞德兰过冬。冬季驻地的改变可能和他在此时改宗什叶派有关。公历 1310 年初的冬天，完者都朝拜了纳杰夫（Najaf）附近的什叶派拱北②，紧接着，在伊历 709 年，他就发行了带有什叶派标志的钱币。联系这类钱币的情况，哈山尼的材料也证明这个时期完者都已经摆脱了他在改宗什叶派一事上的犹豫不决。③ 712（1312—1313）年，完者都在刺合伯特的战役之后，在巴格达度过的最后一个冬季，这场战役也许已经耗尽了他西征的雄心，从此也再无临幸此地的必要。④ 至于他对巴格达的热情，也许和他对一个巴格达歌女的迷恋有关，据

---

① Ahari, p. 148, tr. p. 50 提到。

② Sheila S. Blair，"The Coins of the Later Ilkhanids: A Typological Analysis", *Journal of the Economic and Social History of the Orient*, Vol. 26, esp. pp. 297-299.

③ 自 1308 年夏，他已经开始犹豫，见 Kāshānī, p. 99。关于他憎恨逊尼派的原因，见 *CHIr*, V, pp. 401-402, 544。

④ 完者都显然没有合赞那么好战，尽管他对马穆鲁克王朝始终充满敌意。——译者注

说他在她身上花了难以计数的财富。① 但更重要的是,对于一位穆斯林统治者来说,作为阿拔斯王朝的继承人,巴格达自有其在政治上的特殊意义。②

连接巴格达和苏丹尼耶之间的路线,可能就是穆斯塔非在书中已经提及的,尽管书中只有恰姆恰马勒(Chamchamāl,靠近 Bīsitūn)③和哈马丹被特别提到了。

在苏丹尼耶度过两个夏季和中间的一个冬季之后,完者都回到阿拉斯河畔的阿蓝和木干草原度过最后的一个完整的冬季。此处远离宗教圣地(Atabat),在一个更"蒙古"的环境中,完者都可能开始重新思考什叶派,如果我们相信伊本·白图泰(Ibn Battūta)在游记中提到的麦智顿丁(Qaidi Majd al-Din Shirazi)出现在完者都在改腊巴额(Qarārāgh)的宫廷的事情的话。④

伊历 716 年,完者都逝世。哈山尼用一句极为传神的话来总结完者都一生的"旅程":苏丹在苏丹尼耶过完夏季,而他的冬季则停驻于另一个世界,进入永恒之宫。完者都在他 35 岁(太阴历)那年去世,即公历 1316 年 12 月中旬的斋月尾声,他在白湖(ChaghanNaur)附近打完猎就离开了这个世界。马合谋·桃里思(Mahmud-i Tabrizi)在其墓志铭上形象地总结了完者都的一生:"如果说他是一个人的话,那么其余的人不过是浴室

---

① Al-'Umarī, p. 115.

② Al-'Umarī, p. 91.

③ 位于今伊拉克。

④ *The Travels of Ibn Battūta*, II, tr. H. A. R. Gibb(Cambridge, 1962), p. 303;他提到改腊巴额是苏丹的夏宫(masyaf)。Amulī 关于苏丹到巴库的故事(pp. 258-9)指的是其任期的第一阶段。有些作者将完者都对什叶派的第二次考虑和 Sayyid Tāj al-Dīn Avajī 在巴格达被杀联系起来,见 Mutaufī, *Guzīda*, p.608 以及马穆鲁克史家 Baibars al-Mansūrī, *Kitāb al-Tuhfat al-mulūkiyya*, ed.'A.S.Hamdān(Cairo, 1987), p. 237. 不过,直到完者都去世,他的钱币上始终保留了什叶派印记。

这个故事的中文译本,见《伊本·白图泰游记》,马金鹏译,宁夏人民出版社,2000 年,第 162—164 页。——译者注

上的几笔描画。"①

很明显,完者都的活动范围局限在北部和西北部伊朗(见图1)——更确切地说,是一块包括木干、苏丹尼耶,最远到巴格达在内的三角区域。这算不上新发现。阿塞拜疆和东部安纳托利亚的游牧区对蒙古人有巨大的吸引力,早已为人所知。这几处地方非常适合放养蒙古人数量庞大的牧群。这一点和完者都的巡游之间的关系如何,下文将进行讨论。这里值得注意的是,如果我们将完者都的巡游视为带有政治意图的活动,那么他将足迹只限于汗国境内的有限区域内。相反,如果他的初衷不是为了政治,而是纯粹为了放牧,那么可以从他每年巡游的时间上进行考察。

对伊朗目前仍进行季节性迁移放牧的部落的研究,可以启示我们迁移活动(kūch kardan)的重要性:迁移主要是为了获得新的放牧地,或者将对手从自己的放牧地上驱逐出去。② 原则上,只有年长德高的首领(Ilkhani)才能做迁移及相应的程序的决定。现代伊朗的游牧民族因为政策上的重重限制,当然无法进行大规模的迁移。但在蒙元时代这种限制完全不存在。首领的权威,可以从合赞汗的例子上看出。部下根本不被允许向他询问何时撤营,只能完全按照他的意志来决定行进和驻扎的时间,因为他们将合赞汗的权威视为至高无上。③ 游牧的分配由一位官员专门负责,叫 yūrtchī,一旦命令下达,他将首当其冲。④

---

① *Aharī*, p.149; *Banākatī*, p.476. 关于完者都死期,见该书第184页注7。——译者注

② J. Black-Michaud, *Sheep and Land: the Economics of Power in a Tribal Society* (Cambridge, 1986),特别是 pp. 182–183; R. Tapper, *Pasture and Politics: Conflict and Ritual among the Shahseven Nomads of Northwestern Iran* (London, 1979),特别是 pp. 177–195; L. Beck, The *Qashqa'i of Iran* (London and New Haven, 1986), pp. 211–213. 大多数想法是受该书启发: F. Barth, *Nomads of South Persia: the Basseri Tribe of the Khamseh Confederacy* (London, 1961)。

③ Rashīd al-Din, *Jāmi al-tavārīkh. Tārīkh-i Ghāzān Khān*, K. Jahn, GMS (London, 1940) [hereafter TGK], p. 176.

④ Muhammad b. Hindūshāh Nakhchivōnī, *Dastūr al-kātibfi ta'yīn al-marātib*, II, ed.

塔普（Tapper）注意到，现在的沙赫赛文人（Shahseven）规律性地在 11 月 5 日到达 Mūghān，如果那年的雨季来晚一点的话，他们也相应推迟一些。① 但从完者都的行程（见表 1）上看，我们无法得出关于他出发或到达时间的结论。

　　现存的资料实在不足以得出任何结论。我们从史料提供的数据看不出完者都的巡游遵循了一个固定的日程。尽管并非任何情况都是如此，但五到八周的出入是常常出现的。天气状况的变化也许和此有些关联，但我们对此尚一无所知。社会性事务同样会提前或推迟完者都巡游出发的时间，例如皇室或贵族的婚礼，外国使者的来访，以及占星家推算的结果都会造成影响。② 表 1 上的出发时间，均为哈山尼提供的完者都前往夏季和冬季驻地的时间；出行的决定和最终出发中间到底隔了多长时间，通常是不清楚的。完者都行程的初期持续的时间通常较短，这一点可以从完者都在 1310 和 1312 年离开穆哈沃勒（Muhawwal）看出。③

A. A. Alizade（Moscow, 1976）, pp. 62 ff. 这个职位历史悠久。尽管严禁在人口居住地开辟牧场，但根据上书，一位 yūrtchī 还是被告侵占百姓的私有土地。另有史料证明萨法维朝的阿拔斯一世曾亲自分配牧场，见 Munajjim Yazdī, *Tārīkh-i 'Abbāsīyārūznāma-yi MullāJalāl*, ed. S.Vahīdniyā（Tehran, 1366/1987）, p.369, 另见本文作者另一篇文章"From Qars to Qandahar: the itineraries of Shah 'Abbas I（995 1038/1587 1629）", in J. Calmard（ed.）, *Etudes Safavides*, Tehran Paris 1993 [1995], pp. 195-224。

①　Tapper, p. 85. 沙赫赛文人如今主要生活在伊朗阿塞拜疆省南部和木干草原一带，使用阿塞拜疆突厥语。——译者注

②　哈山尼有时提到有星象学家出现在宫廷中，见《完者都史》第 52、62、89 页。在萨法维朝，Munajjim Yazdī 也对阿拔斯一世的行程安排有重要影响。

③　在这两次的行程中，完者都仅仅绕过巴格达，随后直接前往呼罗珊。从大不里士到木干通常已经是行程的第二阶段，一般从乌江或苏丹尼耶始发。关于出发日期不定可能带来的好处，参见 D. Nordmann, "Les expeditions de Moulay Hassan, essai statistique", *Hespiris Tamuda XIX*（1980—1）, p.148, 该文中颇有可与完者都的行程相较的部分。

穆哈沃勒，意为"转运站"，是距巴格达 1 法里克的一个果树繁茂、水源充足、客商云集的小镇。——译者注

表 1
启程与抵达的日期

（a）冬季

启程日期	抵达日期
前往 Arrān 和 Mūghān 1304 年 10 月 13 日 1305（？）年 9 月 24 日 1306 年 9 月 4 日 1307（？）年 9 月 12 日 1308 年 10 月 10 日 1315 年 10 月 1 日	抵达 Gāvbārī 1304 年 12 月 12 日 1306 年 11 月 28 日 1307 年 11 月 2 日 1308 年 10 月 30 日
前往 Baghdad 1310 年 9 月 14 日	抵达 Baghdad 1309 年 12 月 2 日 1310 年 12 月 14 日
前往 Nīm Murdān 1313 年 9 月 7 日	
39 天	45 天

（b）夏季

启程日期	抵达日期
从 Arrān 和 Mūghān 出发 1305 年 3 月 4 日 1306 年 3 月 10 日	抵达 ūjan 1305 年 5 月 28 日 1306 年 7 月 29 日
1307（？）年 4 月 17 日	抵达 Sultāniyya 1307 年 5 月 11 日
从 Baghdad 出发 1310 年 3 月 30 日 1312 年 4 月 3 日 1313 年 4 月 15 日	1310 年 5 月 20 日 1312 年 4 月 30 日 1313 年 6 月 12 日 1316 年 6 月 7 日
从 Mazandaran 出发 1314（？）年 3 月 2 日	
44 天	60 天

完者都大部分行程的出发和到达时间是不为我们所知的。大部分行程的距离同样不详,因为每次行程的具体路线是不清楚的。因此,我们不妨明智地将主要精力放在几条主干道的计算和对比上,比如从木干(Mūghān)或者巴格达到苏丹尼耶的路线。这些数据是穆斯塔非详细提供的。

从大不里士到高八里(Gāvbārī),大概有 60 法尔克(farsakh)的距离(经过 āhar)。在 1304 年,这段路程花了 60 天才走完(可能是绕了远路),而到了 1308 年,就只花了 20 天,后者说明每天的行程大概是 10 英里(16 千米)。从彼拉苏瓦尔到乌江是一段较前者稍短的路程,在 1306 年花了 37 天,每天大概行路 5 英里(8 千米)。从高八里到苏丹尼耶(中途经过阿尔达比尔和 Khalkhal)的路程长达 77 法尔克,在 1307 年只花了 24 天走完,因为完者都急着赶回去准备征战吉兰,因此每天以 12 英里(9 千米)的速度行进。

从巴格达到苏丹尼耶(118 法尔克)[①],1310 年花了 91 天,1312 年花了 27 天,而后一年则只有 21 天,大概每天行进 20 英里(32 千米)。这些时间长度上的差别当然主要是和每次停留时间的长短有关,和行进速度倒是没太大关系。每次逗留的时间没有被记录下来,大部分时间都是花在打猎上了。完者都在靠近比希斯顿(Bīsītun)的苏丹纳巴德(Sultanabad)的新宫殿每年也会呆一段时间。如果史料记载正确的话,最快的一次行程是在 1310 年五月从哈马丹到苏丹尼耶,只花了 4 到 5 天,大概一天走 25 英里(40 千米)。

完者都行进的速度究竟如何,我们还需要将他和其他的伊利汗进行对比。马可波罗提过,在窝阔台时期,每个驿站(jām,波斯语 yām)之间距

---

① 穆斯塔非的丈量是正确的。两地相距大约 420 英里/675 千米,可以折算出 1 法里克即相当于 3.5 英里/5.7 千米。

离 25 至 30 英里，相距一天的路程。但这只适用于一般的旅行者和信使，浩浩荡荡的皇家队伍则需更长的时间。我们不妨做个有趣的对比，约翰王（the King John）和他的宫廷每天居然可以达到 35 至 40 英里的速度，有时甚至到 50 英里（55~58 千米）；爱德华一世（Edward I）在征战期间大概每天行路 20 英里（32 千米）；查尔斯九世在皇室巡游时（Charles IX）每天行路 15 英里（25 千米）；阿拔斯一世（Shāh Abbās）巡游期间每天基本上行路 25 英里（40 千米）。① 完者都的队伍大概每隔几天就会换个地方，一旦该地的牧草耗尽，则就迁移至下一个目的地。这和库米（Qummī）对阿拔斯一世的描述很像，和金帐汗国在伏尔加河东岸活动的情形也很相似。②

总而言之，由于我们无法得知完者都在沿途各地停留的时间，因为，完者都行程的速度也无法准确得获知。在驻地停留时，打猎则是最主要的活动。同样，我们很难弄清楚他在目的地主要驻地居留的时间。附录 1 对某些年份提供了完整的数据，但对另外一些年份却有所缺失。一个粗略的估计是，他每年大概有 100 天的时间花在迁移上。在木干会停留相当长的时间，达到 4 至 5 个月。在苏丹尼耶停留的时间稍短一些，大概每年 150

---

① 关于波斯的 yām，参见 D. O. Morgan, Aspects of Mongol Rule inPersia, unpubl. PhD. thesis（London, 1977），ch. 5, 以及 T. D.Hardy, "Itinerarium Johannis regis angliae. A Table of theMovements of the Court ofJohn, King of England", *Archaeologia* XXII（1827）, p. 125; B. P. Hindle, A Geographical Synthesiso f theRoad Network of Medieval England and Wales, unpubl. PhD. Thesis（Salford, 1973）, p. 62; Boutier et al., p. 119; Melville "Shah'Abbas"。阿拔斯每日的平均行程大致是 9 英里（14 千米），但这个数据实在太小了。感谢 Brian Hindler 赠阅其论文的第五章。

② Qādī Ahmad Qummī, *Khulāsat al-tavārīkh*, ed. I.Ishrāqī（Tehran, 1364/1985）, p. 911. 关于金帐汗国的情况，R. Fletcher 于 1989 年在剑桥开讲"拔都汗的夏都"（The Summer Encampment of Batu Khan）；另参见 B. Spuler, "Der mongolische Nomadismus ineiner sesshaften Gesellschaft: die Goldene Horde", *Bull. des Etudes Orientales* XXX（1978）, pp. 201-208。

天，即自707（1307）年他成为苏丹开始，大概有40%的任期是在苏丹尼耶度过的。[①]

三

苏丹尼耶是否算得上一个名副其实的都城，也是一个需要重新思考的问题。和伊利汗早期的几个城市Marāgha、Ujan和大不里士一样，苏丹尼耶更应该被视为完者都的季节性居住地之一。[②]这几个地方都位于伊朗西北部，其地理位置不仅靠近蒙古人的主要牧区，而且是从中亚到安纳托利亚商贸之路上的重要站点，而这两者正是汗国的主要财政收入来源。蒙古人的入侵几乎摧毁了伊朗的农业经济，其后，蒙古统治者也无心真正恢复农业生产，所做的努力相当有限。史料显示，农业收入只占汗国经济的很小一部分，大头来自对商业和城市的税收，而后两者之所以能兴盛，则源于蒙古统治者对跨亚洲贸易的热情。[③]然而，尽管他们对城市活动的兴趣有所增长，并不断赞助大规模的建筑项目，对定居生活的抵触情绪也有所减少，但蒙古人还远远算不上城市的定居者。兰姆顿（Lambton）教授认为，决定建造苏丹尼耶城，是因为蒙古人意识到游牧经济才是汗国最好也是最

---

① 伊历从707（公历1307）年开始，哈山尼开始将Qonqur Oleng称为苏丹尼耶，尽管此地在早先已经开始经营。直到伊历713年（公历1313—1314），正式建成。参见Donald P. Little, "The Foundingof Sultāniyya: a Mamlūk Version", *Iran* XVI（1978），pp. 170-175。值得注意的是，在这一年（伊历713），哈山尼开始使用markaz-i daulat（中央政府）一词来指称苏丹尼耶，见p.164。需要强调的是，这些数据的估算并不精确，但巧合的是，这和阿拔斯的情况类似。阿拔斯在任期内旅行的时间占据了三分之一，在一座都城中居留的时间也占三分之一，另外的三分之一则分别居住在别的地方，参见Melville, "ShahAbbas"。

② I.P. Petrushevsky, "The Socio-Economic Condition of Iran underthe II-Khāns", *CHIr*, V. pp. 507-508；及Lambton, p. 169-171。关于伊利汗时期的都城，见S. Blair, "The Mongol Capital ofSultāniyya, 'the Imperial'", *Iran* XXIV（1986），pp. 139-151。

③ P.Remler, "New Lights on Economic History from Ilkhanid Accounting Manuals", *St Ir* XIV（1985），pp. 172-173；Lambton, pp. 173-184。

后的经济支柱。① 苏丹尼耶随着蒙古政权的衰落而失去了它的重要性，很奇怪它并没有建筑在发达地区，而是选择建在一块宽阔的足以提供游牧驻扎营地的平原上。蒙古人在城市外居住，因此这实际上是一个以皇家斡耳朵形式存在的都城。② 苏丹的财富以及政府的档案文书的确有可能被永久地保留在这里，然而，尚未有确切的史料可以证明这一点。③

事实上，这座斡耳朵本身即是一座移动的城市。史料对于完者都的斡耳朵并无详细的描述，但应该和其子不赛因及金帐汗国的统治者的斡尔朵有相似之处，而后二者则有多种史料可供参考④。一旦开始行进，队伍在黎明出发，直到近午。乐手走在队伍前列，由笛和鼓伴奏，高唱十个数字。行进的过程极为有序，每前进一段，均以击鼓为号。当扎营之时，苏丹和随从们自成一营，他的每一个妻子则各成一营。市场和清真寺也被建立起来——"如此，斡耳朵就如同一座城市，随着苏丹行进和停歇"。一切可以在最庞大的城市中得到的东西，都可以在斡耳朵中得到，其中甚至有一块专门划给裁缝们的区域。因为运输成本的原因，价格是奇高的，只有肉类供应充足。⑤ 当队伍动身离开冬季或者夏季营地时，花费高昂的栅栏会被烧掉以灭除蛇虫，同时一位官员会留下来清理并管束留下来的动物和奴隶。⑥

---

① Lambton, p.184. 另外值得注意的是，yūrtchī 寻找的畜牧地点，需远离村庄农业用地，见 Nakhchivānī, p. 64。

② 随着斡尔朵的确立，苏丹尼耶的重要性也得到提升，见 Mustaufi, *Nuzhat*, p. 56; 物价同样因为苏丹的出现而增长，见 Al-'Umarī, pp. 87–89, 及 Al-Qalqashandī, *Subh al-a'shā*(开罗), pp. 422–423。

③ 伊利汗早期，国库 Lake Urmiyya，合赞汗建立了大不里士税收管理的档案，完者都可能延续了这一档案，参见拉施德丁，TGK, p. 182, pp. 187–188, p. 262。塞尔柱人习惯将财产随时携带，参见 Sanaullah, pp. 7–8。

④ 伊本·白图泰，见吉本(Gibb)译本, pp. 342–344、481–486。

⑤ Ibn Battūta, p.343; Al-'Umarī, pp. 86–87, 90, 98; Al-Qalqashandī, pp. 423, 427.

⑥ al-'Umarī, p. 87; Nakhchivānī, p. 67。

这座移动的城市(不同于拔都汗的例子)同时也是帝国的行政管理中心。伊本·白图泰描述不赛因于1326年春天从巴格达返回的情景,写到每个埃米尔各自扎营,维齐尔、秘书以及财政部门的官员同样如此,他们在每天下午开始办公。① 游牧管理人(yūrtchī)的职责之一就是负责分配维齐尔和内阁(ashāb-i dīvān)官员们的牧群,这群人驻扎在苏丹营帐(yūrt)的左侧,而埃米尔们则驻扎在右侧。② 乌马里(Al-'Umarī)也注意到,生活在斡尔朵中的,还包括国库管理人员(a'yān al-hawāwīn al-ru'asā)③,内阁官员(tawā'if al-dawāwīn),书记员(kuttāb)以及伊斯兰教法学家('ulamā)。维齐尔每个早上都需要进苏丹营帐议事。④ 尽管这些记录主要是对不赛因统治时期的描述,但根据哈沙尼的记载,完者都的维齐尔们的确曾跟随其斡耳朵。1308年9月,当完者都动身前往马拉干(Maragha)时,拉施德丁曾跟随其后;同样,1312年4月、1313年4月以及1316年的3月和10月,完者都的出行均有两位维奇尔相随。⑤ 除了专门提到维奇尔们的出行安排之外,还有大量其他暗示他们出现在君主左右的例证。伊历715(公历1315)年,拉施德丁因为痛风长时间离开宫廷,甚至引来了非议。⑥

因此,显然维齐尔和至少某些秘书部门是伴随苏丹左右的,不管是在季节性的营地还是路途中。但由于术语使用上的的模糊,我们很难确定到底是整个官僚系统中的各级官员,包括秘书(munshi`),财政会计(mushrif)和审核员(mustaufī),及其部门对苏丹个人的依附程度如何。比较有可能的是,大部分的官员是随苏丹行动的,而不是呆在一个固定的行

---

① Ibn Battūta, tr. Gibb, pp. 342-343.
② Nakhchivānī, p. 63;清真寺和教法学校处于中间位置,正对着苏丹的营帐。伊本·白图泰注意到,每位可敦(khātūn)的专属区域(mahalla)中均有清真寺。
③ 这个名词的确切意思不明,但或者可大致理解为国库官员。
④ Al-'Umarī, pp. 98-100; Al-Qalqashandī, p. 427.
⑤ Kāshānī, p. 83, 133, 147, 199.
⑥ Kāshānī, p. 195; Aharī, p. 148.

政中心。① 这差不多也是蒙哥汗在中国的情形，除了他在哈喇和林有一个专门的行政运作部门。需要指出的是，此处的"官僚"并不包括那些或多或少被完者都强迫居留在苏丹尼耶的人。②

因此我们可以把完者都的辇驾队伍称为"移动的都城"，这个词也适用于十六七世纪的埃塞俄比亚统治者。③

四

我们已经得出结论，即完者都是其"巡游式"政府的中心，但这一事实在伊利汗晚期政治史中的影响，仍然有待评估。蒙古统治者在政务上投入的时间和精力，应该和其同时代的其他统治者不会有太大的差别。因此，我们不妨先考察中世纪欧洲相关的情况，以和伊利汗作一对比。

众所周知，欧洲中世纪早期的各国君主，以及初期的政府，都或多或少有迁移的传统。斯堪的纳维亚（Scandinavia）是一个早期的例子：拓路者欧努德（Onund the Roadmaker）"在瑞典的每一个地区都为自己建造了房屋，在漫游全国时常宿于逆旅之中"。事实上，他最终在一个秋天死于一场雪崩，其时正在旅行于两地之间。挪威的国王和王室同样将这种模式延续数代之

---

① Kāshānī, p. 196 提到了伊历 715 年（公历 1315—1316）。

② Thomas T. Allsen, *Mongol Imperialism*（University of California Press, London, 1987），p. 98. 完者都带着的人包括商贩、织工和匠人，可能不仅服务于斡尔朵，也用于促进城镇商业发展，参见 Shihāb al-Dīn al-Nuwairī, *Nihāyat al-arab fī funūn al-adab*, part 27, ed. Sa'id' Ashūr（Cairo, 1985），p.419. 至于金帐汗国的情况，其行政中心始终固定在撒莱（Sarai），汗则在冬季返回此处。

③ 参见 R. J. Horvarth, "The Wandering Capitals of Ethiopia", Jnl.of *African Hist*. X（1969），pp. 205-219, 本书讨论了迁移在军事上的考虑；另参见 R. Pankhurst, "Ethiopian Medieval and Post-Medieval Capitals: their Developmentand Principal Features", *Azania* XIV（1979），pp. 1-19, 本书注意到即使在 1636 年于贡达尔（Gondar）建城后，这个行政中心也仅仅是在雨季时才真正运作。感谢 Roland Fletcher 提供资料。

久,在多个地区之间来回巡游,没有王宫、城堡或者固定的居所。①

萨克森(Saxony)的奥图(Ottonian)政府始终处在联络各地的旅行之中,国王有一块专属的半垄断(near-monopoly)地域,马和信使则是其中的主角。王室巡游(iter)是奥图王朝统治的关键环节,甚至在一定程度上弥补了官僚系统的缺失。国王们是马背上的统治者,其足迹遍及可到达的最大范围,通过参加一系列的教堂献礼和宗教节日以加强王国内部的凝聚力,宣示其统治的存在感。"为了维护统治,国王必须现身各地……主持正义,在敌对势力之间维持和平、奖赏以及惩罚",而"那些对国王有事相商或相求的人则必须首先找到他,然后跟从他的巡游队伍(iter)"。边缘地区难以和国王直接联系,因此,想要办成事,必须结交有一位跟随在国王身边的亲信。②

诺曼(Normans)以及金雀花时期的英格兰则是最常被引用的巡游统治的例子。威廉一世(William I)始终在多地之间巡游,主要是为了巩固对边远地区的统治,也可以省去远距离运送皇室庄园出产的开销,同时也为了在皇家森林中打猎。③ 沃特·迈普(Walter Map)描述道,亨利一世

---

① 相反,在瑞典,君主在 Uppsala 有固定的居所;在丹麦,君主则定居 Leidre 和 Odense,参见 Snorro Sturleson, *Heimskringla*; or, *The Chronicle of the Kings of Norway*, tr. S. Laing, 3 vols.(London, 1844), I, 248. 感谢 Malcolm Lyons 提供这条信息。

② K. J. Leyser, *Rule and Conflict in an Early MedievalSociety*: *OttonianSaxony* (London, 1979), pp. 103-104 以及 "Ottonian government", in *Medieval Germany and its Neighbours*, 900—1250(London, 1982), pp.94-101. 感谢 Jonathan Shepard 提供这几条信息。在 Leyser 书中第 103 页,引用乌德勒支(Utrecht)主教 Adalbold 原话:"君主不曾临幸之地总是哀鸿遍野。"亨利二世等君主至少有一半时间在旅行的路上。早期(8 至 10 世纪)的加洛林王朝(Carolingian)君主们同样不知疲倦地在他们的领地上迁移,每年至少进行一场战争,见 R. W. Scholz, *CarolingianChronicles*(Michigan, 1972), e.g. p. 10, 12。

③ D.M.Stenton, *English Society in the Early Middle Ages*, 4th ed.(Harmondsworth, 1967), p. 17. 威廉圈建"新森林"(the New Forest)作为皇室的娱乐区,一般被视为其对狩猎兴致勃勃的证据。到了亨利二世时期,皇家森林可能已经覆盖了全国三分之一的土地,参见 W. G. Hoskins, *The Making of the English Landscape*, 2nd ed.(London, 1977), pp. 90-91。

（Henry I）的家眷、细软运输的安排，以及安置地点都提前安排妥当，且人人知晓。外国人及英国商人会来到安排好的驻地，鳞次栉比的市场会随着国王的足迹出现。① 亨利二世（Henry II）二世继续"这种令人难耐的漫长旅行……对随从他的家眷毫不留情"；如果国王在某个地方长时间停留，则是因为他被各种事务羁绊，例如解决因斯蒂芬（Stephen）时期的混乱无序造成的派系之争。②

约翰王（King John，1199—1216）的巡游记录首次提前了国王旅行过程的每日细节。在每一段行程中，政府机要人员（the hospitium regis）都跟随王室行进，行成一列由 10 至 20 辆马车组成的队伍。③ 他和最初的两位爱德华（Edwards）国王（1271—1327）的旅行记录说明了国王以及随他而行的政府机要人员如掌玺大臣（the Privy Seal）和锦衣库（the Wardrobe）的官员对巡游的重视程度。这些王室巡游的频率极高。约翰王一年中大约迁移 150 次，而爱德华一世平均每年接近 100 次。④ 对于希望拜见国王的人来说，这种惯常处于迁移状态的王室无疑是不便的，以至于在大宪章（the Magna Carta）中专门规定"民事诉讼（Common pleas）不得跟随王室，而应在某些固定的地方解决"，在约翰王统治时期，民诉法院（Court of Common Pleas）被定在了威斯敏斯特（Westminster）。在此之前，起诉者只

---

① Stenton, p. 19; cf. Walter Map, *De Nugis Curialiumr*, ev. ed. and tr. M. R. James (Oxford, 1983), p. 439, pp. 471-473.

② Stenton, p. 36, 38, cf. Map, p. 477, pp. 485-487.

③ J. E. A. Jolliffe, "The Chamber and the Castle Treasures underKing John", in *Studiesin Medieval History Presented to Frederick Maurice Powicke*, ed. R. W. Hunt et al. (Oxford, 1948), pp. 118-119. 跟随国王出行的奥图宫廷人员起码有"数百人"，见 Leyser(1982), p. 96, 另参见 J. C.Holt, "King John", repr. In *Magna Carta and Medieval Government*(London, 1985), pp. 95-96.

④ 数据参见 B. P. Hindle, *Medieval Roads*(Princes Risborough, 1982)以及该作者的论文（1973）ch. 5。

能在追随国王的步辇以寻求裁定。① 不过,直到爱德华三世早期,王座法庭(King's Bench)才有了固定的地点,此时大法官法院(the Chancery)的固定部门也已确定在威斯敏斯特,但仍有些部门随着国王巡游。②

霍特教授(J.C. Holt)用一个词概括金雀花政府的特点:永无停歇。③ 他们最关心的事务包括战争和外交,财政和法制,而处理的方式就是巡游。不论是处于自愿还是迫不得已,只要国王们想要在边远地区确保统治,并掌握王国内的资源,这种永久性的迁移生活就是必须的。用陶特(Tout)的话说:"单是经济上的考量已经足以促使国王永不停步。各地间沟通的成本如此巨大,大件物品的运输又如此艰难,与其将食物送到人和马的嘴边,不如让他们直接到能吃饱的地方。"④ 总之,虽然缺少一座"首都",但国王们的权威并无削弱,事实上,"首都"的概念本身也是到晚近才发展起来。正因为巡游,国王的权力得到了巩固,尽管有时这会助长官僚的自作主张。在法国和英国等国家,政府逐渐发展为一个君主缺席的家庭管理系统。⑤

我们可以看到完者都时期的伊朗与上述欧洲的例子之间的相似和不同

---

① Stenton, pp. 38-40. 类似的例子在波斯历史上也不难找到;完者都时期的案例,参见 Kāshānī, p.76, 另外, 赫拉特的马利克·盖耶速丁也在廷前为自己辩护了三年,见 Fasīh Khwāfī, *Mujmal-i Fasīhī*, ed. M. Farrukh (Mashhad, 1961), III, pp. 20, 23。

② S. B. Chrimes, An *Introduction to theAdministrative Historyof MedievalEngland*, 3rd ed. (repr. Oxford, 1981), p. 210.

③ Holt, "The End of the Anglo-Norman Realm", repr.in *Magna Carta and Medieval Government*, p. 30.

④ T. F. Tout, "The English Civil Service in the Fourteenth Century", *Bull. J. Rylands Lib*. III(1917), pp. 188-189.

⑤ 关于建城的问题,见 Bernard Guenée, *States and Rulers in Later Medieval Europe* (Oxford, 1985), pp. 126-136。在英格兰,国库(the Treasury)和财政部(the Exchequer)在 12 世纪末已经固定下来,见 Chrimes, p. 31.Holt, "Ricardus Rex Anglorumet Dux Normannorum", repr. in *Magna Carta and Medieval Government*, pp. 67-83, 即讨论了金雀花王朝的末王理查德三世是如何控制政府的。

之处。令人遗憾的是，限于档案材料，我们无法进一步探究完者都的家庭作为政府系统的实际作用。伊利汗时期的史料几乎从不提及各个部门的不同职能，我们也无从知晓它们独立于君主（即使当他在场的时候）的程度。同样，蒙古人在伊朗的统治，究竟在多大程度上调整或维持了传统的波斯官僚系统，也是不清楚的。在下文的总结中，我将从伊利汗晚期史的一个侧面对完者都的巡游提出一些总体的看法。

五

如前强调的，也根据哈山尼的说法[1]，完者都的统治期内伊朗基本太平，他在汗国境内的迁移和经常性的战争并不十分相关——合赞的迁移则直接由军事或战略因素主导。当然，完者都在伊朗西北部的活动也可以看作是对金帐汗国潜在威胁的回应，而他频繁临幸巴格达，亦是因为巴格达是应对埃及马穆鲁克王朝的战略要地。[2] 但是，完者都的数次亲征表明，他个人对军事战略毫无兴趣。706（1316）年，他卷入征服里海地区的战争，在这场激烈的战争中，反抗的吉兰人甚至向蒙古人送来了一个流血的鼻子以示决心，但战争也仅持续了一个月。712（1312—1313）年，他又在很短的时间内厌倦了叙利亚战争，根据马穆鲁克人（Mamluk）的史料，他毫无征兆地回到了巴格达。伊本·达瓦达里（Ibn al-Dawādārī）甚至评价他毫无战士的精神。[3] 713（1313—1314）年的呼罗珊战争从一开始就以防守为主，

---

[1] Kāshānī, p.24, pp. 228-229.

[2] 和金帐汗国的关系一直是紧张的，但或许由于埃及马穆鲁克王朝未参与其中，因此两者间没有公开的敌对，见 Kāshānī, p. 82, 146, pp. 175-176, p. 212。彼得·杰克逊在其未出版的博士论文 The Mongols and India, 第 1221—135、150—152 页中提出，完者都之所以汗国西面无甚作为，是为了全力巩固在东面的统治。在他看来，吉兰和马赞德兰只是全面控制呼罗珊的入口。

[3] Al-Nuwairī, p. 418; Ibn al-Dawādārī, *Kanz al-durar*, IX, ed. H. R. Roemer (Cairo, 1970), P. 254. 波斯史料对此给出了诸多原因，见该书第 184 页注 1、2。

而非进攻,这个冬季的大部分时间都花在了庆祝(bazm)而非战争(razm)上。其他的战役则委托给了高级的埃米尔们。战役本身并不能等同一个迁移性的统治,但除了征服吉兰之外的其他战役中,完者都都有政府的机要人员随行,正如其他时候一样。①

和英国历史上安茹王朝的情况一样,尽管政府的政治运作往往随苏丹的行踪而定,但很难反向看出国家事务可以决定他旅行至何处。关于完者都旅行的史料涉及的内容包括地方高级官员的任免以及大使的接待工作,但不提及对地方叛乱的平息或者对当地事务的管理,而后两者则是一个君主如阿巴斯一世的旅行记中惯常涉及的内容。然而,完者都在各个突厥—蒙古人聚居地之间进行迁移,说明他至少在他的游牧的蒙古臣民间活动,以显示他的权威,确保他们的顺从,而一旦他定居于一个固定的首都,这一切将是很难办到的。哈山尼注意到出班(Chūbān)、伊拉金(Irenjīn)等埃米尔定期从他们管辖的游牧地来到宫廷(皇家斡耳朵),向完者都献上礼物,巩固他们的位置。②

与此相反,对于伊朗南部地区,完者都则采取放任不管的态度。在完者都的统治期间,法尔斯(Fars)和开尔曼(Kirman)两个重要省份都由伊利汗直接(至少在理论上)统治,尽管在开尔曼,一个世袭的家族在地区管理中占有一席之地。③但是,很明显,在这些地区蒙古人的统治,或放任不

---

① 完者都离开斡耳朵及其家眷(aghrūq)时,两位埃米尔 Pulād Chīn Sāng 和 Isen Qutluq 负责管理;拉施德丁同样留下照料完者都的病中的妻子,一旦她康复,拉施德丁则须和苏丹会和,见 Kāshānī, p. 236, 及 Hāfiz-i Abrū, p.73。不过,这几个例子并不说明此时已经形成和金帐汗国类似的机制,即一旦苏丹外出征战,则会任命一个代理人暂行职权,见 L. Kwanten, *Imperial Nomads* (Leicester, 1979), p. 207. 关于在叙利亚和马赞德兰的战役,见 Vassāf, p. 554 以及 Kāshānī, p. 154。

② Kāshānī, p. 52, 83, 89, 152, 166, 179.

③ Kāshānī, p. 43; Mustaufī, *Guzīda*, p. 536; Fasīh Khwāfī, III, p.12. 此处我赞同彼得·杰克逊关于开尔曼半独立政权延续性的看法。

管,只是在已经疲敝不堪的传统波斯系统压上最后一根稻草,导致的局面则是财政的混乱和大范围的征收。[1] 如果君主能够临幸这些南部地区,可能有利于在该地建立更稳固的统治。有趣的是,完者都认为他没有必要必要出现在帝国的这些角落。在他统治的末期,完者都任命了他的儿子及继承人不赛因为呼罗珊省的管理者(在埃米尔赛文治 Sevīnj 的指导下),这个举动似乎意在加强中央政府对该地区的直接管理。然而,在同一时间,714(1314)年,完者都又赐予赫拉特(Herat)的卡特(Kart)政权统治者马利克·盖耶速丁(Malik Ghiyāth al-Dīn)一枚玺印,使后者成为一位实质上的独立统治者[2]。这说明,政治原因和军事考虑一样,都不足以成为完者都出行的主要动机。

因此,他的出行只能从游牧经济和休闲娱乐两个角度加以解释。完者都的迁移带有明显的游牧特征——正因为他是一个游牧首领,所以不断在各地迁移,反过来,如金雀花王朝的统治者则是因此迁移才称得上游牧首领。完者都的这一特点并不令人惊奇,事实上,他最初被命名为"牧人"(ass-herd)[3],正是他母亲为了纪念生他后看到的第一件事物。关于完者都出行的原因,除了他的三次出征外,哈山尼唯一特别提到的理由不外乎完者都决定前往冬季(yailāq)或夏季(qishlāq)牧场,或者出猎。事实上,足够的证据显示,和金雀花王朝一样,完者都的宫廷和斡耳朵在全国范围内行进[4],至少,在

---

[1] 参见 Lambton 的重要论文"Mongol FiscalAdministration in Persia", *Studia Islamica* LIV(1986), pp. 79–99, and LV(1987), pp. 97–123。设拉子(Shirz)的居民们曾抱怨和赞一味地希冀从马穆鲁克人手中得到叙利亚,却对其生计毫不关心,见 Vassāf, p. 417。

[2] Saifī Haravī, *Tārīkh-nāma-yi Harāt*, ed. al-Siddiqi(Calcutta, 1944), p. 620; cf. Fasīh Khwāfī, III, p.23。

[3] 完者都原名 Khar-banda,意为"骑驴者",在其该宗伊斯兰教后,他将名字改为 khuda-banda,意为"真主的奴仆"。——译者注

[4] 另参见 M. Aafif, "Les Harkas hassaniennes d'après l'oeuvre d'A. Ibn Zidane", *Hespéris-Tamuda* XIX(1980—1), p.159, 作者在此文中提到税收收入和牧地都被使用了。

那些气候适宜他们的地区,他们的活动的频繁的。这可以推导出,完者都的出行主要是基于发展经济上的考虑,但仅仅是游牧经济,并不等同于同时期西欧的农业经济。

中世纪时期的政府运作效率,在很多程度上直接取决于君主的个性。乌马里(al-Umarī)的口述史料保留了关于不赛因时期伊利汗国的第一手资料,根据他的说法,伊利汗国的蒙古统治者们对政府管理并无兴趣,大部分的政府事务都由维奇尔办理。维奇尔们负责起草苏丹的政令文书(yarlīgh),署名的顺序以苏丹为先,埃米尔次之,维奇尔本人的名字则放在最后。维奇尔之所以能够代政,主要有两大原因:君主嗜酒和耽于打猎。正因如此,苏丹一般不会正式出现在朝臣面前听取意见。理论上说,关于军队的意见一般应该由各兀鲁思(ūlūs)的埃米尔接收,而维奇尔则负责听取关于国家、税收和人口的意见。不过,由于各兀鲁思的埃米尔们不常在斡耳朵,一般都在各自的夏季或冬季营地忙着打猎或在边境出没,事实上,原本在他们职责内的事务也往往归于维奇尔代劳。① 其他马木鲁克人的史料(自然带有敌意),特别提到完者都一味地沉溺酒精,只顾着和他的狐朋狗友作乐。② 言下之意是苏丹在马上寻欢作乐,而波斯官僚们维持着国家的运作。

完者都醉心打猎是不可否认的,但他究竟在多大程度上参与到实际的政府管理中,仍是一个难以评估的问题。阿哈里(āharī)注意到了完者都的妹妹完者台(Olejetei)享有极高的权力,但这可能是因为她是谢赫·哈桑·札剌亦儿的父系祖母。③ 从现在掌握的史料看,维奇尔们几乎掌握了

---

① Al-'Umarī, pp. 93, 96, 100;另参见 al-Qalqashandī, p.428;他提到,事实上,维奇尔才是真正的苏丹, p. 423。从完者都至法王腓力四世的信件可见当时的书信签名情况, Mostaert and Cleaves。

② Ibn al-Dawādārī, p. 254; al-Maqrīzī, *Kitāb al-sulūk*, II/I, ed. M.M. Ziyāda (Cairo, 1941), p. 159。

③ Aharī, p. 148, tr. pp. 50–51. 只有 Kāshānī 提到了她。

政府的绝对权力,不过其中的两位维奇尔限制了这种权力,从而使得苏丹成为仲裁者,由此造成了宫廷中的派系之争。①

我们已经清楚,完者都尽管过着迁移各地的生活,但他从未离开国家,也从未远离政府的中心。他的迁移节奏是较缓慢的,因此使得建立在斡耳朵中的内阁(dīvān)有了半固定的特征。和伊利汗早期相比,这已经是一个变革。志费尼(Juvainī)曾是阿儿浑阿合(Arghūn āqā)在呼罗珊的总督府内阁的一员,他曾抱怨因为疲于不断地迁移驻地,他的学术活动被迫搁浅,只能"利用旅行的间隙抓紧个把小时"写作他的历史。阿儿浑阿合的管理机构的确被称为"移动的秘书处"②。这种国家的运作方式明显会带来实际的问题,不过,一旦减缓迁移的频率和速度,问题则会减少。既然搬运一个斡耳朵已经需要耗费大量的人力、物力,那么,可以推测得知,即使不断地搬迁政府文书和国库财宝,也算不上大问题。1309 年,可能由于哈山尼离开了宫廷,我们无法从他的记录中得知完者都这一年的行踪,不过可以肯定,他必定和前些年一样在高八里和苏丹尼耶两地之间度过了这一年中除了打猎之外的大部分时间。完者都的迁移频率是固定的,且他在某地的停留时间较长,使得外国使节、寻求申诉者等人相对容易找到他,这一点再一次说明完者都的斡耳朵具有半固定的性质。因此,官僚机构不必固定在一个远离苏丹的地方却对他心心念念。

和之前的朝代一样,伊利汗时期存在着国家土地和皇室土地(以及由此带来的税收)的矛盾,宫廷(dargāh)和官僚机构(dīvān)也存在着对立,但这种对立现在看来较为模糊,究竟在多大程度上可以将此解读为服务于国家和服务于君主个人之间的对立,仍然不清晰。一方面,为君主尽忠是更被强调的;另一方面,官僚系统一直缺少廉洁和独立的传统——尽管理

---

① Kwanten, pp. 244-249,将这种派系斗争视为伊利汗国覆灭的主要原因。有趣的是,亨利二世时期英国也经历过同样的宰相制度(the Justiciarship)的分裂。

② Allsen, pp. 106-107.

论上被要求对臣民尽责。[1] 在蒙古人统治下，现实是令人沮丧的，对于官僚们而言，实现这种职责的最佳途径就是将君主个人的利益等同于国家的利益。在君主的专制权力不受宪政制约的情况下，真正的官僚独立是不可能实现的。但君主和官僚又彼此依存，两者之间的相互同化和共融是主要的演变方向。

因此，完者都的统治期极好地展示了游牧和定居两类不同执政观念的互动和博弈。如果说，塞尔柱苏丹们仍可以勉强维持阿拔斯王朝以宫殿为行政中心的定居生活模式，那么，到了蒙古时期，游牧统治则占尽了优势。伊利汗时期，游牧元素对执政模式的影响程度之深可谓已达极点，接下来的几个王朝（通常都有游牧民族的族源）开始缓慢地城镇化，阶段性地在不同国都之间的巡游仅仅是作为一种固定和永久性的管理制度。直到19世纪，凯加（Qajar）王朝的君主仍然定期离开德黑兰，赴夏都度过盛夏，但这并不妨碍凯加政府的王室和宫廷体制。[2] 自伊利汗以降，波斯的官僚体系历经多个习惯游牧生活的统治者，不过，通过其管理制度的传承和延续，客服了蒙古及其他入侵者对伊朗造成的巨大损害，并最终保留了伊朗的国族认同。

---

[1] Morgan, Aspects of Mongol Rule, pp. 155-156. 另参见 Lambton, "The Internal Structure of the Saljuq Empire", *CHIr*, V, p. 266, 以及 *Continuity and Change*, 特别是 pp. 61-68, 297-309。

[2] 参见 Hasan Fasā'i, tr. H. Busse, *The History of Persia under Qajar Rule* (London and New York, 1972), 特别是 p. 81, 134, 142, 155 等。另见 G. Hambly, "A Note on Sultaniyeh/Sultanabd in the Early 19th Century", *AAPP* II (1972), pp. 89-98 以及 J. M. Scarce, "The Royal Palaces of the Qajar Dynasty: A Survey", in C.E. Bosworth and C. Hillenbrand (eds.), *Qajar Iran: Political, Social and Cultural Change, 1800—1925* (Edinburgh, 1983), pp. 333-341, 特别是 p. 338。除了苏丹尼耶，凯加王朝同样睐乌江，此地被认为是伊朗最凉爽的地方之一（这一点无疑对合赞汗也吸引力颇大），见 V. Barthold, *An Historical Geography of Iran*, tr. S. Soucek, ed. C.E. Bosworth (Princeton, 1984), p. 223。

附录1：苏丹完者都的行迹

下表提供了完者都任期内的大致行踪。此表并未罗列他的全部行动，在时间上，也仅列举了那些可以直接或间接证明他的方位发生转移的时间点。这份"地理年代学"考察基于哈山尼提供的数据；注释部分讨论了哈山尼的文本存在的问题或出入，并根据其他材料加以考订。次要的编年上的问题，如日期和周期的不符，一般略过。（为防出现混淆，下表中出现的地名均保留原英文音译。——译者注）

日期（希吉拉历）	日期（格里高利历）	地点/迁移
704年	1304年	夏季在ūjan
穆哈兰姆月6日	8月9日	前往Sa'īdābād
穆哈兰姆月7日	8月10日	前往Tabriz
穆哈兰姆月8日	8月11日	Shām-i Ghāzān（Tabriz）；然后出发前往ūjan和Yūzāghāch，到Marāgha
穆哈兰姆月22日	8月25日	在Namā'ūrd?和Bādiya Azīz狩猎[①]
色法尔月8日	9月10日	苏丹到Seh Gunbadān
色法尔月14日	9月16日	到Pūl-i Surkh-i Marāgha[②]
色法尔月25日	9月27日	在Marāgha附近狩猎
色法尔月27日	9月29日	离开
赖比尔·敖外鲁月10日	10月11日	到达Tabriz
赖比尔·敖外鲁月11日	10月12日	Shām-i Ghāzān
赖比尔·敖外鲁月12日	10月13日	前往Tigīnābād[③]

[①] Kāshāni, p.31只提到了"周二"。从上下文分析，得出表格中的日期。史料中提到马拉干的 *qur.n.gh*, qurīgh 即 quruq，意为"狩猎场"。此类地点多数尚未确定。文中的 Namā'ūrd 可能就是 Nā'ūr Dūl，位于乌江和大不里士之间，也可能是指位于 Ab-i Shūr 地区的 N.m.rūr，参见 Rashīd al-Dīn, TGK, p.104 以及 K. Jahn 主编的 *Geschichte der Ilḫāne Abāġā bis Gaiḫātū*（1265—1295），（'s-Gravenhage, 1957）〔以下简称为 ABG〕, p. 58.

[②] Kāshāni, p. 31, 仅提供了"周三"的日期。

[③] 此处不确定。完者都前往木干和阿蓝作为冬季营地；Vassāf, p. 472 提到了 Alāt-

完者都的巡游，1304—1316　　177

续表

赖比尔·阿色尼月 8 日	11 月 8 日	前往 Pūl-i Chaghān?
主马达·敖外鲁月 13 日	12 月 12 日	抵达 Gāvbārī
	1305 年	
舍尔邦月 6 日	3 月 4 日	穿越 Kur，南返[①]
舍尔邦月 28 日?	3 月 26 日	在 Dālān Nā'ūr[②]
赖买丹月 2 日	3 月 29 日	随斡尔朵离开
赖买丹月 25 日	4 月 21 日	到达 Pīlasuvār
闪瓦鲁月 18 日	5 月 14 日	前往 Gulistān[③]，Barzand[④]
闪瓦鲁月 18 日	5 月 20 日	Haravān[⑤]

āgh，在此地完者都猎水禽为戏，度过冬季。从此地到高八里（该年的 12 月 12 日）总共花了 60 天的时间，这一点似可佐证 Vassāf 所示的一点，即和接下来的两年一样，完者都在途中经过了 Alātāgh。Pūl-i Chaghān 是完者都这次行程中的重要一站，从 Kāshāni（pp. 41-42）提供的背景看，此地应位于木干，距离高八里几天的路程。在表 1 中则不存在这种不确定之处，因为那次行程直接经过 Ahar 和 Pīlasuvār。

① 完者都穿过库尔河，说明他之前应该在河的北面。有可能正是在这次行程中，他君临 Bākū。

② Kāshāni, p. 43 给出了"周三，舍尔邦月 28 日"的日期，但这和 pp. 41-42 给出的日期背景不符。Vassāf, p. 475 仅仅提到了在这年春天完者都从阿蓝返回。Dālān Nā'ūr（意为"七十个湖"）位于库尔河南岸防守带的最末段，其目的在于防守金帐汗国的入侵，见 Rashīd al-Dīn, ABG, p. 9 以及 TGK, pp. 118-119。

③ Gulistān 具体位于何处尚不清楚。1813 年俄国和伊朗签订的合约中出现了这一村名，但这个村庄显然在地理位置上太靠北，因此不吻合。另一个 Gulistān 位于阿尔达比尔南面，如果完者都是从 Kūh-i Savalān 的南面而不是北面的路径返回乌江，那么此地也存在可能性。Mustaufī 在 Nuzhat, p. 199 中提到的一座位于木干的山，也叫 Gulistān，应该是最有可能的选项，但我尚未对这座山有足够的确认信息。

④ 完者都至菲力四世的信显然应该是 1305 年七月 23 日之前的某段时间在 Barzan（Alīvān）写的，参见 W. Kotwicz, "En marge des lettres des il-khans de Perse（1）", Rocznik Orientalistyczny XVI（1950），p. 402. 这封信的意大利文译本给出了一个日期，即 1306 年 4 月 5 日。Boyle 在 CHIr, V, p. 399 中认为应是 1305 年 4 月 5 日。我无法对这封信给出一个确切的蒙古日期，但完者都在离开 Pīlasuvār 和到达乌江之间，应该在 Barzand 附近停留过一段时间，参见 Mustaufī, Nuzhat, pp. 181-182 给出的路线。

⑤ Kāshāni, p. 31 提到了 H.rvān。此地暂不明究竟，可能是 Kalkhūrān（位于阿尔达比尔北面）或 Hirū-ābād（Khalkhāl），尽管两地都不在直接通往乌江的道路上。另一

续表

都尔喀尔德月 3 日	5 月 28 日	到达 ūjan
都尔喀尔德月 20 日	6 月 14 日	前往 Tabriz
都尔喀尔德月 25 日	5 月 19 日	Shām-i Ghāzān
都尔黑哲月 17 日	7 月 11 日	Rub'al-Rashīdī
都尔黑哲月 18 日	7 月 12 日	离开前往 ūjan
705 年		
穆哈兰姆月 1 日	7 月 24 日	到 Qonqur Oleng
色法尔月 26 日	9 月 17 日	在 Marāgha 附近狩猎
		经过 Nakhchivān 到达 Mūghān 和 Arrān①
	1306 年	
舍尔邦月 18 日	3 月 5 日	在 Gushtāspids 狩猎②
舍尔邦月 22 日	3 月 9 日	返回
舍尔邦月 23 日	3 月 10 日	从 Gāvbārī 到 Jūy-i Nau
闪瓦鲁月 19 日	5 月 4 日	在 Pīlasuvār③
都尔喀尔德月 9 日	5 月 23 日	从 Pīlasuvār 经过 Gulistān④
都尔黑哲月 16 日	6 月 29 日	到达 ūjan
706 年		
色法尔月 21 日	9 月 1 日	到 Tabriz
色法尔月 22 日	9 月 2 日	Shām-i Ghāzān
色法尔月 24 日	9 月 4 日	离开前往 Alātāgh
		经过 Nakhchivān 到达 Arrān

个字面上看起来更可能的地点是 Khūrvānaq，此地位于大不里士北面的 Dizmār，距离阿拉斯河 15 千米，同样不在上述道路上，见 Mustaufī, *Nuzhat*, p. 88 及 Krawulsky, p. 529。

① 完者都出发和到达冬季营地的日期均欠奉。Vassāf, p. 475 提及完者都于伊历 705 年主马达·敖外鲁月（公历 1305 年 11 月）到了 Chaghātu 山，但这个日期显得太晚，另参见 Boyle, *CHI*, V, p. 398。

② 这块地域有许多军事伊克塔（iqta），见 Mustaufī, *Nuzhat*, pp. 92-93。完者都可能在此次行程中也临幸了 Bākū。

③ 就在这一天，Tāj al-Dīn Gursīrkhī 在和维奇尔们起冲突之后被行刑致死，Kāshāni, p. 50. Mustaufī, *Guzīda*, p. 607, 则给出了闪瓦鲁月 20 日这一日期。

④ Kāshāni, p. 51. 完者都接下来到了乌江有史料为证，参见 *Histoire de Mar Jabalaha III, Patriarche Des Nestoriens, 1281—1317*, tr. J. B. Chabot, (Paris, 1895), p. 149。

续表

	11月28日	抵达 Gāvbārī^①
主马达·敖外鲁月21日	1307年	
	4月17日	从 Injuksū 出发，经过 Khalkhāl^②
	5月11日	抵达 Qonqur Oleng
闪瓦鲁月13日	5月16日	离开前往 Gilan^③
都尔喀尔德月8日	5月21日	从 Kūrān Dasht 到 Shāhrūd 的 Deh Kūshān^④
都尔喀尔德月13日		
都尔喀尔德月18日	5月29日	袭击 Tālishān
	5月31日	到达 Dailamān 边界
都尔喀尔德月26日	6月2日	河畔扎营
都尔喀尔德月28日	6月6日	越过 Gilan 阵营
都尔喀尔德月30日	6月7日	在 Lāhījān 森林中
都尔黑哲月4日	6月8日	经过 Rustā？到 Lāhījān^⑤
都尔黑哲月5日	6月13日	穿过 Safīd-rūd
都尔黑哲月6日		在 Kūchasfān 附近扎营
都尔黑哲月11日	6月21日	在 Safīd-rūd 河畔扎营
		从 Kūhdum, Safīd-ruū 和 Mūsā-ābād 撤退^⑥

① 前书 pp. 52-53 给出了从大不里士出发和到达高八里的突厥—蒙古日期，由此得出其希吉拉历日期。

② Injkū/Injka/sū 尚未考证清楚。Kāshāni, p. 55 给出了"都尔喀尔德月13日"的日期，他可能将此与完者都从苏丹尼耶出发的日子混淆了（见 p. 61）。Mustaufī, Guzīda, p. 607, 对此给出的日期是706年的都尔黑哲月。Banākatī, p. 417, 给完者都出征吉兰的年份是707年，即 Qutlugh Shāh 领队出征的两年之后。Qutlugh Shāh 是合赞时期的蒙古将领，参与了蒙古入侵马穆鲁克叙利亚的战争，1307年死于吉兰之战。——译者注

③ Kāshāni, p. 236, 描述了完者都离开 Qonqur Oleng 和家眷出战吉兰之后的一场涉及年轻王子 Taifūr 的意外事件，他给出的日期是706年的闪瓦鲁月29日，周五（公历1307年5月3日，周三）。不过实际的日期可能应该是都尔喀尔德月29日（公历6月1日，周四）。

④ Howorth, p. 541, 提到经过了 Lussan 和 Safīd-rūd, 而 Hāfiz-i Abrū, p. 73, 则提供了 Tārum 和 Darafk（Dulfak）山，说明完者都在此停留了三天。

⑤ 这块地域有许多军事伊克塔，见 Mustaufī, Nuzhat, pp. 92-93。完者都可能在此次行程中也临幸了 Bākū。

⑥ Boyle, p. 400, 提及完者都返回途中经过 Kūhdum, 更准确地说应该是"Kūtam"，一个里海沿岸的城镇（另参见 Mustaufī, Nuzhat, p.163; Krawulsky, map 3; V. Minorsky, Hudūd al-Alam, 2nd ed; C. E. Bosworth, GMS（London, 1970）, p. 390）。Mūsā-ābād 应该接近今天的 Mūsā-kūh, 靠近 Fūmin。

续表①

都尔黑哲月 19 日	6 月 23 日	离开 Gīlān
都尔黑哲月 21 日	6 月 29 日	
都尔黑哲月 27 日		
707 年		
一周后	约 7 月 6 日	抵达 Sultāniyya
赖比尔·敖外鲁月 8 日	7 月 7 日	在 Hamadan 和 Kharraqān 一带狩猎①
		狩猎结束
赖比尔·敖外鲁月 13 日	9 月 12 日	经过 Marāgha 和 Tabriz 到 Gāvbārī②
主马达·敖外鲁月 5 日	11 月 2 日	
	1308 年	在 Gāvbārī③
赖买丹月 8 日	3 月 2 日	在 Gulistān
都尔喀尔德月 20 日	5 月 12 日	在 ūjan④
		夏季在 Sultāniyya
708 年		
赖比尔·敖外鲁月 22 日	9 月九日	随宫前往 Yūzāghāch
赖比尔·敖外鲁月 27 日	9 月 14 日	到 Marāgha 狩猎
赖比尔·阿色尼月 15 日	10 月 2 日	Shām-i Ghāzān
赖比尔·阿色尼月 16 日	10 月 3 日	Tabriz
赖比尔·阿色尼月 21 日	10 月 8 日	Shām-i Ghāzān
赖比尔·阿色尼月 23 日	10 月 10 日	离开 Tabriz
主马达·敖外鲁月 14 日	10 月 30 日	抵达 Gāvbārī

① 突厥—蒙古日期吻合。Kāshānī, p. 73 写成 Karmiyān，我尚未考证清楚。

② 除了这段路程本身最直接之外，Kāshānī, p. 73 也记录了赖比尔·阿色尼月 11 和 24 日（公历 10 月 10 和 23 日）在马拉干和大不里士发生的事件，佐证了完者都此时在这两座城市出现的事实。另一方面，拉施德丁在主马达·敖外鲁月 1 日（公历 10 月 10 日）抵达大不里士及其随后和 Būlūghān 可敦一同离开前往阿蓝，都应在完者都离开之后，如果他的确在四天之后抵达高八里的话。

③ Kāshānī, p. 76. 离开高八里的日期不明。他在 Gulistān 一座由合赞建造的旅社中暂住，见 p. 98。

④ *Histoire de Mar Jabala*, p. 150. 在 Mar Jabala 访乌江之后，完者都参观了他在马拉干的天主教修道院，见同书, p. 151。Kāshānī, p. 83, 提到这次临幸发生在 9 月。

完者都的巡游，1304—1316　　181

续表

	1309 年 10 月 19 日	
都尔喀尔德月 8 日		在 Gāvbārī ① 夏季在 Sultāniyya
709 年 主马达·阿色尼月 10 日	11 月 15 日	在 Bīsitūn 周边 ②
主马达·阿色尼月 27 日	12 月 2 日	抵达 Baghdad，参观 Madā`in
赖哲卜月 8 日	12 月 12 日	到 Muhawwal
赖哲卜月月底	12 月月底	到 Hilla, Kūfam, Karbalā
	1310 年	
舍尔邦月 7 日	1 月 19 日	先到 Deh Mukārim，后至 Najaf ③ 返回 Muhawwal
赖买丹月 1 日	2 月 2 日	参观圣墓（伊玛目阿里？）
闪瓦鲁月 20 日	3 月 23 日	返回 Muhawwal
闪瓦鲁月 23 日	3 月 26 日	离开 Baghdad
闪瓦鲁月 27 日	3 月 30 日	前往 Hamadan
闪瓦鲁月 28 日	3 月 31 日	在 Kūshk-i Sultān
都尔黑哲月 14 日	5 月 15 日	离开 Hamadan ④
都尔黑哲月 15 日	5 月 16 日	抵达 Sultāniyya
都尔黑哲月 19 日	5 月 20 日	夏季在 Sultāniyya ⑤

---

① 根据 Kāshāni, p. 84，完者都的儿子 Bāyazīd 在这一天死在高八里。但根据 Al-Nuwairīm, p. 418，则将他的死期放到了 709 年，这可能是将他和 Bistām 去世的日子混淆了，见下注。

② 根据 Kāshāni, p. 87 以及 Hāfiz-i Abrū, p. 120，完者都的另一儿子 Bistām 在这一天死在 Chamchamāl 和 Sahna 之间的地方。Vassāf, p. 522，记录到 709 年泰什林月（公历 1309 年 10 月）完者都前往巴格达。Teshrīn 为阿拉伯语词，意为十或十一月。——译者注

③ Kāshāni, p. 90，给出的月份是都尔喀尔德月，但事实上那时完者都正前往哈马丹。完者都此次朝拜 Najaf，和他之后舍尔邦月将呼图白（khutba）和希卡（sikka）改成什叶派的形式相关，见 p. 100。Deh Mukārim，大约位于巴格达北 15 英里处。

④ Kāshāni, p. 88，提到 Kūshk-i Sultān 位于哈马丹一带。Histoire de Mar Jabala, pp. 164-165，也证实了完者都离开哈马丹。同书 p. 159 记录了早先在 Irbil 一地对基督教徒的迫害，也证实完者都在 3 月末曾出现在巴格达；同书也提到之后基督徒们与完者都的皇家随从的数次接触，但未给出具体的地点。有可能 Kāshāni 给出的完者都离开巴格达的日期比实际早了。

⑤ 下一组数据来自 Kāshāni, p. 89 记录的 709 年的行程，大致可以弥补这一年上半年的空白，但日期和周期和 710 年的情况更吻合。

续表

710 年		
赖比尔·敖外鲁月 7 日	8 月 4 日	前往狩猎
赖比尔·敖外鲁月 11 日	8 月 8 日	结束狩猎
赖比尔·阿色尼月 18 日	9 月 14 日	离开前往 Baghdad
赖哲卜月 21 日	12 月 14 日	抵达 Baghdad，在 Muhawwal 停留
舍尔邦月 25 日	1311 年 1 月 13 日	到 Nahr-i Ghāzānī 以及 Karbalā①
711 年		夏季在 Sultāniyya
		到 Baghdad
	1312 年	冬季在 Muhawwal
赖买丹月	1 月	在 Baghdad②
都尔喀尔德月 25 日	4 月 3 日	离开 Muhawwal
都尔喀尔德月 26 日	4 月 4 日	前往 Chamchamāl③
都尔黑哲月 16 日	4 月 24 日	离开 Hamadan
都尔黑哲月 22 日	4 月 30 日	抵达 Sultāniyya
		夏季在 Sultāniyya
712 年		
穆哈兰姆月 24 日	6 月 1 日	在 Sultāniyya④
主马达·阿色尼月 1 日	10 月 4 日	离开 Sultāniyya，前往 Kushāf

① Kāshāni, p. 109, 写成 Mashhad-i Jābrī, 因 Hāyrī 即 Hā`irī。关于 Nahr-i Ghāzānī, 参见 Rashīd al-Dīn, TGK, p. 144, pp. 203-204 以及 Krawulsky, p. 481。

② 完者都这一个月在巴格达接见了一位外国使者, 见 Vassāf, p. 504。在闪瓦鲁月 10 日（公历 2 月 19 日），维奇尔 Sa`d al-Dīn 在 Muhawwal 被杀, 见 Vassāf, p. 537, Ban-ākatī, p. 475-476 以及 Mustaufī, Guzīda, p. 608。

③ 根据 Kāshāni, p. 132, 在同一年, Sa`d al-Dīn 的同道 Sayyid Tāj al-Dīn Avajī 也被杀。被杀之日, 完者都正前往 Chamchamāl。不过, 早在都尔黑哲月的开端（p.131），他已经被判刑并遭处决, 这一点同时由 Vassāf（p.438）和 Mustaufī（p.608）证实, 可见, 如果我们相信 Kāshāni 的说法的话, 则应该早于完者都的出发之日。关于完者都回苏丹尼耶的日期, Kāshāni 提供的数据十分模糊。

④ 这一天, Vassāf 向完者都献上了自己的作品, 见其著作 p.544。同时, 在 p.541, 他也提及道完者都在赖比儿·敖外鲁月 22 日（公历 1312 年 7 月 28 日）在巴格达, 由维齐尔 Tāj al-Dīn Alīshāh 提供娱乐。这个日期肯定是有误的, 因为几乎没有信息可以确认完者都曾在 7 月驾临过巴格达。Vassāf 在 p.553 也另记录了这一年的主马达·敖外鲁月叛变的马木鲁克埃米尔曾在苏丹尼耶寻求庇护; Kāshāni, p. 141, 则另外提供了赖比儿·敖外鲁月日期。

完者都的巡游，1304—1316　　183

续表

赖哲卜月 9 日	11 月 10 日	抵达 Ma'sar?，打猎 ①
赖哲卜月 30 日	12 月 1 日	前往 Sinjār ②
舍尔邦月 14 日	12 月 15 日	在 Sinjār ③
舍尔邦月 27 日	12 月 28 日	在 Khābūr 河沿岸
舍尔邦月 28 日	12 月 29 日	穿过 Khābūr 河，在 Qaraqīsīyā 附近扎营
舍尔邦月 29 日	12 月 30 日	到 Euphrates 河 ④
赖买丹月 1 日	12 月 31 日	穿越 Euphrates 河 ⑤
	1313 年	
赖买丹月 5 日	1 月 4 日	抵达 Rahba ⑥
赖买丹月 26 日	1 月 25 日	前往 Baghdad ⑦

① Kāshāni, p.544, 提到在主马达·阿赫尔月的开端离开了苏丹尼耶，并于同月 9 日（公历 10 月 12 日）到达 M..s.r.（？）。假使后一地点靠近 Mosul 的话，则这一数据极不可靠。Kushāf 在 Mosul 南，正对扎布河（the Great Zab）畔的 Hadītha。Vassāf, p.553, 提到完者都（直接）前往 Mosul；Hāfiz-i Abrū, p.104, 则说他先抵达巴格达。根据 Rashīd al-Dīn, TGK, p.125, 合赞汗在伊历 669 年历 21 天从大不里士到 Kushāf, 在 702 年历 49 天回到乌江。完者都的路线则未知。基于赖哲卜月 9 日和 11 月 10 日都是周五，我在 Kāshāni 的数据上增加了一个月。这不过缩短了他到达后狩猎的时间！Mustaufī, Guzīda, p.608 则给出了 712 年闪瓦鲁的日期，显然是不正确的。

② Vassāf, p.554.

③ Ibid., p.554：完者都检阅了他的军队。他到达 Sinjār 的时间不明，但他的进程相当缓慢（āhista harakat mīfarmūd）。

④ Vassāf, p.555.

⑤ Ibid., p.555, 这一数据也和 Kāshānī, p.143 吻合。

⑥ Kāshānī 和 Vassāf 给出的日期都是赖买丹 6 日；Abu'l-Fidā, tr.P.M.Holt, The Memoirs of a Syrian Prince（Wiesbaden, 1983）, p.62, 提到完者都从舍尔邦月末就在那里了。Ibn al-Dawādārī, p.254 和 al-Maqrīzī, p.119, 都以赖买丹 1 日作为此次攻击的起点；Howorth, pp.566-567, 给出了不同的时间。Al-Nuwairī, p.418, 记录完者都当时在幼发拉底河的另一岸边。

⑦ Abu'l-Fidā, tr.Holt, p.63；Al-Nuwairī, p.418；al-Maqrīzī, p.119. Vassāf, p.557 给出的是赖买丹 24 日（另见 p.610），Ibn al-Dawādārī, p.256, 则给出赖买丹月末。Kāshānī, p.143, 给出的却是闪瓦鲁月 27 日（公历 2 月 25 日），这晚于实际的战争时间，明显有误。因此，需要将他之后给出的数据均提前一个月，才能修正他的错讹。

续表

闪瓦鲁月 9 日	2 月 7 日	抵达 Baghdad；到 Muhawwal[7]
闪瓦鲁月 21 日	2 月 19 日	到 Baghdad
闪瓦鲁月 22 日	2 月 20 日	到 Muhawwal
都尔喀尔德月 29 日	3 月 28 日	到 Baghdad[2]
都尔黑哲月 17 日	4 月 15 日	前往 Sultāniyya
都尔黑哲月 28 日	4 月 16 日	抵达 Sultāniyya（Chamchamāl）
713 年		
色法尔月 6 日	6 月 2 日	离开 Chamchamāl[3]
色法尔月 16 日	6 月 12 日	到 Sultāniyya
主马达·敖外鲁月 15 日	9 月 7 日	前往 Mazandaran，Nīm Murdān
	1314 年	
赖买丹月 13 日	1 月 1 日	到 Sultān Duvīn[4]
都尔喀尔德月 2 日	2 月 18 日	前往 Khurasan[5]，Tūs 地区?[6]
都尔喀尔德月 14 日	3 月 2 日	返回 Sultāniyya[7]

---

① Kāshānī 给出的时间是都尔喀尔德月的某个周三（但写成了闪瓦鲁月）；表中给出的日期是三个可能的周三中的第二个，根据其行路时间大致推算出来（尽管路程未知，但可能是沿着幼发拉底河）。表中随后的两个数据也改为闪瓦鲁月。

② 此处重新使用 Kāshānī 的日期。在中间的一个月，完者都患疾就医，并沐浴，见 p. 144。这周的几天暂不连贯，年末亦然。都尔黑哲月 28 日应该是一个周四。Vassāf, p.610, 提到完者都在伊历 713 年春前往苏丹尼耶；另参见 Hāfiz-i Abrū, p.105。

③ Kāshānī, p. 151, 只提到了周一，结合上下文应是色法尔月 8 日（公历 6 月 4 日），但这一天是不赛因的纪念日（sar-i sāl）；他出生于 704 年的都尔喀尔德月 8 日（公历 1305 年 6 月 2 日），见 Kāshānī, p.44。

④ Hāfiz-i Abrū, pp. 105-106。

⑤ Kāshānī, p. 164, 将出发地写成苏丹尼耶，而不是 Sultān Duvīn。Boyle 在其文 p.405 中受其误导。

⑥ Vassāf, p. 611, 提到完者都在冬初（即 1313 年末）前往图斯地区（hudūd-iTūs），即在得到怯伯（Kebek）撤退的消息之前。之后完者都回到马赞德兰打猎，在 714（公历 1314）春天回到苏丹尼耶。hudūd-iTūs 是一个相当宽泛的表述；带来这条消息的信使从 Juvain（Kāshānī, p. 164）来，或许正是完者都最远到达的地方，如果下一个日期正确的话。

⑦ 此处的日期恰在都尔喀尔德月 12 日（公历 1 月 28 日）完者都的纪念日（sar-i sāl）宴会之后。根据 Banākatī, p. 472 及 Mustaufī, Guzīda, p. 606, 完者都出生于 680 年都尔黑哲月 12 日/1282 年三月 24 日。这说明完者都有一个月的时间外出，考虑到这一时期他的行踪不定，这一点是极有可能的。另外，完者都的纪念日可能是根据阳历过的，但都尔黑哲月 12 日即三月 30 日。sar-i sāl 在现代波斯语中指人的死期。

① 续表

714 年		
穆哈兰姆月 25 日	5 月 11 日	在 Sultāniyya①
色法尔月 22 日	6 月 7 日	狩猎
色法尔月 24 日	6 月 9 日	返回 Sultāniyya
主马达·敖外鲁月 6 日	8 月 18 日	在 Abhar 附近狩猎
主马达·阿色尼月 25 日	10 月 6 日	在 Chaghān Nā`ūr 附近狩猎②
		冬季在 Sultāniyya
715 年	1315 年	这年夏季在 Sultāniyya
赖哲卜月 1 日	10 月 1 日	决定前往 Arrān
赖哲卜月 5 日	10 月 5 日	出发，经过 Siyāh-kūh 山和 Safīd-rūd 河③
赖哲卜月 23 日	10 月 23 日	抵达 ūjan④
赖哲卜月 24 日	10 月 24 日	在 Rub'-i Rashīdī
赖哲卜月 26 日	10 月 26 日	在 Shām-i Ghāzān
赖哲卜月 27 日	10 月 27 日	前往 Mūghān 和 Arrān，狩猎，前往 Deh-i Mahmūd-ābād（Gāvbārī），Aras 河
716 年	1316 年	冬季留在 Gāvbārī。到 Ardabīl
赖比尔·敖外鲁月 15 日	6 月 7 日	抵达 Sultāniyya⑤
舍尔邦月 15 日	11 月 3 日	到 Chaghān Nā`ūr⑥
赖买丹月 1 日	11 月 17 日	打猎归来，抱恙
赖买丹月 30 日	12 月 6 日	崩于 Sultāniyya⑦

---

① 根据 Kāshānī, p.165，完者都在这一天接见了来自金帐汗国的使者。

② Kāshānī, pp.166-167，日期相当不连贯。关于 Chaghān Nā`ūr，见 Must-aufī, Nuzhat, p.69。

③ Kāshānī, p.177、178，分别给出了两个不同的前往大不里士的日期，可能有误。

④ Kāshānī, p.178，给出了赖哲卜月 24 日的日期，但这一日期既不和周期吻合，也和完者都外出大不里士躲病的时间相冲突。

⑤ Abul`-Fidā, tr. Holt, p.72，也证实完者都于主马达·阿色尼月（公历 9 月）出现在了 Qonqur Oleng 周边。

⑥ Kāshānī, p.199，给出的日期是赖哲卜月 15 日（22 日则是维齐尔回到苏丹尼耶的日子）；Vassāf, p.616，则记录到完者都于舍尔邦月（公历 10 月）末在 Chaghān Nā'ūr 狩猎长达 20 天，在该月末（公历 11 月）中返回。此处我将两处的信息折中。

⑦ Kāshānī, p.222，给出的日期是赖买丹月 27 日周三，这一日期也出现在 Abul`-Fidā, tr. Holt, p.72。但哈沙尼在下一页则给出了开始于 1316 年 12 月 15 日的突厥—蒙古月（Chaqsābāt-āy），显然有所冲突。其他史料给出的日期则多在赖买丹月 29 日至闪

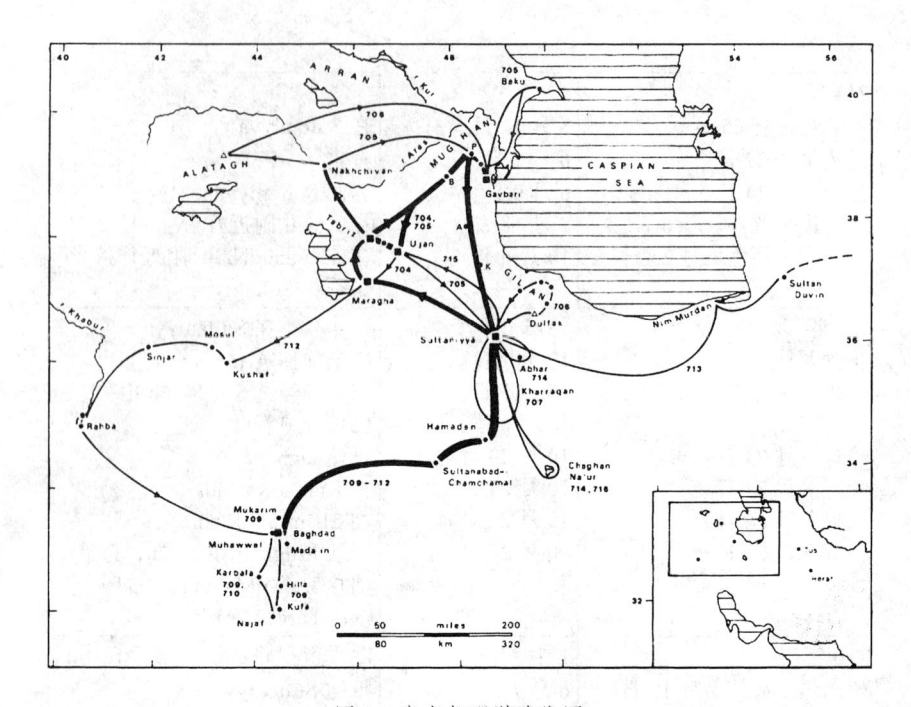

图 1　完者都巡游路线图

本图省略了完者都在阿蓝和木干地区不确定的路线以及在马拉干的狩猎线路。单向路线以一个箭头表示旅行方向，其他均为双向来回路线或环形路线（如狩猎线路）。大部分巡游日期均在图中标示出来（具体见附录）。多次经过的路线则以粗线突出。大不里士和高八里（经过彼拉苏瓦尔）之间的巡游时间分别为伊历705、707、708和715年；高八里和苏丹尼耶之间的巡游时间为706、707、708和716年；苏丹尼耶和马拉干之间的巡游时间为705、707、708和712（？）年；马拉干和大不里士之间的巡游时间为704、705、707和708年。乌江和大不里士（经过赛义德巴德）之间的巡游共六次，

瓦鲁月 1 日之间，见 Vassāf, p. 617; Banākatī, p. 476; Amulī, p. 261; Mustaufī, *Guzīda*, p. 610; Hāfiz-i Abrū, p. 119. 不同史料之间的差异，部分是因为他死于傍晚。因此，马木鲁克史料则更多谬误：al-Maqrīzī, p. 159, 给出的日期是闪瓦鲁月 6 日；al-Nuwairī, p. 419 给出的是闪瓦鲁月 7 日；Ibn al-Dawādārī, p. 288, 则给出都尔黑哲月 6 日，另外还编造了完者都死于毒药的故事。

分别在 704、706 和 715 年；苏丹尼耶和巴格达之间的巡游共七次。只有出现在形成记录中的地点才在图中标示出来。P 即彼拉苏瓦尔；B 即 Barzand；A 即阿尔达比尔；K 即卡拉卡拉（Khalkhāl）。嵌入的小图显示了伊利汗国的大致领土，其中的三个黑点分别表示大不里士，苏丹尼耶和巴格达。

中国和欧洲的鸟形车*

劳费尔（Berthold Laufer）著　邵小龙译

图1　鸤鸠图

在一篇有趣的题为《一件奇特的阿依努玩具》①的论文中，爱德华·摩尔斯（Edward S. Morse，1838—1925）谈到一件装有轮子的鸟形玩具，他认为这种玩具应该是阿伊努人的发明。然而给玩具安上轮子本非这个部族的原创，明显是借鉴于日本人，但摩尔斯指出，他在日本并没有见到这样的玩具。他进而认为类似的木制样品与西伯利亚的雅库特人（Yakut）有关。此外，弗林德斯·皮特里（Flinders Petrie，1853—1943）在埃及哈瓦拉（Hawara）的墓地，也发掘出另一件与此相近的物件，其时代大约在公元100年内。因此摩尔斯认为"这件玩具最有可能起源于拥有高度文明的埃及人，因为在埃及早期的岩画中就出现了装有轮子的战车"，他进而做出这样的结论，"当然，除非能够解释这种装有轮子的物件出自一个野蛮的种族，所以认为这类玩具源于那些在上述时间和空间内曾广泛迁移的部族，似乎并不是一个荒谬的猜想"。

1. 其实这类有轮鸟形器在东亚的传播范围比摩尔斯所述的地域更为广

---

* 本文译自Berthold Laufer "The Bird-Chariot in China and Europe"，*Boss Anniversary Volume*, New York: G. E. Stechert & Co., 1906, pp. 410-424。——译者注

① 《埃塞克斯学院通报》（Bulletin of the Essex Institute），塞勒姆，马萨诸塞，第25卷，第1—7页。

阔，它们以独特的类型分布于中国古代的青铜器和玉器中。中国的考古文献也有大量关于这种鸟形器物的文字和图像。在回顾这些文字之前，先介绍一些我所了解的比较著名的原件。图2展示了一件青铜器[①]，其外形为一只有翼的鸟长尾弯曲向下，位于两个相对较大的轮子之间，尾部有一个较小的轮子。鸟背上载有一件被称为"尊"的礼器，其胸部还有一个很明显的怪异头像，这件器物通体分布着雕刻的螺旋纹饰，翅膀上雕刻的线条似乎用来表现羽毛。

图2 中国青铜鸠车

我无缘仔细地检验这件器物，所以不敢妄自猜测它产生的时间。但是我的总体印象认为这一器具在最近才被发现，因为它那接近现代模式的轮子与当今中国北方流行的移动大蓬车的车轮非常相近。然后我们必须考虑这样一个事实，真正从汉唐时代流传下来的这类器物非常少，即使有一些幸存的物件，也会被中国的私人收藏家珍藏起来。而且我有充分的证据可以说明，这些物件就仿制于最近一个时期，因为我在中国见到许多类似的器具，其制作方法明显表现出它们产生于当下。通常而言，那些小规模的藏家对古董的追求，远不及他们对那些常见的掐丝珐琅器具的热衷，他们所收藏的这些物件明显与标准形式有偏差，技术也很不精湛，甚至外形缺乏精细的修饰且做工粗陋。因此令人颇为惊异且值得关注的一件事，就是卜士礼博士（S. W. Bushell，1844—1908）在其最近的著作[②]中，将插图

---

① 这件器物属于我的朋友、莱比锡大学汉文教授孔好古博士，他在北京收购了这一物件，蒙孔好古教授惠赠这件器物的照片。这件器物高24.7厘米，从鸟喙到尾部的轮子的长度是22.3厘米，高17.2厘米，宽7.7厘米。

② 《中国艺术》第1卷，伦敦，南肯辛顿博物馆，1904年，图56及第91页。

上一件与之类似的容器断然定为汉代（前202—220）的器物。他所提到的那件器具几乎接近于图2，只是那件器具比图2稍低一点，并且鸟的翅膀完全隐藏在轮子后面。卜士礼博士的评论如下："这件奇怪的有轮酒器被称为'鸠车尊'（'dove-chariot vases'）。"如果这一论断确凿无疑，那么可以相信，在没有进一步证据的情况下，如同卜士礼博士的论断，南肯辛顿博物馆（South Kensington Museum）另外一件类似的样品也可以归于汉代。我以上的意见并非对其真实性表示肯定或者质疑，也不是对它的制作细节进行严格的审查。然而依我个人之见，就这件器物的风格和技术而言，它的精细程度远远低于上述那些粗劣的器具。卜士礼博士进而指出："这只鸟的外形有虚构的成分，其原型应该是一只鸠（dove），它长着弯曲下垂的尾巴以及点缀着卷曲纹饰和龙的角状巨喙，其胸部有一个非常明显的奇怪头像。两个轮子在左右分别支撑着这件器具，尾部相对较小的轮子则协调它在祭祀祖先的礼仪中能够运行于祭坛上。"我不知道以上关于祭祀的论述是否受到中国作家的启发，但是我无法追溯这种说法的中文出处。（见第3章最后部分，第419页）

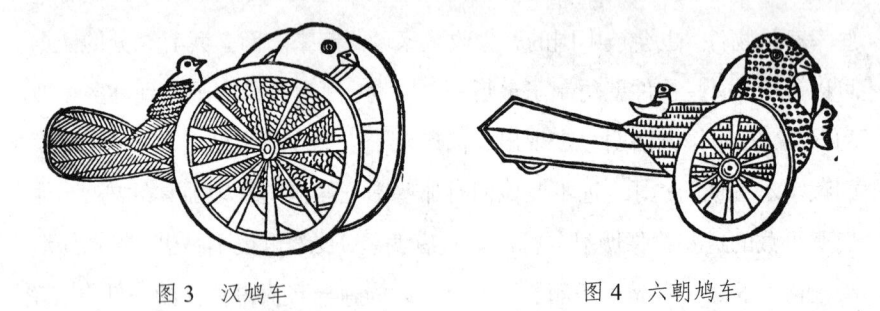

图3　汉鸠车　　　　　　　图4　六朝鸠车

2. 在《博古图》第27册第44页的上一中，有两幅"鸠车"（dove chariots）的插图，其中一件（图3）被断定为出自汉代[①]，而另一件（图4）

[①] 这些插图取自1753年的版本。《三才图会》第5册第9页截取了这张图的一部分，并配上《博古图》的文字，令人疑惑的是《三才图会》的编者将这些器物归入"器用类"中。

中国和欧洲的鸟形车　191

被认为出于六朝（221—589）。在这些传奇的插图中，这种鸟被标注为"鸤"，这个字被解释为"斑鸠"或"鸽子"。然而翟理斯（Giles，1845—1935）却将合成词"鸤（No.9901）鸠"译为"布谷鸟"（Cuculus canorus），其他一些辞书编纂者也倾向于把这个合成词解释为"鸽子"或者"斑鸠"[1]。

12世纪上半叶的艺术史家王黼，即《博古图》的编者，对这类器物做出了解释。他大致认为在鸠的两侧装上轮子，是为了使其能够移动。在这两件器物中，我推测较大的那只可能是母鸟，汉鸠车上的母鸟背上有一只子鸟，六朝鸠车上有两只，其中一只在胸前，另一只在背上。据《博古图》的描述，这两件器物上都有可供穿绳索的钮，显然可以用绳子将它们拖曳。我们还注意到文本中未能提及的特征，汉代鸠车（图3）的轮子很大，并且

---

[1]　顾赛芬（Couvreur）：《中国古文词典》（Dictionnaire classique de la langue chinoise），第1047页上记载，鸤鸠，"huppe"（啄木鸟），"pigeon ramier"（鸽属）。欧德理（Eitel），《中国粤语词典》（A Chinese Dictionary in the Cantonese Dialect），第612页上，将"鸤"解释为"鹈鹕"，将鸤鸠解释为"斑鸠"。翟理斯的解释直接引用穆林德（O. F. V. Möllendorff）的《直隶省的脊椎动物》（"The Vertebrate of the Province of Chihli"，《皇家亚洲文会会刊北中国支会》[Journal of the North-China Branch of the Royal Asiatic Society]新第6卷，上海，1877年，第93页）："鸤鸠被解释为一种鹈鹕或斑鸠。但是根据通常的描述显然是布谷鸟，这种鸟不习惯于筑巢，却把蛋生在其他鸟的巢中，并且不留任何标记。"据倭妥玛（T. Watters）：《中国的鸠和雀》（"Chinese Notions about Pigeons and Doves"，《皇家亚洲文会会刊北中国支会》新第4卷，上海，1868年，第229页）一文的调查，"鸠"是"dove"的通称，而鸤鸠是鹈鹕或者其他种类的鸠（第238页）。"鸤鸠"这个词在《诗经》（参见理雅各[James Legge]：《中国经典》[The Chinese Classics]第4卷第1章，第222页。）中也曾出现，理雅各将这个词翻译为"雎鸠"（turtle-dove），归于啄木鸟（hoopoe）。布谷鸟的含义实在与本文要讨论的问题难以相称，据理雅各的说法，因为"鸤鸠"象征着仁孝与慈爱，所以中国人也将这些观念寄于鸠（见理雅各：《中国经典》第4卷第1章，第236页）。上述的解释，其实延续了将鸤鸠解释为布谷鸟的观点，这一观念似乎又回到《诗经》中的"维鹊有巢，维鸠居上"（The nest is the magpie's; the dove dwells in it，见理雅各：《中国经典》第4卷第1章，第20页及第21页注。）；虽然应该承认这两种鸟的概念确实混淆，但并不能说明"鸠"或"鸤鸠"就是布谷鸟。本文开篇部分所附的《鸤鸠图》取自《图书集成》卷五百七十九《禽虫典·鸠部汇考》第3页上。

有十二根车辐，六朝鸠车（图4）只有十根。此外汉代鸠车的头部和颈部几乎没有修饰，身体上却装饰着像鱼或龙身上的那种鳞片，其主体部分后面六块用阴影线表示的部分代表了尾部的羽毛。六朝鸠车的头部、颈部和胸部都点缀着小圆圈，其主体被十道有阴影的直线分开，可以看到这件鸠车后面一块尖锐的棱角，完全代替了汉代鸠车圆形的尾羽。这些变化在书中都有记述，六朝鸠车后面的第三个小轮子使它看上去更像一辆车。王黼认为这些鸠车都是供儿童游戏之物，因为它们看起来很像玩具，我也同意这样的解释。王黼进一步引用别号幽求子的杜夷[①]的说法来补充他的观点，其大意是小儿五岁有鸠车之乐，七岁则有竹马之欢[②]。

图5　古玉鸠车　　　　　　　　图6　古五相轮

图5是一件用白玉雕成的鸠车，这幅图见于1779年翻刻的《古玉图谱》(*Illustrated Book of Ancient Jades*)第47册的第12页，这部著作最先

[①]　参见龙大渊编：《古玉图谱》第47册第13页上。这段引文可能来自《金海》(The Golden Sea)，其文为"儿年五岁有鸠车之乐，七岁有竹马之欢"。

[②]　有典故记载，汉代并州的男童出于对良吏郭伋的尊敬和感激，在其巡行时曾骑竹马拜迎，参见翟理斯：《华英字典》，第269页中，及《中国人名大辞典》(*Biographical Dictionary*)，第405页，骆克(Stewart-lockhart)：《中国典故手册》(*a Manual of Chinese Quotations*)，珂朗汀·佩特朗(C. Petillon)：《文学典故》(*Allusions littéraires*)，第288页。进一步的文献参见斯图尔特·库林(Stewart Culin)：《朝鲜族的游戏》(*Korean Games*)费城，1895年，第32页；沙畹(E.Chavannes)：《西突厥史料》(*Documents sur les Tou-kiue*(*Turcs*)*occidentaux*)，圣彼得堡，1903年，第117页。

由龙大渊于 1179 年编集而成。图上的两只鸟完全不同，尤其是尾部的样式，它们分别由不同的珍稀材料制成，车辐的装饰乍看之下非常引人注目。玉鸠车的轮子大概来源于图 6 中类似于车轮的物件，因为它们看起来几乎完全相同，这幅图出自《古玉图谱》第 47 册的第 7 页。据《古玉图谱》记载，这种轮子是三代的玉辂（state carriage）上的装饰，它也用于古代礼仪中的马车上，我们可以看到，图 7 就是见于《周礼》的重翟车（cart with pairs of pheasants）。① 《古玉图谱》几乎沿用了《博古图》的说法，并进而指出"此鸠车必六朝宫禁之物"。这是否意味《古玉图谱》中的插图由六朝时期延续下来，但是根据《古玉图谱》作者上述的观点，这仍旧是一个值得讨论的问题，至少他没有试图对这件器物的时间重新加以确定。

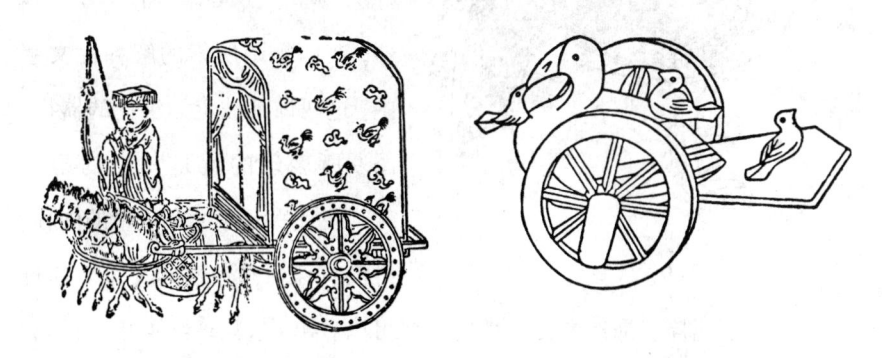

图 7　重翟车　　　　　　　图 8　唐鸠车

图 8 是唐代的青铜鸠车，这幅图收录在《西清古鉴》第 38 册的第 27 页。② 另外，《博古图》也收录了这件器具，并且沿用了杜夷的解释。我们可以通过这句未见于其他著作的话略加推论，这类器具不会是先秦时期的产物，这似乎也暗示了一个事实，就是它从汉代才开始出现。因此我们也

---

①　这幅图出自《图书集成》卷三十四《考工记・车舆部汇考》，第 9 页。顾赛芬：《中国古文辞典》，第 732 页，将"重翟车"译为："voiture aux plumes de faisan disposes par paires."上图实际上表现了雉被绣在车篷上面。

②　日本在 1888 年刊出了《西清古鉴》的缩印本，其原版于 1751 在北京刊印。

能够看到这类物从汉、六朝到唐这三个阶段的演变。图 8 中的唐代鸠车在相同的类型中最为简单,几乎没有什么装饰。与其他两件鸠车不同,唐代鸠车上有三只子鸟,其中一只在胸前,另外一只和六朝时期的鸠车一样,落在母鸟的背上,第三只位于母鸟的尾部,并向后方观望。这件鸠车尾部的形制也和六朝鸠车也非常接近。

3. 然而在《西清古鉴》第 11 册的一类鸠形器与上述的鸠车完全不同,首先在其中的第 27 页和第 28 页,我们可以看到两件被称为"鸠尊"("dove-vases")的容器,在两幅图所附的解释性文字中,这两件都被定为汉代的器物。图 9 所表现的就是其中的第二件。[①] 除了关于尺寸和重量的内容,再没有任何描述性的文字。通过

图 9　汉鸠尊

这件器物上纯粹装饰性和传统性的风格可以看出,这只鸟绝不是一只鸠,事实上这件器具被称为鸠仅仅因为外观类似,这当然是最坏的解释,因为一眼就能看得出它与鸠的区别。与前面两类鸟形器相比,这只鸟有修长的双腿和巨大的利爪,它显然是一只鸷鸟。下面这幅出自《西清古鉴》第 29 页的插图(图 10)依然延续了上述两类鸟形器的风格,在《西清古鉴》中,这件器物被称为"汉鸠车尊",看得出这件装着轮子的鸟形器代替了上文的鸠尊。而且,图 10 和图 2 的器物非常相似。实际上我可以在前文的基

---

① 与之类似的图片参见莱辛(J.Lessing):《中国青铜器》("Chinesische Bronzegefässe"),《工艺美术博物馆样品》(*Vorbilder—Hafte aus dem Kunstgewerbe Museum*)第 29 号,柏林,1902 年,插图 ii,图片 a。

础上做出进一步的推论，两个八辐的车轮代替了鸟的双腿，一个小型的转轮被安在尾部的顶端。《西清古鉴》简短的解释文字为进一步理解和推测这件器物的演变提供了线索，其中记载："此与前二器皆弄具也，与祭器自别。"如果这一解释无误，我们可以把它作为鸟形礼器被改造后的产物，这一想法来源于上文所述的那些真正的鸠车，我想它们应该是真实的原件，不同于那些当下的仿制品。但正如我们在后文看到的那样，真正的中国鸠车似乎是受到外来理念的启发。毫无疑问像图10反映那种鸟形器完全是中国人的发明，因为我们发现类似的形制早在周代（前1122—前255）已经出现，在那个时代就有大象或者其他动物背上托着礼器的造型。在汉代负载礼器的动物主要是天鸡（larks）和瑞兽，到了唐代出现在祭器上的动物成为龙和凤。

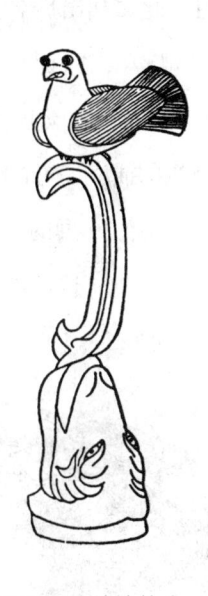

图 10　汉鸠车尊　　　　　　图 11　汉鸠首杖头

因此我认为图10所表现的鸟形车实际上是一个独特的类型，它与上文列举的那些类型都不相同，它是给成型的鸟尊装上轮子，基于同样的道理，也就产生了鸠车，如同下文所揭示那样，出于相同的目的，鸠车又被作为一种玩具。这一结论相当重要，因为它揭示了有轮的礼器不会也不可能运用于宗教或者礼仪，就像卜士礼博士的结论那样（见卜士礼书第 412 页 § Ⅰ 的结尾部分），然而比玩具更简单的器具几乎不存在。其实尊的出现并不重要，它仅仅是玩具的附带品，这是将喜欢的固定形式加以移植，进而创造出一种新的模式，最后就产生了现在的玩具，整个过程完全是接续性的创造。

4. 鸠或鸽的形象在中国古代艺术品中并不是很多。除鸠车以外，在汉代只有两类物件与鸠有关。其中一类是通常由玉制成的手杖，它上面往往有鸠形的饰物，这种手杖一般授予八九十岁的老人。有关这一习俗的细节，见于我即将刊发的《汉代的陶器》（"The Pottery of the Han Dynasty"，译者注：此文刊出后名为"Chinese Pottery of the Han Dynasty"）一文。图 11 上的雕塑出自《西清古鉴》第 38 册的第 19 页。这幅图表现了手杖的把手，在一个倒置的动物首级（大概是羊）上面立着一只鸠，动物的头可能是手杖顶端的插座，整个物件看起来都由青铜铸成。另外一件是《西清古鉴》第 38 册的第 39 页的鸠镇，这是一件鎏了金和银的鸠形青铜书镇（book-weight，图 12），这件器具也被认为出自汉代，但是关于它的用途在书中没有任何说明。

图 12　汉鸠镇　　　　　　　　图 13　唐方车薰炉

5. 关于鸠车的类型可能会产生一个问题，中国古代是否还存在其他车形的容器。我发现了一件并转引于图 13。这幅图见于《西清古鉴》第 38 册的第 57 页，被称为"唐方车熏炉"。然而不幸的是关于这件新发现的样本，并没有很深入的讨论。缠绕在四轮容器四角上蜷曲着尾巴的四只怪兽，看起来很像一种螭（Hydra）。

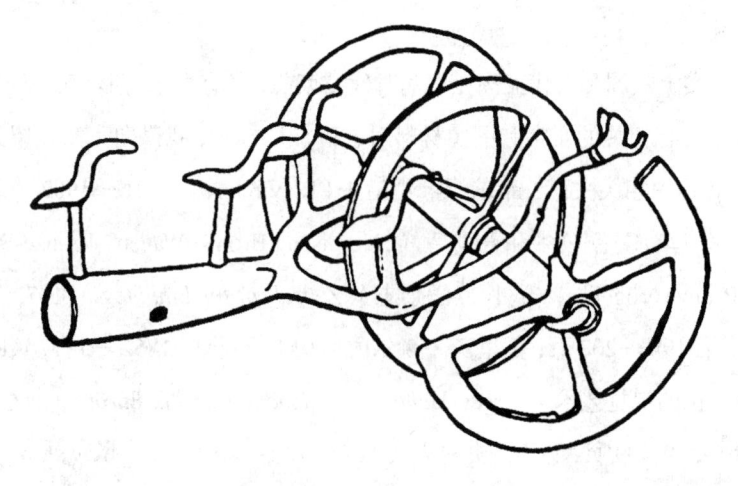

图 14　青铜车线描图

6. 除了上述考古著作中的插图，中国文献中再没有任何有关鸠车的记载。无论《康熙字典》还是《佩文韵府》都没有提到这个词。就我所知，汉代的著作中也没有当时存在鸠车的记载[①]。相关文献的付之阙如让人觉得奇怪又可疑，而本文所引用的一些考古成果的注解对考察鸠车的起源问题也十分有限，在这样的情况下，很难让人相信这类器具是中国人的发明。相反，必须承认在未知的古代世界，在还没有鸠车出现的汉代以前，中国的艺术已经大规模地受到外来理念的冲击。在同一时期的其他地区，西伯利亚或古突厥的艺术已经对中国产生深远的影响，来自域外的母题也被当时中国的艺术所接收。若非如此，是否可以考虑这类物件与其他域外文明

---

① 许多类书如《渊鉴类函》、《图书集成》、《格致镜原》都曾明确地提到鸠车，但是其内容仅仅是对《博古图》的重复。

有联系？如果这样的说法也没有道理，要依据目前的条件，在其他可能包含中国思想原型的艺术领域中寻求类似现象，然而在此基础上能形成更好的解释吗？我们已经看到，摩尔斯认为木制双轮鸟车最早可能产生于埃及，并且他倾向于这些奇怪的物件最早被埃及人构想出来。但无论是东亚还是旧大陆的西段，我们都比摩尔斯发现了更为广阔的分布范围和地理区域。

事实上欧洲和古代亚洲在青铜时代结束前，曾有大量鸟形青铜车出现。因为经常有相关的文字和图像材料对它们加以描述，我谨向大家介绍其中一些重要的相关文献：菲尔绍·魏道夫（R. Virchow，1821—1902）《北欧的青铜战车、青铜公牛和青铜鸟》("Nordische Bronze-Wagen, Bronze-Stiere und Bronze-Vögel"），载《民族学杂志》(*Zeitschrift für Ethnologie*) 1873 年第 5 卷，第 198—207 页；莫里茨·赫尔内斯（M.Hörnes，1852—1917）《欧洲史前文化的视觉艺术》(*Urgeschichte der bildenden Kunst in Europa*,［维也纳，1898］），第 499 页；以及《史前人类》(*Die Urgeschichte des Menschen*,［维也纳，1898］），第 411 页和第 540—542 页；欧内斯特·尚特雷（E.Chanter，1843—1924）《高加索地区的人类学研究》("Recherches anthropologiques dans le Caucase"），1886 年第 2 卷，第 203—205 页，其中有 12 张这类器物的图片；英瓦格·温塞特（Ingvald Undset，1853—1893）《古代车的形状》("Antike Wagen-Gebilde"），载《民族学杂志》(*Zeitschrift für Ethnologie*) 1890 年第 22 卷，第 49—75 页，特别是第 49、56 页；约瑟夫·汉佩尔（Joseph Hampel，1849—1913）《匈牙利青铜时代的古物》(*Altertümer der Bronze-zeit in Ungarn*），布达佩斯，1890 年，图 58；所罗门·雷纳克（Salomon Reinach，1858—1932）《古希腊罗马雕塑在欧洲的影响》("La sculpture en Europe avant les influences gréco-romaines"），载《人类学》(*L'Anthropologie*) 1896 年第 3 卷，第 171 页；奥托·施拉德（O.Schrader，1855—1919）《印欧考古学词典》(*Reallexikon der indogermanischen Altertumskunde*,［斯特拉斯堡，1901］），

第 30 页。魏道夫在他的论文中提到几件青铜车上都有一组鸭子，并指出其中一件发现于法兰克福市的奥得（Oder），这件车的三个轮子由一根横轴连起来，车轮之间分布着四只鸭子，其中两只立于车轴向前伸出的插杆上。图 14 便是魏道夫上文中的线描图。

此外，温塞特在其论文中也提到在伊特鲁利亚的欧德尔（Corneto）附近的墓地出土的一件青铜车，其年代可能在公元前 8 世纪。车上四个四辐的车轮由两根轴连接起来，上面坐落着一只动物，这只动物的脖子、身躯和尾巴看起来像只鸟，然而它还有四条腿和一个长着角的头，它头上的角很像牛角。车上方的中心位置有一个四边形的缺口和空心体，这样便形成一个小型容器。车顶上的盖子正好可以盖在容器上，盖子上也有一件和车的主体造型类似的动物，这只动物同样长着鸟的脖子和尾巴，并且头上也有角。温塞特认为那些出自意大利的鸟形器上的鸟很像鸭子，他推测这些鸟形车是一种神圣的器具，并且可能与东方一些类似的模型相关。据温塞特介绍，欧洲北部曾发现将青铜容器连在两根曲轴上的釜型车（kettle—chariots）。[1] 北欧发现的车通常被认为用来献祭，且用于宗教活动。是否在任何情况下都是这样，这不是本文要讨论的问题；但是要考虑到这样一个事实，依据严格的考证传统，这些鸟形车在中国最初就被作为玩具，并没有其他实际作用，因此我大胆建议考古学家，应该承认关于欧洲鸟形车的问题还存在讨论的可能。或许他们对中国的鸟形车缺乏真正意义的了解，或许要让他们明白这些东西在中国是玩具。[2] 由于欧洲比中国更早出现鸟形车，并在广阔的地域发现数量众多的类似器具，因此他们坚定不移地认为这种理念一定是从西方传播到东方；如果是这样，这些器具一定是借助斯基泰人的部落，从西伯利亚进入中国，因为考古学家们已经充分肯定，

---

[1] 亦见魏道夫：《北欧的青铜战车、青铜公牛和青铜鸟》，第 199 页。

[2] 魏道夫上文中提到的那件上面有公牛和鸟的青铜车，被他于 1865 在施普雷（Spree）附近的柏昂（Bung）得到，当时这件器物即将成为孩子们的玩具。

在欧洲艺术向西伯利亚传播的过程中，斯基泰人担当了重要的中介作用，从西伯利亚再远便可以到达中国。然而非常不幸，在迄今发现的西伯利亚古代器物中，并没有这样的鸟形车。如果有人恰好能够出示中国鸟形车是由欧洲传入这一假说的证据，那么这个问题最终会迎刃而解。毕竟我们还可以看到摩尔斯所绘制的雅克特人的鸟形车，如果它不像前一个时期的残存物，那么未来在西伯利亚向其他可能的方向寻找仍然有意义。

7. 如今装着轮子的玩具在东亚并不罕见。孔好古教授（Professor Conrady，1864—1925）告诉我，有一次他在泰国看到一件秸秆制成的玩具，那是一只通过轮子前行的鸟。我在北京所收集的玩具中也有一只蝴蝶，由一根轴和两个轮子连在一起，然后装上两翼，并涂上色彩。在北京像玩具那样的小型推车非常多，四轮马车往往也通过实心的轮子来运行。① 尽管有种种原因，历史上作为玩具的鸠形车并不能通过当下的玩具来直接证明，但这样的假设也不失为一种进步。

8. 我以上的观点并非完全强调考古对研究这些中国古代的鸟形青铜车的重要性，因为这些轮子从一个细微的观察点向我们提供了研究古代交通的资料。众所周知，在几处著名的汉画像石中都有大量的舆出现，另外一些还出现在汉代铜镜的浮雕上。在中国文献中留存了数量众多的材料，这些资料涉及中国古代和近代的交通和运输方式以及亚洲车辆的起源、历史与分布等问题，用它们来研究古代的历史非常重要。

---

① 类似的图片参见赫德兰：《中国的男孩和女孩》（The Chinese Boy and Girl），纽约，1901年，第3页。

萨珊国王识字吗？*①

杜尔金（Desmond Durkin-Meisterernst）著　李艳玲译

这篇报告由一个特殊的问题开始，即萨珊国王是否接受了摩尼献给他的书《沙卜尔干》（šāhbuhragān），是否阅读了该书。

摩尼（216—276）作为其自创宗教——摩尼教的先知，想通过将《沙卜尔干》一书献给萨珊国王沙卜尔而求得沙卜尔容忍并接受他的新宗教。他如愿以偿。他是否还希求更多，如国王的皈依，现已无从知悉。但即使希求过，他也没有成功。《沙卜尔干》一书在10世纪阿拉伯书目著作——奈丁（al—Nadīm）的《群书类述》（Fihrist）中有记载，《群书类述》写道，摩尼"撰写了七部著作，其中一部用波斯语，六部用叙利亚语"②，但未明确说明哪一部使用波斯语。奈丁还简要指出书的内容："一章净信听者的分离，一章选民的分离，一章罪人的分离。"该记载非常粗略，可能并不完整。显然，这些内容指摩尼教团的分类，如净信听者、选民等。听者在教团的下层；选民（僧尼）传教，构成宗教的核心；还有不信教者，即罪人。三章中的"分离"（dissolution）一词，一定指类别的分解或可能转换。言外之意是

---

*　本文译自 Desmond Durkin-Meisterernst, "Was the Sasanian King Able to Read?"《欧亚学刊》（第10辑），中华书局，2012年，第190—211页。——译者注

①　感谢魏勒·宗德曼（Werner Sundermann）和我讨论了这一问题。2007年1月11日，受德国汉堡大学伊朗学系诚邀，我首次就这个题目做了德文演讲，感谢那次会议的组织者和发表意见的与会者。非常高兴有机会于2010年10月6日在中国社会科学院介绍我的进一步研究成果，感谢李锦绣先生邀请我前去演讲，并感谢她和李艳玲博士特意将我的演讲稿译成中文。在此，也谨向参加讲座并提意见的人士致以谢意。

②　B. Dodge, *The Fihrist of al-Nadim. A Tenth-Century Survey of Muslim Culture*. Vol.II, New York, 1970, p.797.

这样的分离发生在世界末日。此书下落不明,曾被认为已经佚失。当德国第一次吐鲁番探险队(1902—1904年)将发现于高昌的残卷带回柏林时,米勒(F.W.K. Müller)发现其中几页正是该书的内容,用中古波斯语和摩尼字母写成,从而证实奈丁记载的正确。因此,这些残页应是摩尼以国王命名的著作的一个抄本,摩尼这部书用国王名字的形容词作为书名:"沙卜尔干"(šāhbuhr-ian)即沙卜尔的书。其残片如下(图一):

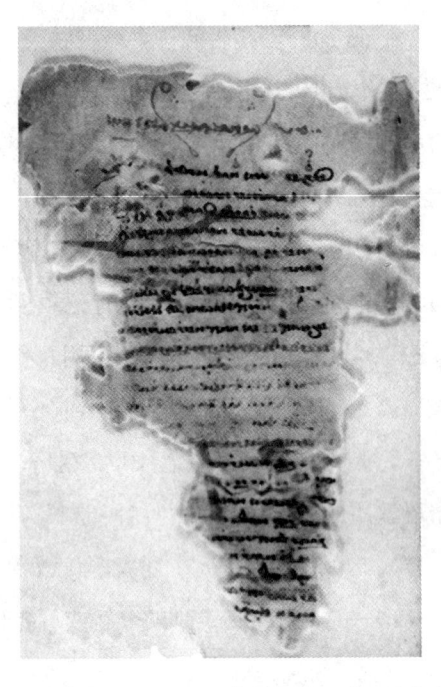

图一 M482 + M477b 的正面,国立柏林图书馆翻印,波斯文化遗产基金会

残存的《沙卜尔干》由连续的书页构成,中间对折,这是3世纪萨珊帝国已存在的叙利亚书籍装帧形式。该残卷写在纸上,无疑是吐鲁番抄本,因为吐鲁番有中国纸。其原本应是写在皮革上,尽管一些吐鲁番文献以皮革为书写材料,但写在皮革上的文本极为罕见。这一文本以摩尼字母书写。现代学者所谓摩尼字母,是指摩尼教徒使用的字母,但事实上这种字母是相当标准的三世纪的阿拉姆语(Aramaic)字母,与巴尔米拉(Palmyra)字

母很接近。显然，以萨珊王沙卜尔命名的书并不是用帕拉维语(Pahlavī)写成，一个基本的理由是从未证实摩尼教徒用帕拉维语写该文献。这一文本用漂亮、一致的缀字法仔细撰写，据此可以认为，这一9或10世纪的吐鲁番抄本，就是3世纪中期原本的准确再抄本。残卷有标题，有些标题中有沙卜尔干一词，这一词使这一文本的第一编者把它和奈丁关于10世纪摩尼教书目记载中的相同名字联系起来。残卷其他一些页的标题是 dō bunī šāhbuhragān，即"沙卜尔干的二宗"，似乎是全名，它指摩尼声称的两种宇宙的最根本存在(光明与黑暗)。有趣的是，虽然这一文献保存于吐鲁番，但在731年的汉文总目录(译者按：即《摩尼光佛教法仪略》)中并没有被提及，而这一总目详细记录了摩尼的其他著作，包括"大二宗图"，摩尼僧以之使唐皇室归信这一宗教。之所以出现这种情形，并不是因为《沙卜尔干》产生在几个世纪前，而是表明汉文文本可能以我们所知的《沙卜尔干》完全不同的形式存在。汉文总目的时间在回鹘举国信奉摩尼教之前30年。正因为有这一信仰转变，我们才最终在中亚的东部拥有了摩尼教文献的保存本；而《沙卜尔干》，也才有了保存下来的广博的抄本，还有极小的部分在另一抄本中保存下来。是否汉文总目属于中亚摩尼僧团，而他们因某种原因没有使用《沙卜尔干》呢？

《沙卜尔干》的标准释读由麦肯齐(MacKenzie)在1979—1980年间完成。[1] 现存的部分是关于拒绝为善的恶在死后被惩罚的命运。这十分符合奈丁记述的"罪人的分离"章。显而易见，虽然残卷包含基督起源的内容，其主角以耶稣为模型，但该文本避免使用耶稣一词，而是给这一人物命名为 Xradešahr，即智中王。业已证实，耶稣存在于另一些摩尼教文献，包括

---

[1] D.N. MacKenzie, Mani's Šāhbuhragān [I], 载 *Bulletin of the School of Oriental and African Studies* 42.3, 1979, 500-534; Mani's Šāhbuhragān-II, 载 *Bulletin of the School of Oriental and African Studies* 43.2, 1980, 228-310 [=D.N. MacKenzie: *Iranica diversa* I, 83-117 和 119-153]。

一些中古波斯语文献中，学者们认为这是试图安抚沙卜尔。[1]

  当我第一次自问这本书是如何献给国王时，我得出如下结论：摩尼不敢在宫廷中呈献用摩尼字母写的书。[2] 他很可能献上的是萨珊帝国内中古波斯语通用的帕拉维文译本。摩尼字母清晰、简易，远较困难繁复的帕拉维字母优越。但我怀疑宫廷中识字的人可能认为摩尼字母是野蛮不文明的字母。此外，我认为摩尼和国王之间并不直接联系，而是通过翻译及其他中间人。如此推论的主要原因是有一份文献表明摩尼和萨珊国王可能通过翻译进行会晤。在亨宁（W.B. Henning）刊布称作"摩尼最后的旅行"[3]（他发现该文献与摩尼生命的最后阶段有关）的 M3 残片中，关于摩尼与未记载名字的萨珊王会晤的描写以下列不完整的句子开始："〔摩尼〕来了，当时他让我、翻译（trkwm'n）Nūhzādag 和秘书/记录员（？）Kuštay、波斯人 Abzakya 聚集起来。"可见摩尼带了一个翻译、一个职务不明的人和第三个被称为波斯人的人一起参加会晤。未指名的萨珊国王并不友好，可能是白赫兰（Wahram），他在276年将摩尼下狱，摩尼死在狱中。但毋庸置疑的是，摩尼与之前的萨珊国王〔沙卜尔或他短命的儿子霍尔米兹德（Hormezd）〕或与其他高官的会晤没什么不同。在这类会晤中，摩尼绝不可能单独行事。或许他的中古波斯语不够好，但即使精通这种语言，他也依然用一个翻译。而国王方面，也使用中间人和各种助手。

---

  [1] 关于对耶稣的认同，见 W. Sundermann, Name von Göttern, Dämonen und Menschen in iranischen Versioenen des manichäischen Mythos, 载 *Altorentalische Forschungen* 6(1979), 95-133, 其中的第 132 页注 234〔=W. Sundermann: Manichaica Iranica 1, 2001, 121-163〕。

  [2] D. Durkin-Meisterernst, Erfand Mani die manichäische Schrift? 载 R.E. Emmerick, W. Sundermann, P. Zieme(eds), *Studia Manichaica* IV. Internationaler Kongreβ zum Manichäismus, Berlin, 14.-18. Juli 1997, Berlin 2000, 161-178。

  [3] W.B. Henning: Mani's last Journey, 载 *Bulletin of the School of Oriental and African Studies* 10, 1940-1942, 941-953〔=W.B. Henning: *Selected Papers* II, 81-94〕。

大量资料显示，摩尼与大队人马一起跟随沙卜尔到处迁移。一些科普特（Coptic）摩尼教文献对此有所证实。一份帕提亚文献记载：摩尼指出沙卜尔是一个残暴的国王，但因他支持摩尼教，所以也做了善事，"他的灵魂将寻得生命"[①]。同样，3世纪末里科普里斯（Lycopolis）的亚历山大在埃及用希腊文写到："据说摩尼生活在瓦勒瑞安努斯（Valerianus）统治时期，参加了波斯国王沙卜尔的军事扩张活动。"[②]虽然没有任何资料有系年或准确记载摩尼随国王旅行的时段，但似乎这个时间并不短暂而且可能延续了几年。[③]这并不意味着摩尼和国王有诸多联系，也并不暗示摩尼有许多行动自由。国王将摩尼置于随从中，只是希望控制他，而不是给他特殊荣誉。但我认为可以推测，摩尼在此期间遵从沙卜尔是希望利用这个机会说服国王容忍或支持摩尼教，这一新宗教宣称整合、统一了其他各种宗教。我认为摩尼不可能在242年第一次与国王会晤时已经编撰出了《沙卜尔干》。毋庸置疑，摩尼想指出，他的宗教将弥合广大的萨珊帝国各种宗教之间的不同。如上所述，摩尼不可能以中古波斯语体系表达其教义，可能有其他人为他书写。

在本文中，我想深入探讨可能献给国王《沙卜尔干》所涉及的问题。我想顺便提及，A. Panaino 不同意我的观点，他认为沙卜尔可能接受了这部书，而且很喜欢读摩尼字母写的书。[④]这一争论首先可以引申出一个一

[①] W. Sundermann, Mitteliranische manichäische Texte kirchengeschichtlichen Inhalts. Berlin 1981 (Berliner Turfantexte XI), 106-107.

[②] P.W. van der Horst, J. Mansfeld, An Alexandrian Platonist against Dualism. Alexander of Lycopolis' Treatise "Critique of the Doctrines of Manichaeus", Leiden 1974, 52.

[③] 科普特文《克弗来亚》（Kephalaia）第15页的一个残损段落或表明摩尼在国王身边随行好几年，见 I. Gardner, S.N.C. Lieu, *Manichaean Texts from the Roman Empire*. Cambridge, 2004, 75。

[④] A. Panaino, Strategies of Manichaean Religious Propaganda, 载 D.Durkin-Meisterernst et al. (ed.): *Turfan Revisited. The First Century of Research into the Arts and Cultures of the Silk Road*, Berlin, 2004, 2949-2955, 其中第251页右栏。

般的问题——沙卜尔能否阅读。再把这个问题扩展一下,即萨珊国王是否识文断字,更进一步,萨珊帝国(224—651)的社会文化程度如何。

沙卜尔一世,作为萨珊国的第二任国王,统治时间从240年(一说242年)到272年,在军事扩张中赫赫有名:他的一些事迹被铭刻在两种或三种文字书写的碑铭中(中古波斯语、帕提亚语、第三种是希腊语)。他射箭甚远的才能也被记录在一个双语铭文中。[1] 他给予摩尼一定的支持,摩尼献给他的《沙卜尔干》就是以他的名字命名。像在碑铭上一样,沙卜尔铸币上刻着:"沙卜尔,王中王。"碑铭中还加上一句:"伊朗人与非伊朗人(ērān ud anērān)之王。"因为从罗马帝国手中征服了大量领地。罗马历史学家谈到他及其他萨珊国王与罗马皇帝通信,即他们利用书面信函进行交往,但这些信通常由高等信使递送。沙卜尔控制的国家依赖手写公文运作。因此,这意味着他是个能写会读的国王?还是意味着他和持续四个世纪之久的萨珊王朝的其他国王都可能不识字呢?

我的观点是,萨珊国王可能不识字或着读写水平有限。原因如下。

萨珊国王生活的社会中,有专职掌公文的人。这类文字专家记录下口述的内容,并大声读出所写的内容。在这样的社会,大多数人不需要自己会写。富人和有权势的人,如贵族和皇室,有相当数量的仆人和专职人员负责包括读写的任何事。如果一个贵族学习阅读,他将读什么?他会读报告、命令、契约、法律文献、财产登记和许多种管家、法律人员用的正规文本吗?他可能知道当时流行且备受推崇的吟诵诗句和故事,但文学诗、复杂的文本能说明或表明写作真实存在吗?显而易见,与有良好教育的希腊

---

[1] 在哈吉阿巴德(Hājīābād)和坦—伊·布拉克(tang-i Boraq),现存共计有四种形式的碑铭,两种铭文分别以中古波斯语和帕提亚语写成。见 M. Back, Die sassanidischen Staatsinschriften. Studien zur Orthographie und Phonologie des Mittelpersischen der Inschriften zusammen mit einem etymologischen Index des mittelpersischen Wortgutes und einem Textcorpus der behandelten Inschriften, Téhéran-Liège 1978(Acta Iranica 18), 372-378 及第506页注245。

和罗马圈子大力推行教化相反，萨珊国并没有致力于培养书写文化。即使也有人对此感兴趣，他们也不需要自己读和写，因为有训练有素的奴隶为他们做。这说明从事读写工作的专职人员的存在，并不影响一个人读和写的特殊能力，但它显示，对于文字的态度可能与我们最初的推测不同。我在此同意格尔谢维奇（I. Gershevich）的意见，他说阿喀美尼德王朝的国王大流士（Dareios）时代，也存在这种情形，虽然大流士声称他"创造"了古波斯楔形文字字母。[1] 萨珊国王像古波斯国王一样，代表古代东方美索不达米亚传统。识文断字不是个人的事，而是为一种特殊职业所必须的。无一例外，这种文字不是为"私人"目的而使用的。

我认为，帕拉维字母的形状反映了它只能由专职人员使用。帕拉维字母有四大缺点阻碍其使用。第一，元音只能写成不完全的。第二，一些字母有多种含义，即一些发音写法相同。即使一个训练有素的读者有时也要猜测一个特殊拼写的含义。第三，更大的障碍是历史拼写：单词按古老形式而不是按读音书写，如读 [ǰ] 的字母写成 [y]，读 [d] 的字母写成 [t]，等等，甚至在有些借词中，[h] 写成 [s]。第四，最大的困难是不规则文法，即字母是用来书写阿拉姆语的声音和文字，而不是用来写中古波斯语。长期以来，一直认为阿拉姆字应该这样读，即中古波斯语的阿拉姆语借词类似于现代波斯语中的阿拉伯语借词。但在帕拉维语文本中出现相近或同样的句子，阿拉姆语和中古波斯语二者选一的时候，阿拉姆语的拼写形态极不规则且有词尾变化，而发现于吐鲁番的用摩尼字母书写的中古波斯语文本中，全无阿拉姆语借词，证实了拼写的随意性。其体系如下：书吏写 MLK'，阿拉姆语"国王"，阿拉姆语读作 malkā，但事实上，它读作中古波斯语相应的 šāh。他写 'BYDWN，阿拉姆语"他们做了"，按照中古波斯语增加语尾，'BYDWNnd，读作 kunēnd，即"他们做"，'BYDWNt，读 kird，

---

[1] I. Gershevich, The alloglottography of Old Persian, 载 Transactions of the Philological Society 1979, 114-190。

即"他们做了"①。并不是所有帕拉维字母都这样异体书写，但所有帕拉维文本包含异体字，通常每一句都有一定数量。复杂的体系显示了一个系统化的基本原理（如许多动词的异文以 M- 开头，以 -WN 结尾），这种原理是积极建立规则的证明，但并没有使之简化。这一体系在萨珊统治的 4 个世纪一直延续，甚至在萨珊灭亡后，由琐罗亚斯德教徒一直保留到今天。因为书吏需要相当长的时间进行专业训练才能胜任，所以有理由推测作为专职阶层的书吏自认为他们属于一个特殊群体，是一个行会。由于上述帕拉维字母的四大障碍严重限制了以之书写文本的可读性，显然对外行来说，一份帕拉维语文本事实上就是密码员的杰作。专职书吏行会希望自己维持这一体系以确保专职书吏的未来。当然，其他文字不可能像希望的一样轻易入门，如一个与萨珊王朝同时代的东罗马人，在拜占庭世界为了用希腊字母准确书写当时的希腊语，使用复杂的历史拼写及精雕细琢的文学语言需经过高度训练。但在东罗马，一个能够读每一个字母的人也能对所写文字多少准确地朗读，同样也能读文本。而上述帕拉维语的特点，尤其是不规则文法，却是一个障碍，外行人无法克服。

帕拉维语的特点真的限制其使用吗？因为它是一个行业的工具，所以我回答"是"。只有当某人想隶属于这个行会（或希望他的孩子隶属），才会准备付出相当大的努力。对其他人来说，这种字母根本无法掌握——不得不推测，这种难以掌握的字母导致了文盲的大量出现。如果某人需要一份书写文书，他别无选择，只能找专职书吏。有钱的人们可能确实花费了必要的时间和精力学习这种字母，初衷或许是为了监管书吏。

毫无疑问，帕拉维语的复杂特点对称职的人来说并不是障碍，因为它被用来广泛记录文献。将帕拉维语置于其他使用异文字母的语言中，如古代东方楔形文字（特别是亚述、赫梯、巴比伦所用的）或日本文字（文字改

---

① 一般异体字用大写字母转写，而其附加、补充成分及其他所有帕拉维语字母用小写字母。

革前的韩文及古越南文也一样），帕拉维语书中使用的复杂体系是非常出色的。我认为这种用法是第二位的，而一般的短的财物登记、契约和铭文应最初使用这些字母系统。将丰富的文本写下来的愿望只有当字母体系已经完全建立起来时才会出现，因而用更合适的体系替代或改革原体系将导致传统的中断。但正是在这样一个打破传统几乎不可能的文化时期，产生了记录更广泛内容的要求。所以，更值得注意的是，有人认为琐罗亚斯德祭司确实朝这个方向前进了。面对记录最神圣的阿维斯塔语文献，他们没用帕拉维语，但在帕拉维语的基础上发展了一种新的、更准确的字母，有严格而明确的原则，更重要的是，完全抛弃了不规则文法。然而，他们将这种阿维斯塔字母只局限在记录《阿维斯塔》上，不允许它在世俗领域或书写中古波斯语时使用。唯一例外发生在12世纪，用阿维斯塔字母誊写中古波斯语文本，被称为Pāzand运动。这是在中古波斯语死亡已久之后发生的变革。萨珊国保持不变，甚至可能在使用帕拉维语时有意倒退。

为什么"倒退"？持续使用帕拉维语被称为倒退，是因为在萨珊帝国内部可以有多种选择。萨珊帝国由多种族、多语言构成。人们操许多种语言，一些语言能够书写，甚至一些有代替书写的表达方式。国家中有犹太教、基督教社团，每一社团普及教育自己的书写体系——希伯来语、阿拉姆语、叙利亚语；在西罗马，人们阅读希腊、拉丁及其他各种文字和语言的宗教和非宗教文本。在北方，随着4世纪书写阿美尼亚语的努力，在5世纪初出现了一种羽翼丰满的字母，这种字母能够用一种圆满的、清晰的方式，记录阿美尼亚语中大量的帕提亚语和中古波斯语借词。另外，东邻伊朗和印度人，南邻阿拉伯人，都使用各种字母。在沙卜尔一世时期，特别是在他与摩尼的直接与间接的联系中，摩尼教徒使用的摩尼字母在一定程度上成了帕拉维语的挑战者。两者之间的区别并不太大。吐鲁番发现的用摩尼字母书写的中古波斯语（和帕提亚语）手稿残卷比帕拉维语明确得多，语文学家对此毋庸置疑。摩尼字母轻松获胜。

但是有足够的联系比较每一套字母的优点和缺点吗？摩尼字母影响甚至代替帕拉维字母了吗？摩尼字母在某种方式上影响阿维斯塔字母的发展了吗？

显然，摩尼作为沙卜尔的随行人员，多年跟着他到处移徙，无论在和平时期还是在军事行动中；宫廷也巡回流动。摩尼当然只是庞大随行团中的一员，在寻求沙卜尔恩赐和支持的同时，也受到国王及其随从的监视。摩尼也有自己的一些随行者、仆人、助手。不同群体（或可称之为"说客"）间的联系，可能基本是随行人员之间的联系，主要人物之间直接的联系很少。即使摩尼和国王的直接会晤也通过助手，尤其是口译者和翻译，因为摩尼起初说阿拉姆语。

献书的情形怎样？奈丁说摩尼用波斯语写了一部书，指的是中古波斯语，据此和书名及吐鲁番发现的中古波斯文残页，可以肯定这部书是《沙卜尔干》。① 据已知的此书现存部分，波斯文本源于阿拉姆语原本。此书是摩尼给沙卜尔的关于其新宗教观念的文本合集，摩尼选择了会让沙卜尔印象深刻和能取悦他的内容，而避开了他可能不接受的内容。但该书的形式仍不得而知。如果此书创作于和国王的会晤中，摩尼很可能是一点一点地把文本献给国王。他进献时可能讲阿拉姆语，他的（或国王的）翻译译成中古波斯语，双方的书吏将所说的内容记录下来。对沙卜尔的书吏来说，他只会帕拉维字母。可能同时也出现了摩尼字母的版本，但这一版本并不太需要。如果摩尼选择的文本被记录下来，这一文本最初应该是阿拉姆文

---

① 关于《沙卜尔干》一书的构成存在争论。麦肯齐（MacKenzie）限定为有"沙卜尔干"标题的残卷及其他具有相同尺寸、版式和文字等而肯定属于这类文献的残页。M. Hutter, *Manis kosmogonishe Šābuhragān—Texte*: *Edition, Kommentar und literaturgeschichtliche Einordnung der manichäisch—mittelpersischen Handschriften M98/99 I und 7980—7984*, Wiesbaden, 1992. 包括长篇的中古波斯语宇宙学文本，尽管该文本页面版式不同且没有"沙卜尔干"标题，但在词汇和拼写方面明显相似于有标题的残卷。这方面的争论仅以有标题的残卷为依据。

本。摩尼在沙卜尔的宫廷里的时候，摩尼的书吏写的是中古波斯语文本还是用摩尼字母写的中古波斯语尚不清楚。吐鲁番文本确知是来源于摩尼的文本，但可能不是沙卜尔的书吏汇集整理的那个文本。然而，也很可能摩尼汇集整理了此书，然后向一合适的书吏口授一个帕拉维语文本让沙卜尔的官员检查。这个官员向国王报告，报告中至多包括了原文的一些章节。

我们无法准确判断王宫中献礼的可能性，是多方面的交流，还是许多人更注重保护自己而避免接触？摩尼和他的手下可能献上了阿拉姆语的书，但也可能是中古波斯语或帕提亚语的。摩尼确信他的宗教的优点之一是有神启的写本，但是在宫廷中，他发现与其他宗教势力的直接冲突了吗？他当面告诉一个琐罗亚斯德教领袖——可能是致摩尼死于狱中的科德（Kerdīr），阿维斯塔经没有配套字母，以讹传讹，而向他显示摩尼的书足为楷模了吗？这是摩尼坚持的主张之一，无法想象他是否这样做了。但这样的情形并不经常导致交流，而是导致论辩。在这种情况下，这样的冲突可能让著名的琐罗亚斯德教徒确信，他们不喜欢经典的写本，也可能导致指责摩尼采用的方式是当代的野蛮主义。事实上，琐罗亚斯德教徒自己的观点就有争议：古老经典不需要字母，因为它们存在于记忆中可以不通过看书直接显现。阅读是没有记忆、没有传统和不尊重传统的人试图介绍新生事物的行为。另外，摩尼自己著述。他们或许嘲曾笑道，谁会相信一个被迫书写自己文本的人？

回到国王方面。前文已提到他可以使用专职书吏。学习帕拉维文字体系所需的精力应该是国王可能不识字的另一个原因。萨珊国王当没有时间学习这一专业，因为其训练耗时漫长且困难重重。

如前所述，异体字是帕拉维语的特定组成部分。《帕拉维语词典》[①]有

---

① H.S. Nyberg, *Frahangi Pahlavīk*. Edited with Transliteration, transcription and commentary from the posthumous papers of Henrik Samuel Nyberg by Bo Utas with the collaboration of Christopher Toll, Wiesbaden 1998.

一个特殊且难拼写的帕拉维语（它们并非都是异体字）及其释义的词汇表。该词典是一部晚近著作，但可以肯定萨珊帝国时期已有此类著作（发现于吐鲁番的一部词典残卷[①] 在某种程度上证实了这一点，同时表明存在多种类型的词典，因为吐鲁番残卷与《帕拉维语词典》截然不同）。每所学校，或许还有每个政府部门肯定需要这种词汇表。这部词典编排有序，现存版本可能并不完整，大约有 1000 个词条，其中约 600 条是异体字，尚不能断定这是否是所用异体字的总数。一些异体字未得到任何文本的证实，从而引发了不同结论。沙克德（Shaked）通过将一些异体字与晚期阿拉姆语文献加以比较，认为不管怎样它们是正确的，并且可能在帕拉维语中被实际应用。[②] 相比麦肯齐（MacKenzie）过分怀疑而拒不承认其真实性[③]，这一见解更为合理。学习 600 个词条无疑需要多年的努力，当然，不会长于中国和日本儿童须在学校学习汉字的时间。除异体字外，学习帕拉维语的孩子必须掌握正体字相对古老的"标准"拼写以及异体字字尾的拼写。所有的书写体系以文字描述精彩生动为目标：学生不学合成字词的单独笔画和字母，而是学着识别和书写词单元。这一过程艰难且极其耗时。然后，学生需要学习书信的标准用语、称呼，各种文本、契约、诉状、报告等的结构和风格。容克尔（Junker）用 Pāzand 语编写的无疑属于晚近时期的课本——《中古波斯语学院会话》（"*Ein mittelpersisches Schulgespräch*"）[④]，

---

① K.F. Gelner, Bruchstück eines Pehlevi-Glossars aus Turfan, Chinesisch-Turkestan, 载 *Sitzungsberichte der Preußischen Akademie der Wissenschaften* 1904, 1136-1137. 该残卷现藏于柏林达勒姆亚洲艺术博物馆，编号 MIK III 33。

② S. Shaked, A Dictionary of Aramaic Ideograms in Pahlavi, *Journal of the American Oriental Society* 113, 1993, 75-81。

③ D.N. Machenzie, H.S. Nyberg, Frahang i Pahlavīk, 1998, *Orientalistische Literaturzeitung* 86,（1991）, 68-71。

④ H.F.J.Junker, Ein Mittelpersisches Schulgespräch. Pāzandtext mit Übersetzung und Erläuterungen. *Sitzungsberichte der Heidelberger Akademie der Wissenschaften*, Philosophisch-historische Klasse 1912.

向我们透露了一些这方面的信息。在容克尔书中的第 41 段写道：书写学院（dibīristān）的学生二十岁（dād i wīst sāl）时，会到博学者——祭司（Hērbed）和高级祭司（Dastūr）面前，由他们测试学生对知识的掌握。这大概意味着学生 20 岁时结束学习：这是培养一个能够准确表述并书写各种文本的书吏所用的时间。

作为贵族之子和未来的统治者，沙卜尔成长的环境在某种程度上不需要书写，对其态度消极。这适合琐罗亚斯德教徒的宗教教育。沙卜尔学习琐罗亚斯德教的功课时，就置身在了一种培养记忆力、牢记经典并完全依靠背诵传承的文化之中。

《赫贝斯坦》（Hērbedestān）——一部较糟糕的帕拉维语译注的阿维斯塔经，讲述了成人与儿童的宗教学习规定。[①]与琐罗亚斯德教社团坚持口头传授圣书的情况相一致，《赫贝斯坦》中根本没有提到写本，甚至不允许将书面形式的文本作为辅助。该文献第 13 章提到背诵经典不完美的情况，与之密切相关的文献《尼兰格斯坦》（Nērangestān）记载了类似事情，涉及祭司的背诵。通过背诵进行口传也需要时间，因而训练一位祭司是一个漫长的过程。琐罗亚斯德教教外人员则不需要如此长的时间：《赫贝斯坦》12.1 指明 "一年"；12.2 θrizarəmaēm 指明 "三个春天"[②]，不过这是房屋主人学会以适当的祷告及仪式照管自己屋内的火的时间。

祭司们拒绝写本有一个非常实际的原因：写本完全被认为是记忆培养的天敌，因为如果可以记录下来，谁还去费力熟记经典呢？为顺利举行一

[①] 该文献的两个新近版本，对艰涩原文的难点都作出了尝试性解答：H.Humbach, J.Elfenbein, *Ērbedestān. An Avesta-Pahlavi text.* München 1990（Münchner Studien zur Sprachwissenschaft. Beiheft 15. Neue Folge）; F.M. Kotwal, Ph.G. Kreyenbroek, The Hērbedestān and Nērangestān. I. Hērbedestān, edited and translated by F.M. Kotwal and Ph.G. Kreyenbroek with contributions by J.R. Russel, Paris 1992（Studia Iranica-Cahier 10）。

[②] 关于需要牢记的经典数量，见 Hērbedestān 14.3 及 Kotwal/Kreyenbroek 1992, 69 中的注 167，但这是指祭司的任务还是世俗之人的任务，尚不完全清楚。

场仪式，琐罗亚斯德教祭司最重要的任务是在无任何帮助的情况下背诵难以理解的阿维斯塔经。全文必须由祭司背出，而非出自写在纸上的文字。如果祭司出错——另一个祭司站在他旁边进行检核，仪式无效，他必须重新开始。

前述阿维斯塔字母的发展显然与拒绝写本相悖，阿维斯塔语写本甚至编写得非常清晰有序，相应地发挥着功能。但它的使用仅限于一个目的——保存阿维斯塔经典，而这无疑因为认识到它们正在散佚。记忆文化的口述传统即将或某种程度上已明显断裂，应是将阿维斯塔经典记录下来的唯一理由。那些经典无法以其他方式保存，因为书写它们的语言虽然与祭司口语相关，但差异巨大，祭司极难掌握。

国王的世俗教育如何？王子需要学习什么？古典波斯文献《列王纪》（Šāhnāma）和《维斯与朗明》（wēs u rāmēn）中的史诗传统向我们展现了国王和贵族异常勇武侠义的形象。这类人完美无瑕，通过训练（甚或未经训练）轻而易举地成为才华横溢的人。下面作更具体的论述。

《帕佩克之子阿尔达希尔行传》（Kārnāmag ī Ardašīr ī Pābagān）[①]，第2.4节谈到年轻的阿尔达希尔（Ardašīr）王储："到受教育（frahang）的年龄时，他在书写（dibīrīh）和骑马（aswārīh）及其他科目的学习中表现非常出色，成了法尔斯省（Fārs）闻名遐迩的人。"15岁时，他被最后一位阿萨息斯王阿尔达万（Ardawān）带到王宫。值得注意的是书写被首次提及；另外，阿尔达希尔接受全面训练至十五岁，这是琐罗亚斯德教徒的成年年龄。在王宫中，阿尔达希尔进行狩猎（naxčīr）、打马球（čawgān）、骑马、下象棋（čatrang）和双陆棋（nēw-ardaxšīr）。一次狩猎事件之后，阿尔达万下令把阿尔达希尔关进厩舍与牲畜呆在一起：2.21……kū rōz ud šab az

---

[①] 该文献的版本有 B.T. Anklesaria, *Kār-nāma- ī Ardašīr- ī Pāpakān*. Bombay 1935; O.M. čunakova, *Kniga dejanij Ardašira syna Papaka*. Moskva 1987; F. Grenet, *La geste d'Ardashir fils de Pābag*. Die 2003.

nazdīk ī stōrān, ō naxčīr [ud] čōbagān ud frahangestān ne šāwē! "无论昼夜，你都不得离开这些牲畜去狩猎、打马球和去学校（frahangistān）"。于是阿尔达希尔不得不留在厩舍，无处可去。此处提到学校——注意这个词用的是 frahangistān 而非 dibīristān，所以这位年轻人可能在王宫中受到进一步训练。但他似乎只在入学之初接受过一次书写训练。如果引文正确且未经后人更改，那么这只能意味着阿尔达希尔仅仅学习了帕拉维语的基础知识。

毫无疑问，这位贵族青年，也是未来的国王，参加了练就神箭手的活动。沙卜尔用中古波斯语和帕提亚语在哈吉阿巴德（Hājjīabād）和坦—伊·布拉克（tang-i Boraq）的碑铭中记录了这种情况。善射是伟大战士，也是猎人需要具备的能力。《帕佩克之子阿尔达希尔行传》（*Kārnāmag ī Ardašīr ī Pābagān*）描述了有阿萨息斯末代国王阿尔达万、他的儿子及未来的萨珊开国之君年轻的阿尔达希尔参加的一次狩猎场景。正是阿尔达希尔精湛高超的射击使阿尔达万的儿子相形见绌，显示出谁将是阿尔达万当之无愧的继任者。方才提到的沙卜尔铭文中关于国王射艺的著名记录也可能含有神话因素。阿尔达希尔非凡的射击距离象征着受其箭矢保护的王国的极大扩张。但射箭只是王公贵族需要学习的军事技能之一。最为重要的是要学习如何与官兵打交道，并通过参与军事行动熟悉作战细节（如军队管理、围攻技术）。狩猎也是一项非常类似于小规模战役的活动。这些学习都耗费时间，将使人无暇他顾。

虽然上述两种不同的教育——书吏教育和宗教文化记忆人员教育——相互对立，但好像出身富裕的孩子将这两种教育都接受了。上文引自《行传》（*kārnāmag*）的那段内容似乎对此有所暗示。我们还可以在 Xusraw [ī kawādān] ud rēdag[①]（《胡司洛（Xusraw）与仆人》）文本中找到更为详细的

[①] D.Monchi-zadeh, Xusrōv ī Kavātān ut Rētak, in: *Monumentu Georg Morgenstierne* II (Acat Iranica 22), Leiden. 1982, 47-91. 关于题名，参见该文第 63 页注 1。

信息。文本中介绍了一位受过良好教育名叫 xwaš-ārzō（k）的年轻人。他是一名 rēdag"仆人"，出身王公（wāspuhr）贵族。xwaš-ārzō（k）讲述自己从上学开始的经历：在 Frahangistān，他像祭司一样把《耶斯特》（yašt）、hādōxt、bagān［= bagān yašt］和《万迪达德》（vīdēwdād）倒背如流，"倾听"赞德（zand）。这样他才具备了出色的书写（dibīrīh）、修辞（frazānag-saxwan）能力。[①] 接着，他开始学习实用技能：骑马（aswārīh）和射击（*kamānwarīh）；使用长矛及其他武器。随后学习乐器、歌唱与舞蹈。之后是占星术、象棋及其他棋盘游戏。最后，他还学习如何搭建帐篷，这与宫廷的流动密切相关。他身兼众艺，委身听命于国王。但国王只对其美食烹饪训练感兴趣，他也十分擅长于此，以至该书成了一部烹饪手册。

据此，我认为可以得出以下结论：国王可能在上学期间且或许是在入学之初受过书写训练，但应是在记住琐罗亚斯德教的主要经典之后。因为书写文本能力的训练内容广泛——课程中不仅包括复杂的字母，还包括每种文本相应的规则与风格，很可能他只学习到能够阅读与己相关的文本的程度。虽然如此，但肯定有专职人员负责其他事务。

萨珊王国拥有书写文化，并且应用广泛，但萨珊王作为一国之主王并不精于书写。我们可以发现萨珊国的书写活动相当丰富，根本未限于使用帕拉维语，但帕拉维语文献局限在特定领域：钱币和印章铭文、石刻碑铭、器皿铭文、法律文献（公文、契约，还有一部内容丰富的法律文本手册）、科学手册（大部分未被全然证实；一部有关珠宝的著作）和宗教文献（宗教文献在现存的文献中占绝对比重，并非偶然，而是缘于宗教社团的特殊性；或许除了国家意识形态的作用之外，世俗领域没有一个团体能够确保国家瓦解之后其书面文献的留存）。

这些文献除极少数外都没有署名。3 世纪皇家铭文的内容最为丰富，

---

① 文本最后部分以讲述仆人（rēdag）写信给国王作为开头，其可能属于增补内容。

其应与沙卜尔以外的萨珊诸王有关,尽管铭文以第一人称书写,却更像是征服之地和献给祆庙的祭品清单。派库里(Paikuli)的纳尔西斯(Narses)碑铭力图记录所作的决策,铭文近似优雅,但仍然十分简洁。沙卜尔在琐罗亚斯德克尔白碑[Ka'ba i Zardušt(ŠKZ)]上面用三种语言镌刻的重要铭文中,提到除其他事情外,他还尽情享受得自罗马皇帝瓦莱里安(Valerian)的战利品。该铭文风格可以且已被同著名的罗马帝国开国皇帝奥古斯都(Augustus)的铭文进行比较。从而有人根据奥古斯都铭文首句是 Rerum gestarum divi Augusti "神圣奥古斯都的功德",认为应该以 Res Gestae divi Saporis 称呼沙卜尔铭文。[①] 奥古斯都也使用了第一人称,透露了大量有关自己政治生涯的详细内容,但我们无法洞悉其原因或个人动机。无疑可以假定奥古斯都并没有亲自书写他的拉丁语或希腊语铭文,他甚至可能没有口述铭文内容,因为他的助手完全有能力单独整理出所有事实。但必须承认,萨珊国王对铭刻的兴趣相当有限,因为3世纪之后的铭文极为罕见。目前尚不知萨珊国王书写的其他文献(在此,我对以拉丁语、希腊语记录的外交文书及其他资料不予考虑),这与罗马和拜占庭皇帝较为持续镌刻碑铭的行为形成鲜明对照。一些罗马和拜占庭皇帝甚至还为我们留下了文学作品、报告和说明书(如马可·奥雷尔〔Mark Aurel〕;君士坦丁七世〔Constantinus Porphyrogenitus〕)。显然,罗马和拜占庭帝国使用文字远较萨珊帝国广泛。

这一现象并非与萨珊帝国无关。萨珊帝国不仅有各种与国家密切相关的团体或社会阶层(贵族、农民、城镇居民和祭司),还有多种其他群体间或湮没无闻,间或寻求在国内产生影响。萨珊帝国云集着犹太教、基督教、浸礼教、摩尼教等教徒,以及来自邻国或同四面八方均有贸易往来的商人。经证实,还有受古代东方宗教影响的异教徒群体。各种基督教徒团体频频引人注目,或因为他们使萨珊帝国和拜占庭有共同之处,亦或因为他们力

---

① A. Maricq, Res gestae divi Saporis, in: *Syria* XXXV, 1958, 295-360. 再刊于 J. Gagé, La montée des Sassanides et l'heure de Palmyre, Paris 1964, 279-291.

求摆脱拜占庭的影响。摩尼领导下的摩尼教徒的作用举足轻重，缘于他一直设法同高层人员密切接触。另外，这些团体只从事一定类别的著述活动。叙利亚语文献无疑最为丰富，不仅包括基督教文献和世俗文献，还包括六世纪使科学知识得以广泛传播的叙利亚语译本的希腊语文献。叙利亚使用希腊语——叙利亚语双语的城市是科学知识的传播中心，与萨珊帝国紧相毗邻。正因为如此，发生在萨珊帝国的事也出现在叙利亚语地区。中古波斯语译本使科学知识得到进一步传播，但这类文献没有直接保存下来，根据前面推测，很可能是因为萨珊帝国消亡之后，其语言文字随之消失，留下的团体缺乏足以保留这种文献的基础。萨珊时代末期对科学的关注有增无减，但那只是因为科学知识被迅速译成精确的新语言——阿拉伯语。可以肯定，正如希腊术语给叙利亚语翻译者造成诸多困难使其只能半翻译半借用一样，将科学文献译为中古波斯语也会对这一含混难懂的文字体系及其译者提出极高的要求。遗憾的是，651年萨珊帝国灭亡，中古波斯语的翻译就此夭折，意味着我们无法评价那些翻译者的成就。

但现存的萨珊帝国非中古波斯语文献中，佚名的宗教文献占绝对多数。宗教领域有最伟大的著述，即《巴比伦塔木德》(Babylonian Talmud)。叙利亚语著作上常写有爱弗冷(Ephraem)和拉布拉(Rabbula)等博学者的名字。同一时期，还出现了大量亚美尼亚语基督教文献，写有柯利温(Koriun)和埃兹尼克(Eznik)等为人熟知的名字。带有叙利亚文化烙印的拜占庭文献还能够与作者的名字联系在一起：拜占庭赞美诗作者罗曼诺斯(Romanos)，是出生在叙利亚的犹太人，他把自己的名字出色地编入赞美诗诗节的首字母中。叙利亚和亚美尼亚的史学传统源于希腊得到证实。叙利亚语《亚历山大传奇》证明了世俗文本的存在，该作品可能存在一个中古波斯语译本。①

---

① 以前认为叙利亚语《亚历山大传奇》可能存在一个起中间媒介作用的中古波斯语译本，C. Ciancaglini, The Syriac Version of the Alexander Romance, 载 *Le Muséon*

维斯纳(Wiessner)[①]和雷因克(Renink)[②]已研究证实公元六七世纪萨珊贵族学习希腊语或学习希腊语与叙利亚语的趣事,似表明这些语言的书写文化内容丰富,至少能够在一定范围内确立自身地位,或许同时推动了接受希腊科技文献(部分以叙利亚语译本为中间媒介)的进程。虽然这一方面似说明希腊语(和叙利亚语)文献的扩散,另一方面暗示帕拉维语的演化,但如上所述,这种帕拉维语著作没有保存下来。不知是否还有另外的著作出现——间接的证据不容忽视,如由萨珊医生巴尔祖耶(Burzoe)翻译的一部印度故事合集。[③]萨珊帝国灭亡之后,大量的中古波斯语文献在9世纪出现,其创作复兴持续几个世纪。著名的文献有《札特斯帕拉姆文选》(Wizīdagīhā ī Zadspram)、《驳毁约者书》(Škand-gumānīg wizār)、编纂而成的《丹伽尔特》(Dēn-kard)、《《宗教裁决》(Dādestān ī dēnīg)补编〈帕拉维语传说〉(Pahlavi Rīvayat)》和曼努什切赫尔(Manučihr)书信。创作复兴的基础无疑奠定于萨珊时期,极可能是在萨珊晚期。这类文献与基督教文献具有共同点——现存的许多宗教文本有知名著者的署名,而世俗

———————

(2001),121-140页,否认了这一推论,但D. Weber刊布过一件中古波斯语文献,其可能是关于亚历山大的文本残片:D.Weber, Ein Pahlabi-Fragment des Alexanderromans aus Aegypten? 载D.Durkin-Meisterernst, C.Reck, D.Weber(eds), *Literarische Stoffe und ihre Gestaltung in mitterliranischer Zeit*, *Ehrencolloquium anlässlich des 70. Geburtstages von Prof. Dr.Werner Sundermann*,30-31. März 2006,Wiesbaden 2009(Beiträge zur Iranistik 31),307-318。不能以此反驳Ciancaglini理由非常充分的论点,但若D. Weber的结论正确,则表明确实存在过一定数量的中古波斯语世俗文献。

① G. Wiessner, Christlicher Heiligenkult im Umkreis eines sassanidischen Großkönigs, 载W. Eilers(ed.), *Festgabe deutscher Iranisten zur 2500 Jahrfeier Irans*, Stuttgart 1971, 141-155。

② G. J. Reinink, Die Entstehung der syrischen Alexanderlegende als politisch-religiöse Propagandaschrift für Herakleios 'Kirchenpolitik, in: C. Laga, J. A. Munitz, L. van Rompay(ed.), *After Chalcedon. Studies in theology and church history offered to Prof. Albert van Roey* .., Leuven 1985(Orientalia Lovaniensia Analecta 18),262-281。

③ F. de Blois, Burzōy's voyage to India and the origin of the book of Kalīlah wa Dimnah, London, 1990。

文本没有署名（或作者的名字根本没有流传下来）。

再回到著者的问题上。无疑，摩尼宣称自己是书写预言的先知，预言中还为消息来源，即一个人物形象——摩尼的孪生子定名。《阿维斯塔》表明这一行为遵循了琐罗亚斯德教的传统：阿胡拉·玛兹达（Ahura Mazda）把宗教预言告诉查拉图斯特拉（Zarathuštra）。将著者认定为真正亲历者的传统得到延续，如《阿尔达·维拉兹》（Arda Wirāz nāmag）中用第一人称撰写维拉兹（Wirāz）游历死后世界的报告、3世纪最著名的琐罗亚斯德教祭司科德的铭文，上述后萨珊时代文献也继续沿用这种传统。众所周知，大流士（Dareios）也在铭文中给自己定名，由此证实了一份非主要宗教写本的作者①。但所有这些文献的问题是内容的真实性，而不是其中的人物和私人事务。一个人谈到自己曾直接参与某事，另一个人却也这样讲。维拉兹在《阿尔达·维拉兹》中和科德在铭文中，虽然都描述了前往另一世界的旅程，但都未提及感情，所以人们必然期待曾经引发强烈感情的事项。显然，我们无法也不应该指望通过这些资料了解个人性格。萨珊时代的世俗文献是口述文献——应包括生动展现当时人们生活的传奇故事，没人想过将其记录下来。

作者的身份只用来证明文本的真实性，别无他用，所以除一种文体——史学著作外，没有任何其他描述人物的口头诗歌形诸笔墨，人们可以从史学作品中获取有关事件、人物和动机的丰富信息。萨珊有宫廷编年史，名为 xwadāy-nāmag，即《帝王纪》，虽然已经遗失，但部分内容保存在阿拉伯译本中，使用阿拉伯语书写的历史学家对此加以利用，菲尔多西

---

① 关于这个问题，见 I. Colditz, "'Autorthema', Selbstproklamation und Ich-Form in der alt-und mitteliranischen Literatur", 载 D.Durkin-Meisterernst, C.Reck, D.Weber（eds）, *Literaische Stoffe und ihre Gestaltung in mitterliranischer Zeit, Ehrencolloquium anlässlich des 70. Geburtstags von Werner Sundermann*. Wiesbaden 2009（Beiträge zur Iranistik 31）, 27-64。

(Ferdousi)也将其作为《列王纪》(Šāhnāma)的原始资料。可以想见,该编年史写得非常含蓄和官方化,限于中立地条列事件。遗憾的是,尚不知其他萨珊史学著作。是否存在其他著作?无人知晓。值得注意的是,持续四个世纪之久的萨珊国似乎从没有一部王室文献。这意味着许多为人所知的萨珊帝国的人和事,都依赖于拉丁语、希腊语、叙利亚语和阿美尼亚语史学著作,尽管这些资料中一贯严重的反波斯偏见必然引发错误认识。

拜占庭历史学家众多,不仅仅有阿加塞阿斯(Agathias)和忒俄法涅斯(Theophanes)之类的拜占庭历史编纂者。12世纪,拜占庭皇帝亚历克修斯一世科穆尼努斯(Alexius I Comnenus)的女儿安娜·科穆宁娜(Anna Comnena)(1083—1153)因为谋权被逐出宫廷,她撰写了一部有关她父亲统治的丰富历史。她没有直接大谈特谈自己,却提供了许多人和事的详细信息——常带有她的个人偏见,而且她确信这些值得记录下来并传诸后世。不可否认,她是非凡之人,即使是在文化程度非常高的拜占庭社会,她的出现也是一个特例,必须承认拜占庭文化造就了她。她写作于12世纪,远晚于萨珊王朝,所以作任何比较都有失公允。但若本文关于萨珊文化水平的假设正确,那么安娜·科穆宁娜根本不可能出现在萨珊伊朗,且不说另一个有趣的问题:有多少女性能读会写?[①]

无法更详细地描述萨珊时代的文化水平有诸多原因。萨珊国的衰亡为重要原因。萨珊帝国因与拜占庭帝国无休止的战争而受到削弱,实际在一定程度上已经崩溃,被挺进的阿拉伯军队迅速征服。除了拜占庭和阿拉伯造成的巨大破坏以外,最主要的原因是传统随之断裂。琐罗亚斯德教政权

---

① M. Macuch 约略提到了萨珊伊朗有学识的女性,见 "Gelehrte Frauen: ein ungew?Hnliches Motiv in der Pahlavi-Literatur",载 D.Durkin-Meisterernst, C.Reck, D.Weber(eds), *Literaische Stoffe und ihre Gestaltung in mitterliranischer Zeit*, *Ehrencolloquium anlässlich des 70. Geburtstags von Werner Sundermann*, Wiesbaden 2009(Beiträge zur Iranistik 31), 135-151。

不复存在，机构瘫痪，其文字、书吏丧失存在的根基。大多数帕拉维语著作的传抄中断，帕拉维语书写的公文和契约也变得毫无意义，这比直接的破坏影响更为深远。

所以，我们无法获知所需的历史事实。诚然，萨珊国有一些领域广泛使用文字，如果其书面文献被保留下来，就可以提供大量关于文献主题及其他相关情况的信息。在此，我并不仅指法律文书和各种档案。但大部分书面文献已经散亡，很多用后就会被迅速销毁或丢弃。即使文化水平较高的相邻文化区亦是如此，更何况萨珊伊朗。多半现存的八九世纪的帕拉维语契约、书信等，原本被认为无保留价值。这种文献多写在皮革或木质等有机材料上，一般无法在伊朗的气候条件下存在几个世纪。而远在东边的吐鲁番、西边的埃及如厄勒番丁岛（Elephantine）之类的地方，由于沙漠环境，这些易损的资料得以幸存。特别是在埃及，有大量与日常生活相关的文本，罗马拜占庭帝国别的地区也有发现，他处则荡然无存。吐鲁番没有发现有关萨珊人日常生活类的文献，但现存的中古波斯语和帕提亚语摩尼教文献极为珍贵，是摩尼教社团在回鹘王国将萨珊帝国语言用作教会语言绝无仅有的证据。据我所知，发现于敦煌的大量汉文文献也涉及日常生活方面，这种资料在中国其他地区没有留下来。阿富汗北部保存下来并被重新发现的约150件巴克特里亚语文书，或是因为被精心储藏在相当高的地方而得以幸存，文书提供了丰富且具有重要意义的信息，不仅包括文献的主题，还包括语言学问题，如法律用语、契约和书信的结构、外来词（一些术语甚至沿袭自阿契美尼德时期），并涉及婚姻、遗产继承等社会问题，从而证明了这类资料的价值。在此基础上，可以想象萨珊时代的国家和私人档案中包含何种信息，以及对于仅能根据随手引用的简短文献而了解或全然不知的问题我们会获取多么丰富的信息。7世纪的敌人——拜占庭人和阿拉伯人，带给萨珊帝国的不仅仅是蓄意破坏，还有对其资料也造成了灾难性影响。传统断裂，即转用阿拉伯语字母——这本身在一定程度上是对难以掌握的帕拉维语及其书吏行会封闭性的裁决，使帕拉维语非宗教文献迅速失去价值，变得难以理解，并任之消亡。这些文献没有得到尽心保存，因而，萨珊帝国的文化程度不得而知。

从社会和个人意义上说，缺乏特定的读写能力是否影响很大？

可以回答："不。"因为萨珊社会和萨珊王朝在缺乏这一能力的情况下照常运转。说其缺乏读写能力，是在要求萨珊社会有不同法规，更开放，更个性，或只更重视记录个人的生活状况。需要注意的是，周边似乎较善于书写的社会一般也未提供更多有关个人生活、动机和感情的信息。

也可以回答："是。"因为我们想了解更多，但由于萨珊帝国缺乏读写能力，我们知之甚少，还因为我们将会知晓内政事务，从而能够了解主要人物的动机、感情、人格结构。这也可以使我们从其自身的角度去认识他们，并摆脱一些人借自己所谓的不刊之作进行毁谤和歪曲的影响。

蒙元帝国时期的一位色目官吏爱薛怯里马赤(Isa Kelemechi，1227—1308年)的生涯与活动

金浩东著 李花子译 马晓林校

1206年蒙古人刚刚建国时总人口不过是一百万，然而经过数十年的征服战争，建立起了一个在地理上横跨欧亚大陆，在政治、经济上统治诸多民族的帝国。与之相伴，他们需要储备具有各种背景和能力的人才资源。只要有助于帝国的统治，就不分种族与宗教，不管肤色如何，均被吸纳为统治的合作者。特别是在统治中国以后，他们起用不同种族的人为其所用，这些人便和金朝统治下的"汉人"及南宋统治下的中国南方的"南人"相区别，被称作"诸色目人"即"色目人"。

在蒙古支配中国时期，对"蒙古人"、"色目人"、"汉人"、"南人"等实行了民族等级制，恐怕已经很难为人们所接受了。但是色目人作为蒙古统治者的合作者所起的重要作用，则是不争的事实。[①] 学界以往对于多民族、多文化背景的色目人，进行了多方面的研究，不仅将"西域"色目人作为一个整体进行研究[②]，

[①] 通过箭内亘的《元代の三階級(色目考)》(《蒙古史研究》，東京，刀江書院，1930年，第263—360頁)，及蒙思明的《元代社会阶级制度》(1938年，北京，中华书局，1980年)，成为定说的"民族等级制"，以下学者提出批评和修正意见，参见《中國の歷史》卷六，東京，講談社，1974年，第168—174页；萧启庆：《元朝史新论》，台北，允晨文化，1999年，第46—58页)；船田善之：《色目人の實像：元の支配政策》，《しにか》2001年11号，第16—21頁。

[②] 陈垣：《元西域人华化考》，《元史研究》，台北，九思出版社，1977年再收；萧启庆：《西域人与元初政治》，台北大学文学院，1966年；周彩赫：《元朝官人层研究》，首尔，正音社，1986年。

还对穆斯林(回族)①、维兀儿②、藏③、钦察、康里人④等不同的宗教、民族集团分别进行研究,还对属于各个集团的个别人物进行研究,可谓成果丰硕。

本文所关注的爱薛怯里马赤(Isa Kelemechi),在某种意义上说并不是当时活动着的色目官吏的"典型"代表。他并不属于除了汉人以外占多数的畏兀儿人、藏人或者钦察人,而是属于叙利亚地方的人。在宗教上也不属于占多数的伊斯兰教徒或者佛教徒,而是属于少数集团的聂斯脱里派基督教徒。虽说他不是多数集团的"典型"代表,但是通过考察像爱薛这样的人物如何被吸收进统治核心的过程,可以了解蒙古统治者利用色目人进行统治的有趣一面。

有关爱薛怯里马赤的记载,在东西方资料中虽说不算太多,但均有提及。在中方史料中,有《元史》列传、《神道碑》和"制文"等,在伊斯兰史料中有《史集》。学界同仁们已经注意到这些记载,但主要是从活动于元代的基督教徒的角度进行研究⑤,而不是从蒙古帝国利用色目人进行统治的方面进行研究。笔者尽全力搜集有关爱薛的东西方史料,试图复原其活动,以展现蒙古帝国时期一位色目官吏的活动状况。

一、移居东方的背景和经过

在大元帝国皇帝爱育黎拔力八达(元仁宗,1311—1320年)即位的皇

---

① 主要参考田阪兴道:《中国における回教の伝来と弘通》,东京,东洋文库,1964;杨志玖:《元代回族史稿》,南开大学出版社,2003年。
② 尚衍斌:《元代畏兀儿研究》,民族出版社,1999年。
③ H. Franke, "Tibetans in Yüan China", *China under Mogol Rule*(ed. J. D. Langlois Jr., Princeton: Princeton University Press, 1981), pp. 296-328.
④ 陆峻岭、何高济:《元代的阿速、钦察、康里人》,《文史》16集,1982年。
⑤ 陈垣:《元也里可温考》,《元史研究》,台北,九思出版社,1977年再收,9r-v; A. C. Moule, *Christians in Asia before the Year 1550*(London: Society for Promoting Christian Knowledge, 1930), pp. 228-234。

庆元年（1313年），程钜夫写了介绍爱薛生涯的《拂林忠献王神道碑》（以下简称《神道碑》），记载了爱薛移居蒙古的经过，内容如下：

> 公刚明忠信，能自致身立节，于西域诸国语、星历、医药，无不研习。有列边阿答者，以本俗教法，受知定宗，荐其贤，召侍左右。①

通过上引文我们可以了解到，爱薛最初来到蒙古是受到列边阿答推荐的，并且侍候贵由可汗（1246—1248年）。那么，文中提到的列边阿答（《四库全书》记为"列边阿达"）是什么人，他为什么要推荐爱薛呢？

13世纪亚美尼亚的历史学家乞剌可思·刚扎克（1201—1272年）著有《亚美尼亚史》，记载了有关审温·列边阿答的有趣故事。② 他是一个叙利亚人，当他看到由于蒙古军队的征服战争使许多基督教徒惨遭杀害时，向大汗请求禁止屠戮，他最终带回了大汗禁止无道杀戮的敕书（a written order）。由于这份敕书，在大不里士和纳黑出汪（Nakhchevan）地方，基督教徒受到了优待，过去连耶稣的名字都不能说出口，现在不但能够建立教会，还挂出了十字架，敲击木板，唱赞颂歌，还给鞑靼人洗礼。商人们只要携带盖有列边阿答的印章（tamgha）的文书，就可以不受限制地活动，蒙古将军们也把掠夺物献给他。据乞剌可思记载，这些事情发生在"亚美尼亚历"690年，即公元1241年。③ 1247年曾见过列边阿答的西蒙·圣康丁

---

① 《拂林忠献王神道碑》，《全元文》卷十六，江苏古籍出版社，2000年，第324页。

② 有关这个资料的说明，参见 J. A. Boyle, "Kirakos of Ganjak on the Mongols," *Central Asiatic Journal*, vol. 8（1963）[*The Mongol World Empire 1206—1370*（London: Variorum Reprints, 1977）再收]。

③ *Kirakos Gandzakets'i's History of Armenians*（tr. Robert Bedrosian, New York: Source of the Armenian Tradition, 1986）, pp. 237-240.

（Simon of Saint-Quentin）描述他是个"商人"和"高利贷主"[1]，这可能是因为列边阿答既是聂斯托利派的高级司祭，又从事商业活动，从而与同教派的商人们保持密切关系的缘故吧。正如伯希和所指出的，汉文资料中所说的列边阿答，就是亚美尼亚记录中的"西蒙·列边阿答"。[2] "Rabban Ata"指的是"像父亲一样的老师"，而"Simeon"是他的真实名字。

如果我们能相信亚美尼亚记录的真实性，那么列边阿答最迟在1241年以前到达蒙古，和他见过面并且给他敕书的人应该是直到1241年末还在位的窝阔台。伯希和也认为列边阿答到达蒙古的时间是在1235—1240年，这是可以接受的观点。[3] 实际上，由于贵由远征钦察、俄罗斯，在1235—1242年间不在蒙古，所以在1241年以前列边阿答见到贵由的可能性是不存在的。而《神道碑》没有记载窝阔台，这可能是漏记了。如果单从列边阿答"以本俗教法，受知定宗"这一条来说明他见到了即位后的贵由，并且两人从此相识，这个结论还不好下。当然不能排除列边阿答在贵由即位以后再次来到蒙古，但是即便他没有来到，贵由也可能听说了以"本俗教法"即聂斯脱里教团的教法而被蒙古朝廷所熟知的列边阿答的故事。

有关列边阿答是否访问过蒙古，可以通过现存于教皇厅的列边阿答致教皇的书信得到确认。1245年6月，教皇英诺森四世在里昂召开大公会议，决定派遣三个使节团前往东方，以便了解正在对西欧基督教权构成威胁的蒙古帝国的情况。[4] 这三个使节团中的一个以方济各派教士约翰·柏

---

[1] T. A. Allsen, "Mongolian Princes and Their Merchant Partners, 1200—1260," *Asia Major* (3rd series), vol. 2, pt. 2 (1989), p. 115.

[2] P. Pelliot, *Les Mongols et la Papauté* (Paris: A. Picard, 1923), pp. 29-65.

[3] Ibid., p. 15.

[4] 有关这个使节团的概述，参见 Igor de Rachewiltz, *Papal Envoys to the Great Khans* (London: Faber and Faber Ltd., 1971)。有关蒙古帝国和西欧的关系，参见 P. Jackson 的最新研究，*The Mongols and the West* (London: Longman, 2005)。

朗嘉宾（John of Plano Carpini）为代表，被派往帝国的首都哈剌和林；① 另一个以多明我派教士阿塞林为代表，于 1245 年 5—7 月前往会见驻扎于亚美尼亚的蒙古军司令拜住（Baiju）②；最后一个以多明我教士安德鲁·隆瑞莫（Andrew of Longjumeau）为代表。这最后一个使节团中的安德鲁教士，与前述西蒙·圣康丁一起，于 1245—1246 年间，见到了叙利亚和巴勒斯坦的穆斯林君主，以及驻扎在摩苏尔附近的蒙古军，还有雅各比（Jacobite）派高级司祭等，他们还顺路访问了大不里士，与列边阿答相处了约二十天。就在此时，列边阿答让回国的安德鲁·隆瑞莫捎去写给教皇的一封信，这就是现存教皇厅的那封信③。他在信中说，由于教皇对拜占庭皇帝腓特烈二世下达了破门令，所以在帝国领域内有可能加重对基督教徒的迫害。为了保障信徒们的安全，请求教皇撤回破门令，并转达这封由教团的大主教、主教联名写的信。有趣的是，列边阿答称自己为"东方副司教"（Vicarius Orientis），还说把自己在"Sin 地"带来的小册子送给教皇。众所周知，"Sin"指"秦"，一般用来指中国，但是在 1230 年代后期，他访问中国的可能性不大，这里可能指去了蒙古即"东方"④。

综合以上有关西蒙·列边阿答的中国、西欧及亚美尼亚的资料，可以

---

① 他的访问内容通过《行程录》可以了解到详细的情况，参见 P. Jackson tr., *The Mission of Friar William of Rubruck: His Journey to the Court of Great Khan Möngke 1253—1255*（London: The Hakluyt Society, 1990）。

② 有关的内容通过随行员西蒙·圣康丁（Simon of Saint-Quentin）的记录为人所知。参见 G. G. Guzman, "Simon of Saint-Quentin and the Dominican Mission to the Mongol Baiju: A Reappraisal," *Speculum: A Journal of Mediaeval Studies*, vol. 46, no. 2（1971）, pp.232-249; G. G. Guzman, "Simon of Saint-Quentin as Historian of the Mongols and Seljuk Turks," *Medievalia et Humanistica: Studies in Medieval and Renaissance Culture*, new series, no. 3（1972）, pp. 155-178。

③ Pelliot, *Les Mongols et la Papauté*, pp. 30-35; P. Jackson tr., *The Mission of Friar William of Rubruck*, p. 30.

④ Pelliot, *Les Mongols et la Papauté*, pp. 30-35.

做以下归纳,即1229年继成吉思汗成为大汗的窝阔台,在率军亲征金国的同时,为了安定由花剌子模国王的儿子扎兰丁再起而引发的西亚地区的混乱局面,派遣绰儿马浑那颜率领三万军队前往镇抚。[①] 绰儿马浑渡过阿姆河,于1230—1231年冬天经过木罕(Mughan)平原,到达阿塞拜疆,而与他对抗的扎兰丁则于1231年8月在逃走途中被杀。[②] 于是,信奉伊斯兰教的花剌子模势力崩溃,在宗教上更加开放的蒙古开始统治西亚。由于司令官绰儿马浑的妻子艾儿提纳哈敦(Eltina Khatun)和她的两个弟弟都是基督教徒[③],这就为散处于西亚各地的基督教徒带来了信教和传教的有利环境。而作为聂斯脱里教团领袖的列边阿答,正是利用伊斯兰教势力崩溃和亲基督教的蒙古统治者上台的机会访问了蒙古,并会见了窝阔台和受"敕书"而来。继窝阔台继位的贵由,比起他的父亲对基督教徒更加友好。他的师傅(Atabeg)合答黑(Qadaq),以及被嘉宾称为"首席书记官(Protonotary)"而实与宰相无异的镇海(Chinqai)等,都是基督教徒。甚至亚美尼亚的历史学家波拉尤斯(Bar Hebraeus)认为贵由大汗本人也是基督教徒。[④] 在这种背景之下,已经与蒙古朝廷建立紧密关系的列边阿答推荐爱薛从西亚前往蒙古。

有关爱薛移居东方在《神道碑》里没有记载,详见于姚燧《牧菴集》为爱薛一家写的四篇"制文"里,即(A)"蒙克特穆尔祖考伊苏追封秦国康惠公制",(B)"祖妣克呀氏呼实尼沙赠秦国夫人制",(C)"考崇福使阿实克岱追封秦国忠翊公制",(D)"秦国忠翊之弟巴克实巴追封古哩郡恭懿公制"等。[⑤]

---

① 拉施特著,金浩东译:《汗的后裔们》,首尔,四季节,2005年,第53页。

② *The Cambridge History of Iran*, vol. 5 (ed. J. A. Boyle, Cambridge: Cambridge University Press, 1968), pp. 332—335.

③ *Kirakos Gandzakets'i's History of Armenians*, p. 253.

④ 详见于金浩东:《东方基督教和东西文明》,首尔,喜鹊,2002年,第197—200页。

⑤ 姚燧:《牧菴集》卷二,收入《四部丛刊》初编,集部。

最初关注这些资料的是陈垣[①]，而通过详细的研究发现问题的是韩儒林[②]。后者通过考察乾隆年间外来名词的汉字标记法的变化，得出了如下结论：第一，A 的伊苏是爱薛，他的孙子蒙克特穆尔是武宗年间历任尚书省左丞的忙哥帖木儿（Möngke Temür）；第二，B 的克呼氏是《元史》的标记法，指克烈氏即"Kereit"部族。呼实尼沙是爱薛夫人的本名，程钜夫《神道碑》里的撒剌（Sarah）[③]则是她的洗礼名——圣经中先知者亚伯拉罕的妻子叫撒剌；第三，C 和 D 中的阿实克岱（Asightai）是爱薛的儿子即忙哥帖木儿的父亲，巴克实巴是阿实克岱的弟弟[④]。

在 A 里可以发现《神道碑》里没有的有趣事实，即拖雷的夫人梭鲁合帖尼必吉（Sorqaqtani Beki）——制文中的"高后"，通过列边阿答听到了爱薛父亲的名声，因而派使臣想把他父亲招进宫来，但是由于他父亲年龄太大，于是派儿子出来，这就是爱薛。[⑤]有关爱薛的父亲我们所知甚少，《神道碑》里记载爱薛的祖父是不阿里，父亲是不鲁麻失。在这里，我们搞不清楚不阿里、不鲁麻失是什么意思，《四库全书》本记作"巴阿喇"、"博啰穆苏"，这更加不可信。据推测，这两个人名字前面的"不"（《四库全书》本里标作"巴"和"博"）字，可能是从叙利亚语中表示儿子的"Bar"来的。当时叙利亚人的名字前面都加"Bar"，就如同阿拉伯人加"Ibn"，尤太人加"Ben"一样，是很常见的。

有关爱薛父子的故乡也是不确定的。《神道碑》里记载"公为西域拂林

---

① 陈垣：《元也里可温考》，9v。陈垣认为 C 的"阿实克岱"是"爱薛"，这是错误的。
② 韩儒林：《爱薛之再探讨》，《穹庐集》，上海人民出版社，1982 年，第 93—108 页，原载华西协合大学编：《中国文化研究所集刊》，1941 年 1 卷 3 期）。
③ 这是起用《圣经》中亚伯拉罕的夫人撒剌（Sarah）的名字，估计是她的洗礼名。
④ 韩儒林前引论文。
⑤ 姚燧：《牧菴集》卷二："繄我高后，于尔先人，闻为世之所贤，奏遣伻而将致，由渠既耄，辞不能往，以汝克肖，代之而行。"

人",《元史》"爱薛传"记载"西域拂林人",又有"拂林忠献王"的称号。而"制文"里称爱薛一家为"秦国"某某公。有关"拂林(Fulin)的语源众说纷纭,现在倾向于在"Rūm"的前面加"h"或者"f",变成"Hrūm"或者"Frūm"[①]。夏德(F. Hirth)在分析了汉文资料的用例以后认为指叙利亚地方[②]。"秦国"一般认为指罗马帝国,但是"秦国"与"拂林"、"西域"一样,都是地理范围相对模糊的概念。如果考虑到列边阿达的故乡是大不里士,安德鲁·隆瑞莫和列边阿答相处二十天的地方也是大不里士,那么受其推荐的爱薛父子的故乡也可能是当时基督教徒相对集中的高加索山脉南边的亚美尼亚、阿塞拜疆地区。如果说"拂林"、"秦国"都是广义的概念,那么也可能包括这些地区。

《神道碑》记载爱薛死于至大元年(1308年)六月癸卯日,享年82岁,可见他生于1227年。他到东方的时间是贵由统治时期(1246—1248年),这时他的年龄约20岁。《神道碑》里记载他来到蒙古朝廷时侍候贵由左右,只是没说清楚他到底干什么。参考《牧菴集》就可以发现,他侍候的对象可能是和贵由关系紧张的梭鲁合帖尼必吉(Sorqaqtani Beki)。另外,制文A记载招来爱薛的人是"高后"即拖雷的夫人梭鲁合帖尼,他来到朝廷以后"初供奉于东朝"[③],这个东朝指梭鲁合帖尼的居处。另外制文B记载,克烈部出身的爱薛的妻子撒剌是个基督教徒,她是梭鲁合帖尼的侍从。而

[①] P. Pelliot, *Notes on Marco Polo*, vol. 1 (Paris: Librairie Adrien-Maisonneuve, 1959), p. 17;桑山正进:《慧超往五天竺國傳研究》,京都,京都大学人文科学研究所,1992年,第160页;郑守一:《(慧超的)往五天竺国传》,学古斋,2004年,第361—363页;冯承钧编:《西域地名》,台北,中华书局,1977年,第28—29页;陈佳荣等:《古代南海地名汇释》,中华书局,1986年,第941—942页。

[②] Cf. E. Bretschneider, *Medieval Researches from Eastern Asiatic Sources* (1888; London: Routledge & Kegan Paul, 1967 repr.), vol. 2, p. 323; vol. 1, pp. 143–144.

[③] 姚燧:《牧菴集》卷二:"春秋方富,初供奉乎东朝。"

爱薛夫妇以傅父、傅母的资格侍奉的"帝姬"可能是蒙哥可汗的女儿①，这些都说明爱薛和拖雷一家保持着密切的关系。贵由去世以后蒙哥即位，帝国的大权开始转向拖雷家族。伊萨的才能也逐渐得到认可，开始步入仕途，这完全是顺理成章的事。

二、前半期（1260—1282）

1. 爱薛"怯里马赤"

从现存资料无法了解爱薛在蒙哥时代的活动情况。他来到蒙古以后，首先要学习蒙古语，否则他不可能承担任何公职。据《元史》"爱薛传"记载，爱薛到达蒙古朝廷以后，"直言敢谏，时世祖在藩邸，器之"。这说明住在梭鲁合帖尼居处的爱薛最终熟习了蒙古语，并且能用蒙古语表达意思，通过上谏和即位以前的忽必烈相识。1260年忽必烈即位，也就是爱薛来到东方十多年以后，他已能够熟练地使用蒙古语，他的活动开始见诸史料。

在汉文资料中可以见到忽必烈即位以后爱薛"直言敢谏"的几个事例。一次是在中统三年（壬戌，1262）二月八日佛诞日②，忽必烈下令在都城大行法事，在道路边的建筑物上张灯结彩，集教坊百伎，以迎法驾的诏敕。对此，爱薛谏言道："高丽新附，山东初定，江南未下，天下疲弊。此无益之费，甚无谓也。"③还有一次是在同月十五日，忽必烈准备在北京郊外的长春宫道观留宿，爱薛上言道："国家调度方急，兵困民疲，陛下能安

---

① 韩儒林：《爱薛之再探》，第103页。
② 有关辽、金、元代纪念二月八日佛诞日，参见李龙范：《中世满洲、蒙古史的研究》，首尔，同和出版社，1988年，第262—267页。
③ 《拂林忠献王神道碑》："诏都城二月八日大建佛事，临通衢结五采流苏楼观，集教坊百伎，以法驾迎导。公进言曰：'方今高丽新附，李璮复叛，淮海之壖刁斗达旦，天下疲弊，疮痍未瘳，糜此无益之费，非所以为社稷计也。'上嘉纳之。"

此乎？"正在进食的忽必烈听了这话十分惊愕，将食物全部赐给爱薛，抚其背言道："非卿不闻斯言。"于是，促还都城。①

作为基督徒的爱薛进言反对浩繁的佛诞日活动及皇帝留宿道观，也许有人会说这和他的宗教信仰有关，但是考虑到当时蒙古统治者对宗教的态度较开放和宽容，这种看法是没有说服力的。相比较而言，当时的政治形势促使爱薛直言敢谏。据记载，在佛诞日活动的五天前即二月己丑日，"李璮反，以涟、海三城献于宋，尽杀蒙古戍军，引麾下趋益都"。第二天，又发生南宋进攻新蔡之事。②1261年在内蒙古的昔木土脑儿，与阿里不哥的军队发生战斗，但未决胜负，北边的形势仍十分紧张。③另外，在南边与南宋军队保持对峙状态，山东的代表性汉人世侯李璮在中国北部中心地带发动叛乱。总之，针对当时紧迫的形势，为了唤起皇帝的注意，爱薛才决定直言上谏。

那么，爱薛是以什么身份上谏的呢？如前述，爱薛虽和拖雷家族有特殊的关系，但是如果他不是皇帝的扈从，这是不可能的。从现存资料看，爱薛最初担任官职是在中统四年（1263），被任命为西域星历、医药二司事④，那么在1262年二月，他可能没有担任任何官职。如果是这样，无官职者怎么能向皇帝上谏呢？在普通的中国王朝这是不可能的，然而在实行怯薛制度的大元帝国是可能的。这种制度最初是在成吉思汗时期为了护卫君主而设的，由一万名宿卫、侍卫军团组成，到了忽必烈时期，分掌服御、弓矢、饮食、文史、车马、庐账、医药、卜祝等事务。⑤他们不管是入官还

---

① 《拂林忠献王神道碑》："是月望，上幸长春宫，欲因留宿。公趣入谏曰：'国家调度方急，兵困民罢，陛下能安此乎？'上方食，愕然，尽以赐公，拊其背曰：'非卿不闻斯言'促驾还。"

② 《元史》卷五《世祖二》，第82页。

③ 与阿里不哥的军事对决，参见拙文：《蒙古帝国与高丽》，首尔，首尔大学校出版部，2007年，第31—52页。

④ 《元史》卷一三四《爱薛传》，第3249页。

⑤ 《元史》卷九九《兵志二·宿卫》，第2524页。

是退官，即不管有无官职，作为怯薛与君主保持私人关系，即便没有官职也能够"根据才能任使"①。爱薛作为无官职者扈从皇帝并上谏言，说明他可能就是"怯薛"的成员。

如果他是怯薛，那么他职掌什么呢？参考《元史》"兵志"可以了解到，在各种职掌的怯薛人员（怯薛歹，keshitai）的职衔后面都有"赤"字，在蒙古语中这表示行为者的接尾词（nomen actoris）"-chi"。如果爱薛属于怯薛，理应带有"chi"的职衔。这一点我们需要注意拉施特的《史集》称爱薛为"怯里马赤"（Kelemechi），这个单词是在蒙古语中由表示"说话"的动词"kele-"的后面加上接尾词"-me/ma"和"-chi"构成的②，指"译者"，当时的汉文资料写做"怯里马赤"、"怯怜马赤"、"乞里觅赤"等，意思是"通事"或者"译史"。另据《秘书监志》记载，至元十年（1273）和十二年（1275），"爱薛"或者"也薛"，"做怯里马赤"，至元二十三年条两次出现"怯怜马赤爱薛"③。

从前述"兵志"有关怯薛的职掌来看，与怯里马赤相似的职掌有书写圣旨的"扎里赤"（jarligchi），以及"为天子主管文史"的"必阇赤"（bichechi）④，但是却没有怯里马赤，所以怯里马赤是否属于怯薛是个疑问。⑤据记载，河西人（西藏）星吉的"曾祖朵吉，祖搠思吉朵而只，父搠

---

① 片山功夫：《怯薛と元朝官僚制》，《史學雜志》1980 年 89-12，第 3—4 页。

② G. Doerfer, *Türkische und mongolische Elemente im Neupersischen*, vol. 1 (Wiesbaden: Franz Steiner, 1963), pp. 471–472.

③ 《秘书监志》，第 32、54、69、74 页。

④ "必阇赤"用韩国语译作"비틱치"是错误的。"必阇赤"是在"bichig"、"bichige"的后面加上"chi"构成的，即在"bichigechi/bichgchi"中，脱落声母"g"，转为"bichēchi"，译为"必阇赤"。《元典章》卷三一《礼部四·学校一·蒙古学校》里的"闷者赤"，可能也是这么来的。

⑤ 参见片山功夫：《元朝怯薛の職掌について（その一）》，《日野開三郎博士頌壽記念中國社會、制度、文化史の諸問題》，東京，中國書店，1987 年，第 554—576 頁。

思吉,世事太祖、宪宗、世祖为怯里马赤"①。另据记载,成吉思汗任命唐兀人暗伯的祖父僧吉陀为"秃鲁哈(turqaq),必阇赤(bichechi),兼怯里马赤(kelemechi)"②,这说明怯里马赤属于怯薛。如果说,必阇赤和扎里赤是翻译皇帝命令的"笔译人员",那么怯里马赤则是"口译人员",只是由于"兵志"编纂者疏忽而漏掉了怯里马赤。③ 在元代具有怯里马赤职掌的人,在中央和地方广泛分布,单从"百官志"涉及的人员来看,约有350人。④ 不过,需要区分作为下级吏员的怯里马赤和属于怯薛的怯里马赤。

在《秘书监志》里可以看到爱薛以怯薛的身份"当职"的事例。如至元二十三年二月十一日,"也可怯薛第二日"条记载:"月赤彻儿、秃秃哈、速古儿赤白颜、怯怜马赤爱薛等,在得仁府斡耳朵当职时"⑤。这里的"也可怯薛"可以写作"Yeke keshig",指四怯薛当中的第一怯薛。"月赤彻儿"(Yöchichar)指成吉思汗时期指挥第一怯薛的博尔忽(Boroghul)的后代。⑥ "当职"被称作"番直"或者"当直"⑦,指四怯薛各以四天轮班侍候和宿卫皇帝。据《元史》"兵志"记载,第一怯薛分别在申、酉、戌日当直。⑧

根据以上的论述,可以了解爱薛之所以以"怯里马赤"的别名广为人

---

① 《元史》卷一三三《星吉传》,第3438页。

② 《元史》卷一四四《暗伯传》,第3237页。

③ 萧启庆:《元代的通事与译史》,《元史论丛》第6辑,中国社会科学出版社,1996年,第42—47页。

④ 萧启庆:《元代的通事与译史》,第49页。

⑤ 《秘书监志》卷三《廨宇》,第54页;卷四《纂修》,第74页。

⑥ 叶新民:《关于元代的四怯薛》,《元史论丛》第2辑,1983年,第77—79页。叶新民认为,月赤彻儿(月赤察儿)在至元十七年至二十一年,担任也可怯薛的长官,其后到至元三十一年为止,担任第四怯薛的长官,其后又回到也可怯薛。但是据《秘书监志》记载,至元二十三年仍是也可怯薛,所以他的主张值得商榷。

⑦ 《元史》卷九九《兵志二》,第2524页;卷一〇二《刑法一》,第2616页;卷一四〇《铁木儿塔识传》,第3372页;《元典章》卷三一《礼部四·学校一·蒙古学校》。

⑧ 《元史》卷九九《兵志二》,第2524页。

知,是因为他作为一个西亚人,从事母语和蒙古语的翻译。在1262年他虽然无官职却扈从忽必烈和敢于"直谏",是因为他属于怯薛的怯里马赤。作为聂斯脱里派的基督教徒,他肯定熟知叙利亚语,与此同时,他和其他西亚出身的人一样,可能熟练地掌握了元代在中国广泛使用的阿拉伯语和波斯语,就如同母语一样。之所以称他为"回回爱薛",不是因为他是穆斯林,而是因为他作为一个西亚出身的人,和其他多数人一样,能操一口流利的阿拉伯语和波斯语。在元代所谓"回回"首先指称穆斯林[①],但是"回回"的范围是相当广的,阿速(As)人被称作"绿睛回回",吉普赛人被称作"罗里回回",尤太人被称作"术忽回回"等。可见"回回"不仅指信奉伊斯兰教的人,而是泛指整个西亚地区的人们。[②]

再回过头来看一下爱薛的早期经历。作为第一怯薛的"怯里马赤",他获得品官职位是在中统四年(1263)。据《元史》"爱薛传"记载,这一年令他"掌西域星历、医药二司事"[③],这是因为他"工星历、医药",即对西亚的医学和天文学的造诣颇深。其后,到了至元十年(1273)春正月,"改回回爱薛所立京师医药院,名广惠司",这表明"爱薛传"里所说的"星历、医药二司"中的医药司,其正式名称为"京师医药院"。也就是说,这个部门于1263年由爱薛提议建立,十年后改为"广惠司",爱薛仍是负责人。另据《元史》"百官志"记载,广惠司"掌御用回回药物及和剂,以疗诸宿卫士及在京孤寒者"[④],其长官提学的品秩,"延祐六年升正三

---

① 在唐代标为"回纥"、"回鹘",后来变为音相似、书写方便的"回回",这个名称最初出现在汉文史料中是在宋代,因而宋代的"回回"指生活在中亚绿洲的维吾尔佛教徒。参见杨志玖:《回回一词的起源和演变》,《元代回族史稿》,南开大学出版社,2003年,第59—76页。

② 刘迎胜:《关于元代中国的犹太人》,《元史论丛》第6辑,1966年,第204页。

③ 《元史》卷一三四《爱薛传》,第3249页。

④ 虽然有"至元七年,始置提举二员,十七年,增置提举一员"的记录,但是从上面的《本纪》来看,"至元七年"应为"至元十年"。有关广惠司,参见 D. M. Farquhar, *The Government of China under Mongolian Rule*(Stuttgart: Franz Steiner, 1990), p. 134.

品,七年仍正五品,至治二年复为正三品",表明最初设立时的品秩是正五品。①

那么"爱薛传"里"西域星历、医药二司"中,处理星历的衙门是什么呢?据《元史·百官志·回回司天台》记载:"世祖在潜邸时,有旨征回回为星学者,札马剌丁等以其艺进,未有官署。至元八年,始置司天台,秩从五品。"即忽必烈曾要求推荐懂得"星学"的穆斯林(回回)、札马剌丁等以其技艺入朝,但是最初没有设官署,到了至元八年(1271)秋七月设置了掌管"观象衍历"的"(回回)司天台"②。在这里,我们不能只看到1271年以前"未有官署"的记录,而忽视1263年设置掌管西域星历官衙的"爱薛传"的记录。正如京师医药院改名为广惠司一样,回回司天台在改名之前也应该有相应的衙门。据记载,"国初西域人能历象,故设司天监"③,这条记录说明有这种可能性。

札马剌丁(Jamal ad-Din)在忽必烈潜邸时,即蒙哥时期或者更早的贵由时期来到了蒙古朝廷。至元四年(1267),他制作的"万年历"由忽必烈颁行。万年历是根据通用于伊斯兰的太阴历制作的,至元十七年(1280)由于郭守敬的"授时历"得到颁行,所以万年历的重要性大大减弱,但是上面所标记的伊斯兰主要节期,对于居住在各地的穆斯林来说仍是十分必要的。不仅如此,札马剌丁在制作万年历的同一年,还制作了"西域仪象"七件。④ 单就星历而言,札马剌丁的专门知识肯定胜过爱薛,所以一直由爱薛掌管的"西域星历司"被废止,至元八年成立了"回回司天台",首任提点正是札马剌丁。⑤ 札马剌丁在担任司天台提点的同时,在至元十年闰六

---

① "神道碑"记载"至元戊辰兼广惠司",似为至元五年(1268)兼职广惠司,但是本文遵循"本纪"的内容。
② 《元史》卷九〇《百官六》,第2297页;卷七《世祖四》,第136页。
③ 《秘书监志》卷七《司属·司天监》,第115页。
④ 杨志玖:《元代回族史稿》,南开大学出版社,2003年,第291—302页。
⑤ 《元史》卷七《世祖四》。

月还担任秘书监①。几乎在同一时期(至元十年闰六月十八日),皇帝下达了"回回、汉儿两个司天台,都交秘书监管者"的圣旨。②秘书监成立于至元九年十一月③,它是"掌历代图籍并阴阳禁书"的衙门④。

那么,从前管理"西域星历"的爱薛,不再从事这个业务了吗?下面一段史料说明并非如此,至元二十四年十一月初八日"蒙古奏事"记载如下:

> 秘书监、司天台里有的观星象的每根底,在先扎马(刺)丁、爱薛他每相管着来。前者"扎马刺丁、爱薛两个根底,秘书监汉儿观星象的每根底,休教管者!"么道,圣旨有来。"如今将秘书监、司天台,集贤院里撒里蛮、阿鲁浑撒里那的每根底,收管呵,怎生?"奏呵,"那般者!"么道,圣旨了也。钦此。⑤

为了了解上面的奏文和圣旨出现的背景,有必要搞清楚以下事实。1273年闰六月由秘书监监督的汉儿、回回两个司天台,在第二年十月合并为一个部门,但是仍有"回回、汉儿阴阳公事,各令闻奏"的圣旨。⑥尽管如此,如上引文,这道圣旨未能得到很好的贯彻,札马刺丁和爱薛仍然长期管理司天台的汉人业务。这里所谓"在先"不清楚是从什么时候开始的,不过考虑到爱薛在至元二十年(1283)春出使伊朗,于至元二十三年(1286)初回国,至元二十四年(1287)六月十四日出任秘书监的长官,那么所谓"在先",不可能指他担任秘书监负责人的至元二十四年六月到上

---

① 《秘书监志》卷一,第21页。
② 《秘书监志》卷七,第115页。
③ 《元史》卷八《世祖五》,记载至元十年正月丁卯日设立秘书监,但是据《秘书监志》的记载,这是错误的。
④ 《元史》卷九○《百官六》,第2296页。
⑤ 《秘书监志》卷七《司属》,第128—129页。
⑥ 《秘书监志》卷七《司属》,第116、126页。

引奏文出现的十一月初这么短的时间，可能指从回回、汉儿两个司天台合并为一个台并归属秘书监的1273年，到他出使伊朗的1283年之间。

如上，爱薛在广惠司和秘书监任职，以发挥他在医药和星历方面的专长。除此以外，他还作为怯薛的成员"轮班入直"，担当"怯里马赤"的职责。在御前，他不仅担当"属于怯薛的怯里马赤"的通译，还担当"传旨"即向有关部门"传奉圣旨"的任务。《元典章》里有这方面的例子，记载如下：

【行运斡脱钱事】至元二十年二月十八日呈：中书省咨：撒里蛮、爱薛两个，省里传奉圣旨："斡脱每底勾当，为您的言语是上，么道，交罢了行来。如今，寻思呵，这斡脱每的言语，似是的一般有。在先，成吉思皇帝时分至今行有来，如今，若他每底圣旨拘收了呵，却与着，未曾拘收底，休要者，若有防送，交百姓生受行底，明白说者。"钦此。①

上引文和《元典章》里的其他记录一样属于蒙文直译体，文体显得粗糙和不够流畅。意思是说，过去曾下达给斡脱商人特权的圣旨，由于忽必烈采纳中书省的建议而被废止了，但是考虑到斡脱商人们的请愿，所以重新恢复这道圣旨的效力。作为皇帝推翻自己先前的决定，这似乎并不多见，但是之所以这么做，是有理由的。

在这道圣旨下达的一年前，即至元十九年三月，发生了掌管帝国财务和政务而拥权自重的阿合马被杀的事件。众所周知，为了解决与南宋作战时增加的财政需求，阿合马采取了滥发交钞、加强会计监查及增税等办法，从而引起普通百姓甚至汉人、蒙古统治阶层的不满。② 当时斡脱商人们利

---

① 《元典章》卷二七《户部十三·钱债·斡脱钱》。

② 有关阿合马的集权和政策，参见 In the Service of the Khan (Igor de Rachewiltz ed., Wiesbaden: Harrassowitz, 1993), pp. 539-557。

用与统治阶层的合作关系,在运营资本时享受免除商税的特权,然而阿合马掌握中书省(后来合并到尚书省)大权以后废止了这项特权。[1] 如上引文,在阿合马被杀及他的擅断遭到猛烈批判的至元二十年初,斡脱商人们请求恢复被废止的特权,于是得到了忽必烈的许可。

这里还有一个问题,为什么写有忽必烈如上决定的圣旨要由撒里蛮(Sarman)和爱薛"传奉"到中书省呢?其理由有以下两个方面:第一是元代特有的"御前奏闻制度",对此李治安已做了详细的研究,即蒙古的皇帝们保持着移动式的游牧生活习俗,他们大多随季节在大都和上都之间来回移动,所以不可能在固定的场所和固定的时间举行由皇帝和臣下共商国策的中国式的"常朝",于是产生了不论皇帝在哪里,不管什么时间,都可以上奏的御前奏闻制度。在这种场合,既有上奏大臣,也有负责近侍的怯薛人员、负责记录的给事中,以及纠察仪礼的殿中侍御史等陪奏人员。讨论的结果,既有汉人官吏制作的"制诰诏敕",也有将皇帝的命令以口头或者文书形式传达给有关衙署的"圣旨"。而传达圣旨的任务是由怯薛的官员担当的。[2]

第二是语言疏通的问题。当时"色目人"中的多数人不懂得汉语,比如秘书监的札马剌丁"为西域人,尚不通华言,再置通事一人为可"[3]。另外,斡脱商人中的大部分人是西亚或者中亚的穆斯林,他们的请愿书有可能是用波斯语、阿拉伯语或者畏兀儿语写的,能够读懂这些文字并且准确转达意思的,不是汉人也不是蒙古人,而是懂得这些语言的撒里蛮和爱薛等人。撒里蛮是畏兀儿人,他除了担任翰林学士承旨以外,还兼任"领会同馆、集贤院事",他还向忽必烈进献用畏兀儿文编纂的《祖宗

---

[1] E. Endicott-West, "Merchant Associations in Yüan China: The Ortoy," *Asia Major* (3rd series), vol. 3, pt. 2(1989), pp. 133-149.
[2] 李治安:《元代政治制度研究》,人民出版社,2003 年,第 5—58 页。
[3] 《秘书监志》卷一,第 28 页。

实录》。① 忽必烈正是在听到他们的报告以后才下达了推翻自己从前决定的圣旨，而撒里蛮和爱薛负责将这道圣旨"传奉"给中书省。通过以上的例子可以了解到，在多民族体制下的蒙古帝国，熟练掌握多国语言的人们，在辅佐皇帝的同时，独占特定领域传达报告和命令的途径，从而强化了自己的政治影响力。

1276 年南宋灭亡以后发生的"伯颜逸诉事件"，间接地反映出爱薛的政治地位得到了加强。据《爱薛传》记载，"至元十三年，丞相伯颜平江南还。奸臣以飞言逸之，爱薛叩头谏，得解"②。更详细的内容载在"伯颜传"里，即伯颜平南宋归来，皇帝命百官到郊外迎接，阿合马先于百官迎于半道，伯颜将自己带着的玉钩条解给他，并且说："宋宝玉固多，吾实无所取，勿以此为薄也。"阿合马认为这是在轻视自己，所以十分愤慨，他向皇帝诬陷说，伯颜在平定南宋时取走了玉桃盏。忽必烈下令调查此事，后来因没有嫌疑而被释放，并官复原职。③ 阿合马还说，伯颜杀了丁家洲的降卒。④

阿合马的诬告可能出于对征战南宋时立下战功而受到皇帝宠信的伯颜的警戒和嫉妒，我们不清楚爱薛和伯颜是什么关系，爱薛为何替伯颜辩护。考虑到阿合马的专横与权势，爱薛的行动肯定是冒风险的。对此，屠寄指出，至元十二年五月受皇帝之命到前线给伯颜传达圣旨的"爱先"就是爱薛。⑤ 如果是这样，那说明二人在诬告事件之前就已经相识。伯颜曾跟随旭烈兀西征，在西亚活动了约十年，1265 年回来后成为忽必烈的重臣⑥，

---

① 邱树森主编：《元史辞典》，山东教育出版社，2002 年，第 1028 页。
② 《元史》卷一三四《爱薛传》，第 3249 页。
③ 《元史》卷一二七《伯颜传》，第 3113 页。
④ 《元史》卷一五三《焦德裕传》，第 3618 页。Cf. *In the Service of the Khan*, p. 547.
⑤ 《蒙兀儿史记》卷一一七，爱薛传，第 712 页。但是"爱先"也可能是由蒙古语中常见的名字"Esen"变来的。
⑥ 《部族志》，第 323 页；《汗的后裔们》，第 403 页。记载，伯颜在旭烈兀于牛年（1265）去世以后成为忽必烈的下属。《元史》卷一二七《伯颜传》，第 3009 页，记载，"至元初"来到。

这说明他和爱薛都具有在西亚活动的经历。不管二人是否具有亲密的关系，作为御前会议的陪奏人员，参与到决定国家政治、军事、经济等重要事项的上奏、拟议、决策的过程中，如果不是以怯薛的特殊身份[①]，对于身处权力顶峰的阿合马发出超越"怯里马赤"本职的谏言是不可能的。

2."屠杀羊"禁令的始末

1280年初发生了爱薛被牵连进去的一起事件，就是颁布有关禁止帝国的穆斯林根据伊斯兰律用断喉法来宰羊，以及禁止速纳即割礼的敕令。这是从根本上否定穆斯林正统的措施，在当时是个很大的丑闻。有关这一禁令在《元史》里简单提及[②]，而在《元典章》和《史集》里有详细的记载。拉契内夫斯基和陈得芝两位学者对此进行了研究[③]。通过这一事件可以了解到在忽必烈统治下活动的西亚出身的穆斯林心中爱薛是怎样的形象。首先看一下两份史料中所记载的内容。

A.《史集》

在桑哥做宰相的时候，有一群穆斯林商人，从豁里（Qōrī）、巴儿忽（Barqū）和吉尔吉斯来到御前，贡献白足红嘴的鹰隼和白色的鹫。可汗对他们实施恩赐，并且从自己的饭桌上给他们食物吃，但是他们没有接受。他问："为什么不吃？"回答道："这些食物对我们来说是被污染（murdār）的。"可汗十分生气，下令道："木速蛮和尊奉圣经的人，今后不得（以断喉法）宰羊，而要按蒙古人的习俗，剖开（动物的）胸膛，凡是（以断喉法）

[①] 李治安:《元代政治制度研究》，第9—10页。

[②] 《元史》卷十《世祖七》，第217—218页。

[③] P. Ratchnevsky, "Rašīd ad-Dīn über die Mohammedaner-Verfolgungen in China unter Qubilai," *Central Asiatic Journal*, no. 14 (1970), pp. 163-180; F. W. Cleaves, "Rescript of Qubilai Prohibiting the Slaughtering of Animals by Slitting the Throat," *Journal of Turkish Studies*, vol. 16 (1992), pp. 67-89; 陈得芝:《蒙元史研究丛稿》，人民出版社，2005年，第457—461页。

宰羊者，就以同样方式把他杀死，并将其妻子、儿子、房屋和财产给与告密者。"伊萨·迭屑·怯里马赤（ĪsaTarsāKelemechī）、伊宾·马阿里（Ibn Maʾalī）、拜答黑（Baydāq）——当代的恶党、流寇和败类们，根据这一命令使（可汗）下达"凡在家里宰羊者，都要被处以野死"的敕令。他们以此为借口，迫使人们交出很多财产，同时教唆穆斯林奴婢"只要告发主人（khwâja）都能获得自由"。他们为了获得自由，诽谤主人和陷害主人。由于伊萨怯里马赤和该受诅咒的其部下，穆斯林们在四年里不能为他们的孩子行割礼。毛拉不花剌人不儿罕丁（Maulānā Burhân ad-Dīn Bukhārī）是神圣的"伊斯兰的长老"（Shaykh al-Islām）洒黑赛甫丁·巴哈尔即——愿安拉的慈悲在他那里！——的弟子，他在汗八里传教，也被告发而被流放到蛮地，在那里死去。几乎大部分穆斯林都离开了汉地（Khitāy）。其后那里的大部分穆斯林大人们，包括别哈丁·浑都即（Bahâ ad-Dîn Qunduzî）、沙迪左丞（Shādī Zōchāng）、乞儿吉思人乌马儿（Ūmar Qīrqīzī）、可失合儿篾力纳昔剌丁（Nāṣir ad-Dīn Malik Kāshgharī）、信度左丞（Hindū Zōchāng）及其他重要人士，向宰相双哥送礼物并向（可汗）上奏道："所有的穆斯林商人们都离开了这里，在穆斯林地方没有商人过来，商税（tamḡā）减少而珍品（tansūq）进不来。这是因为七年间不许宰羊。（从此以后）如果允许宰羊，那么商人们就会来（经商），商税也能收上来。"（于是）下达了许可的敕令。①

B.《元典章》

【禁回回抹杀羊做速纳】至元十六年十二月二十四日（1280 年 1 月 27 日）（下达的敕令）：成吉思皇帝降生，日出至没，尽收諸国，各依风俗。这许多诸色民内，唯有回回每，为言"俺不吃蒙古之食"上，"为天护助，俺收抚了您也，您是俺奴仆，却不吃俺底茶饭，怎生中？"么道，便教吃。

---

① 《汗的后裔们》，第 436—438 页。

"若抹杀羊呵，有罪过者！"么道，行条理来，这圣旨行至哈罕皇帝时节。自后从贵由皇帝以来，为俺生的不及祖宗，缓慢了上，不花剌地面里，荅剌必八八剌达鲁（Tārābī Parīdārī）、沙一呵的（Shaykh Qādī）①，这的每起歹心上，自被诛戮，更多累害了人来。自后，必阇赤赛甫丁（Bichēchi Sayf ad-Dīn）、阴阳人忽撒木丁（Husam ad-Dīn）、麦木丁（Majd ad-Dīn）②也起歹心上，被旭烈大王杀了③，交众回回每吃本朝之食，更译出木速合文字④与将来。去那时节合省呵，是来。为不曾省上，有八儿瓦纳（Parvāna）⑤，又歹寻思来，被阿不合（Abaqa）大王诛了。那时节也不省得，如今直北从八里

---

① 原文为"荅剌必八八剌达鲁沙一呵的"，如何解释这个人名非常困难。"荅剌必"是在伊历639（1238—1239），在布哈拉反叛蒙古人的 Tārābī，但是不清楚剩下的字意味着什么。拉契内夫斯基对"荅剌必"以外的字保留意见。陈得芝认为，根据志费尼的《世界征服者史》中关于荅剌必具有"魔幻的力量"而闻名的解释，认为"八剌达鲁"指"巫师"即"paridar"，"沙一呵"指"长老"即"shaykh"，因此，这句话表示的是巫师兼长老的荅剌必一个人，即"Tārābī Parīdārī Shaykh"。这是非常具有新意的解释，但是有一个问题仍解释不通，就是紧接其后写"这的每"（他们）即表示复数形的词，所以笔者对陈得芝的观点略作修正后认为，将"荅剌必（八）八剌达鲁"和"沙一呵的"分别看作两个不同的人，前者为"Tārābī Parīdārī"，后者为"Shaykh Qādī"。Shaykh Qādī，似为与荅剌必一起举行叛乱的"具有德性，在血统上也有名的学者" Shams ad-Dīn Mahbubī。Cf. Ata-Malik Juvaini, *Genghis Khan: The History of the World-Conqueror*（J. A. Boyle tr., Oxford: Machester University Press, 1997）, pp. 109-115。
② 麦木丁应为麦术丁的误记。
③ 根据《史集》"旭烈兀汗纪"的记载，Sayf ad-Dī Bitigchi 是旭烈兀汗时期的宰相，Khwāja Majd ad-Dīn 是大不里士的长官，Husam ad-Din 是"占星术士"，他们均于1262年11月被处死。参见 Thackston 的英译本，第511页。
④ 原文中的"木速合"，如陈得芝所主张的，似为"木速蛮"的误写。拉契内夫斯基则认为，"木速合"指"masjid"即清真寺，这种解释无论是在表音上，还是在表意上，都不够自然。
⑤ 指在旭烈兀、阿八哈时期，统治安那托利亚地方的 Mu'īn ad-Dīn Parvāna。他因受到与马穆鲁克王朝的 Bunduqdar 合谋的嫌疑，于1277年8月被处死。参见《史集》Thackston 的英译本，vol. 3, p. 538。

灰（Barghu）①田地里，将海青来底回回每，"别人宰杀来的，俺不吃"。么道，搔扰贫穷百姓每来底上头。从今以后，木速鲁蛮回回每、木忽②回回每，不拣是何人杀来的肉，交吃者！休抹杀羊者！休做速纳③者！若一日合礼拜五遍的纳麻思上头，若待加倍礼拜，五拜做纳思麻思呵，他每识者，别了这圣旨，若抹羊胡速急④呵，或将见属及强将奴仆每却做速纳呵，若奴仆首告呵，从本使处取出为良，家缘财物，不拣有的甚么，都与那人。若有他人首告呵，依这体例断与。钦此。⑤

首先可以确认这两份史料在很多内容上是一致的。比如忽必烈看到穆斯林不吃没有按照伊斯兰惯例宰的羊而愤怒，于是敕令禁止穆斯林和犹太人宰羊；如果发生了犯法的行为，奴婢告发了主人，那么就可以取得良人的地位，还把没收的财产转赠给奴婢；以及禁止割礼等。当然也有差别，比如 B 里没有提到爱薛怯里马赤等基督教徒。对此，拉施特指出，如果他们的作用只是限于获取禁令，那么他们的名字不一定出现在禁令中。拉施特认为这个事件发生在桑哥执政时期，则是明显的错误。桑哥在 1284 年被任命为宣政院使，他掌握中书省是在 1287 年，而这个事件发生在桑哥执政以前的阿合马时期。如拉契内夫斯基所说，拉施特有关这一事件的记录，可能是根据滞留在中国的穆斯林商人的传闻而记的。⑥

---

① 在《蒙古秘史》中标为"Barghujin"，指贝加尔湖南边的山谷。详见于 Pelliot, *Notes on Marco Polo*, pp. 76-79。

② 原文中的"木忽"，似指"术忽"即"Juhud"，指犹太人。

③ "sunna"一词，陈得芝认为指"习惯、行为规范、教律"，拉契内夫斯基认为指"Vorschriften"，即"指示、规定"，但是不管"速纳"的原义是什么，在这里指的是"割礼"。Cleaves（"Rescript of Qubilai", p. 86）的理解是正确的。

④ 过去对这一单词没有适当的解释，笔者认为指波斯语中"dry, withered, useless, barren"之意的"khushk"，即宰羊时使其血流尽的状态。Cf. Steingass, *A Persian-English Dictionary*（1892; London: Routledge & Kegan Paul, 1977 repr.）, p. 462.

⑤ 《元典章》卷五七《刑部》十九"禁宰杀"。

⑥ Ratchnevsky, "Rašīd ad-Dīn über die Mohammedaner-Verfolgungen," p. 180.

值得关注的是 A 和 B 看待这一事件的角度不同。A 是从宗教的角度，B 是从国家权力的角度。A 认为这一事件是由于穆斯林和基督教徒之间的对立，或者说由于基督教徒的阴谋而使事件放大并实行了禁令。如拉施特在记述这一事件后指出，基督教徒们歪曲古兰经中的"多神教徒（mushrīk）全部杀死！"的语句，将此状告忽必烈，从而使得穆斯林领袖被处刑，其他许多人陷入危险的境地。[①] B 则认为，有关禁止宰羊惯行的敕令在成吉思汗时期已经颁布，在窝阔台时期继续执行，虽然在贵由时期有所懈怠，但是到了忽必烈时期重新颁布敕令，这不过是遵行前代的方针而已。[②]

问题在于这个敕令颁布之前爱薛等基督教徒的官吏们做了什么。与爱薛一起被提及的还有伊宾·马阿里（Ibn Maâlî）、拜答黑（Baydâq）等，在其他史料中找不到线索，所以搞不清楚他们是处于怎样地位的人。爱薛则作为怯薛的成员，在皇帝驻扎的御前会议上奏请或者承奉圣旨，还在广惠司和秘书监掌管医药和星历等事务。在从事这些职务时，他是否带有宗教偏见我们不得而知，不过在至元二十年他曾经要求恢复斡脱商人的特权——如果拉施特的记载可信的话，而这个上奏是在连续七年实行屠杀羊的禁令之时。另外，在这一事件发生时，爱薛的直属上司是穆斯林的札马剌丁，还有受到忽必烈绝对信任具有超强权力的阿合马，也是出身中亚法那卡地区的穆斯林。[③] 因此说爱薛出于宗教的偏见，故意向皇帝歪曲了伊斯兰教，从而使皇帝发出禁令，这似乎是难以成立的。

尽管如此，不难看出拉施特的记录对爱薛及基督教徒带有反感，这又该如何解释呢？也许有人会说，这是因为将这一事件的经过讲给他的穆斯林商人们，即在东亚地区经商的穆斯林们对爱薛怀有坏印象，这些毫无保留地出现在了他的记录中。但是笔者对此持否定态度。当时的忽必烈重用帝师

---

① 《汗的后裔们》，第 438—439 页。

② 在忽必烈以前的时代，见不到禁止伊斯兰式宰羊法的敕令。

③ *In the Service of the Khan*, p. 539.

八思巴等，虽然倾向于藏传佛教，但是并没有采取庇护特定宗教以及禁止或者抑制其他宗教的政策。与此同时，也没有出现具有不同宗教背景的高级官员们由于宗教的差异产生矛盾，甚至发生不同宗教集团之间械斗的事件。

笔者认为《史集》里出现的对基督教徒恶意的描写，并不是反映元代中国的状况，而是反映他生活的时代西亚地区反基督教情绪高昂的一面。1295年合赞汗即位以后对伊斯兰教以外的其他宗教加重迫害。在巴格达和大不里士等地方居住的聂士脱里派基督教徒成为被污辱和嘲弄的对象，教会成为被破坏的对象。其后到了完者都汗（1304—1316年在位）时期情况更加糟糕。这一时期对基督教徒的迫害，笔者已有专文论述，在此无须赘言。[①] 在这两位汗统治时期担任宰相的拉施特，在其记录中所表现的很强的反基督教情绪，正是这一时代背景使然。

3. 后半期（1283—1308）

A. 出使西方

爱薛在广惠司和秘书监任职十年以后，于至元二十年（1283）夏四月，作为使行团的一员被派往旭烈兀的封地伊利汗国。他成功地完成了使行任务，回来后深得忽必烈的信任，成为秘书监和崇福司的长官。从这个意义上说，出使西方是爱薛个人经历中的重要转折点。另外，在滞留伊朗期间，他还作为使臣被派往罗马教皇厅，所以他的出使又是蒙古帝国时期东西方交流的重要事件。首先看一下"神道碑"中有关爱薛此行的记载内容。

> 癸未夏四月，择可使西北诸王所者，以公尝数使绝域，介丞相博啰以行。还遇乱，使介相失。公冒矢石出死地，两岁始达京师。以阿鲁浑王所赠宝装、束带进见，令陈往复状。上大悦，顾廷臣叹曰："博

[①] 《东方基督教与东西文明》，第261—269页。

啰生吾土，食吾禄，而安于彼；爱薛生于彼，家于彼，而忠于我，相去何远耶？"①

在这里，博啰指"Bolod"或者"Bolad"，还以"博鲁赤"（ba'urchi，厨师）的别称为人所知。1271 年他掌管司农司，1273 年主导设置秘书监，1277 年离开司农司成为掌管帝国军务的枢密院副使。②在伊斯兰史料中则被称作"孛罗阿哈"（Bolad Aqa）或者"孛罗丞相"（Bolad Chingsang）。

有趣的是，在这个使行团中有爱薛的儿子阿实克岱。韩儒林在分析姚燧写的制文 C 以后指出，阿实克岱实际上指阿速歹（Asutai），这像是在宪宗蒙哥攻打阿兰（Alan）或者阿速（As）族的根据地蔑怯思（Meges）城时起的名字，估计是因为爱薛的儿子出生在阿速族迁往东方以后居住的太和岭以北的缘故。③

据《元史》记载，这个使行团里还有一个人是阿速族阿儿思兰（Arslan）的儿子忽儿都答。他被任命为管军百户，忽必烈命令他跟随不罗那颜（Bolad Noyan）前往哈儿马某地方，后来因病死在那里。④伯希和没有明确指出哈儿马某到底指哪里，不过他认为忽儿都答应读作"Hurtuqa"，并指出这是比孛罗一行晚一年到达的另一位使臣乌尔都奇亚（Ordu Qiya）。⑤如果是这样，那么他为什么比使行团晚一年到达呢？作为一个小小的管军百户，难道能够携带和传达承认汗位继承权的大汗的敕书吗？笔者认为忽儿都答不是乌尔都奇亚（Ordu Qiya），而是作为孛罗和爱薛的护

---

① 《拂林忠献王神道碑》，第 235 页。

② 有关孛罗的经历和作用，参见 T. T. Allsen, "Biography of a Cultural Broker: Bolad Ch'eng-Hsiang in China and Iran," *Oxford Studies in Islamic Art*, vol. 12（1996），pp. 7—22。

③ 《爱薛之再探讨》，第 104—105 页。

④ 《元史》卷一二三《阿尔思兰传》，第 3038 页。

⑤ *Notes on Marco Polo*, vol. 1, p. 581.

卫人员同行的另外一个人。①

1283 年夏四月孛罗、爱薛一行出发了，他们经过一年半，于 1284—1285 年冬天到达阿鲁浑（Arghun Khan，1284—1291 年在位）的冬营地——阿儿兰（Arran）平原②的撒莱·满速里牙（Saray Mansuriyya）。在阿鲁浑的父亲阿八哈（Abaqa，1265—1282 年在位）去世以后，阿八哈的弟弟帖古迭儿（Tegüder，1282—1284 年，又称阿合马）继位，但是不久他被侄子阿鲁浑推翻，于 1284 年 8 月 10 日被处死，阿鲁浑在第二天便举行了即位仪式。③孛罗一行在这件事情发生后不到半年就到达了。从这时起又过了一年，即 1286 年 2 月 23 日，忽必烈派遣的另一位使臣乌尔都奇亚到达，并传达了任命阿鲁浑汗的敕书。同年 4 月 7 日，阿鲁浑举行了第二次即位仪式。④

T.A. 奥森认为，从帖古迭儿被处死到乌尔都奇亚到达为止，时间不过 17 个月，在这么短的时间里，忽必烈得知阿鲁浑掌权的消息并派遣使臣，这难免过于仓促。另外，忽必烈在下达封阿鲁浑为汗的敕令的同时，还下达了任命其支持者不花（Buqa）为"丞相"（Chingsang）的叙任状，这说明忽必烈事先了解了阿鲁浑欲驱逐帖古迭儿的企图，所以事先承认了他的政权。⑤如果说奥森的这个推测成立的话，那么这是大汗参与伊利汗国的继

---

① Allsen 提到与孛罗丞相同行的 "a security force of Alans"，可能也是考虑到这一点。参见他的 "Biography of a Cultural Broker," p. 10.

② 本田實信：《イルハンの冬營地、夏營地》，《モンゴル時代史研究》，東京，東京大學出版会，1991 年，第 360—361 頁。

③ *The Cambridge History of Iran*, vol. 5, p. 368.

④ Rashīd ad-Dīn, *Jāmiʻ at-tavārīkh*（ed. M. Rawshan, Tehran: Katībe, 1994）, pp. 1161-1162; *Dzhāmi at-tavārīkh*, vol. 3（tr. A. K. Arends, Baku: Izd. AN Azerbaidzhanskoi SSR, 1957）, p. 119; *Jamiʻuʼtawarikh: Compendium of Chronicles*, vol. 3（Cambridge, Mass.: Harvard University, 1999）, pp. 565-566.

⑤ T. A. Allsen, *Culture and Conquest in Mongol Eurasia*（Cambridge: Cambridge University Press, 2001）, pp. 27-28.

承问题并行使影响力的十分有趣的事件。在大汗对西亚地区难以行使军事压力的情况下，这种措施无疑是个大的冒险行动。

那么孛罗丞相和爱薛一行为何被派往伊利汗国？能够解答这一问题的史料是找不到的。尽管像孛罗丞相这样处于高位的官员被派往那里，但是直到他返回——最终他不得不放弃返回，我们都无法搞清楚他们到底做了什么，这难免令人生疑。如果考虑到孛罗一行是在阿八哈汗去世（1284 年 4 月 1 日）和帖古迭儿即位大约一年以后出发的，那么有可能是为了传达吊问阿八哈汗去世及承认帖古迭儿即位的敕书而去的。当他们到达那里时，帖古迭儿已经受到惩处，所以无法行使原来的使命，或者说没有了这个必要。于是像《史集》这样的官方史料，对于他们的使行目的保持沉默。如果这一推测成立的话，那么当阿鲁浑即位的消息传来时，忽必烈急忙派遣了新的使臣。如奥森所说，用 17 个月来往于大汗和伊利汗廷之间，的确过于仓促，但是如果考虑以上的事实，这也许是可能的。

在使行团到达伊利汗国不久，阿鲁浑汗派遣爱薛出使罗马教皇厅。1285 年阿鲁浑给洪诺雷四世写了一封信，这封信的原本不在，拉丁文的译本现保存在罗马教皇厅里。在这封信里提到五位使臣的名字，包括 Ase terciman、Bogagoc Mengilic、Tomas Banchrinus、Ugeto terciman 等。其中，"Ase" 是 "Isa" 的误写，"Terciman" 是阿拉伯语中的 "通译" 即 "tarjumān" 的转写，所以 "Ase terciman" 对应的是 "Isa kelemechi"。另外，"Bogagoc" 和 "Mengilic"，难以复原原来的音，估计是两个蒙古人。"Tomas Banchrinus" 即 "Thomas Anfossi"，这是属于热那亚银行家的人，"Ugeto" 是意大利的通译人员。[①] 在这五名使臣中，爱薛位于第一位，这说明他是使行团的首席官，同时因为他是大汗的使臣，所以受到了优待。

---

① Karl-Ernst Lupprian, *Die Beziehungen der Päpste zu islamischen und mongolischen Herrschern im 13. Jahrhundert Anhand ihres Briefwechsels*（Vatican：Biblioteca Apostolica Vaticana, 1981）, p. 78.

从这封信的内容看，阿鲁浑建议与西欧结成同盟，对马穆鲁克统治下的叙利亚进行共同作战，将其驱逐以后，使"Pope 和 Cam"共同成为那里的统治者。[①] 在这里，"Cam"和"Qan"一样，指大汗忽必烈。如果说这一军事同盟设想得到了忽必烈的"批准"[②]，那么派遣孛罗和爱薛的另一个目的也许就在这里。但是还有一种可能性，即军事同盟的设想是由阿鲁浑独自决定的，他将大汗的使臣爱薛包括在使行团里边，还指出由大汗和教皇共同统治叙利亚，这是为了标榜自己的行动是在帝国层面上推行的，借以粉饰自己的权威。

爱薛从教皇厅回来以后很快上了归途。如前述，至元二十三年（1286）三月，当忽必烈住在大都得仁府或者德仁府的斡尔朵时，"怯里马赤爱薛"当职，并向皇帝上奏。[③] 由此看来，"神道碑"里所说的"使介相失，公冒矢石出死地，两岁始达京师"的"两岁"，应指 1285 年出发，1286 年回国。孛罗和爱薛一行本想经过中亚从陆路回国，但是途中遇到了以海都为首的叛军的阻挡，孛罗返回了伊朗，只有爱薛回到了大都。换言之，从 1283 年春出使，到 1286 年春无事回国，在短短的三年内，爱薛完成了出使伊朗和罗马的任务。正如前面制文 C 所描述的，由于"叛王"在北荒阻止，他们利用"间途"绕行十万里，经过三四年才返回大都，这与前述情形也是一样的。[④] 忽必烈对于爱薛等穿过中亚战场返回大都大加赞赏，而对于正使孛罗则不无遗憾。

与之相关联，在《站赤》里有一个有趣的记录，即至元二十四年（1287）三月二十五日，按照尚书省的决定，廪给司供给"久馆使臣分例"，

---

① 这一信函的拉丁文的文本参见 Lupprian, *Die Beziehungen*, pp. 244-246。英译本参见 Moule, *Christians in Asia*, pp. 168-169；*Cambridge History of Iran*, vol. 5, pp. 370-371；等等。

② *Cambridge History of Iran*, vol. 5, p. 370.

③ 《秘书监志》卷三《廨宇》，第 54 页；卷四《纂修》，第 74 页。

④ 《考崇福使阿实克岱追封秦国忠翊公制》，第 361 页。

也就是给来往于远地诸王的使臣提供物资，其中有"回回太医也薛哈钦四人"①。"回回太医也薛"指爱薛，但不知"哈钦"是指另一个人，还是附在"也薛"后面的称呼，总之，从西方出使回来的人当中有爱薛等四个人。

B．秘书监和崇福使

爱薛从西方回来以后是否继续任职于广惠司和秘书监还不好说，但是他担任轮班入值的怯薛则是肯定的。至元二十三年（1286）三月七日，阿儿浑撒里（Arghun Sali）上奏要求将旧中都城的秘书监厅舍迁往大都城内，此时正是爱薛"当职"②。据《元史》《爱薛传》记载，他成功地完成使行回国以后，忽必烈称赞他的功劳，拜他为从一品的平章政事，但是他辞而不受，于是被除授为秘书监的长官③。从《神道碑》记载"丁亥拜秘书监"来看，他在至元二十四年（1287）被任命为从三品的秘书监。另据《秘书监志》记载，同年六月十四日"海薛"被任命为秘书监④，这显然指爱薛⑤。

爱薛被任命为秘书监以后，投入《大元一统志》的编纂工作。此书于至元二十二（1285）提议编纂，经过九年于至元三十一年（1294）完成，其后又补充了云南、甘肃、辽阳等志书，最终完成。现散佚殆尽，其内容通过《元史·地理志》和《大元混一方舆胜览》窥见一斑。⑥编纂《一统志》的主要机构是秘书监，于是从西亚归国不久的爱薛很快投入到此项事业中。至元

---

① 《站赤》，《国史文库》第 28 编，第 60 页。

② 《秘书监志》，第 54 页。

③ 《元史》卷一三四《爱薛传》，第 3249 页。秘书监最初设立时，置监二人，为从三品，到了至元十八年，增设监一人（《秘书监志》卷九《题名》，第 164 页），所以爱薛是三个秘书监当中的一个。

④ 《秘书监志》卷九《题名》，第 163 页。

⑤ 据《秘书监志》卷九（第 177 页）记载，大德六年"腆哈"被任命为秘书少监，注记为"海薛子"。估计腆哈是爱薛的次子，可见"海薛"是爱薛的另一种写法。

⑥ 《大元混一方舆胜览》，四川大学出版社，2003 年，第 1—66 页。

二十三年三月初七日，在德仁府斡耳朵的御前会议上，爱薛和其他臣下一起上奏要求编纂《一统志》，得到了皇帝的允准，上奏内容如下：

  一奏："在先汉儿田地些小有来，那地里的文字册子四五十册有来，如今日头出来处、日头没处都是咱每的，有的图子有也者，那远的他每怎生般理会的？回回图子我根底有，都总做一个图子呵，怎生？"么道奏呵。"那般者。"么道圣旨了也。①

如上引文，1276年临安被攻陷、南宋崩溃以后，编纂更广的疆域图志的必要性显现出来，还准备利用"回回图子"等，说明《一统志》不但包括金和南宋的领域，还包括西亚地区。如前述，同一时期秘书监的厅舍也搬到了大都城内，显然是为了提高《一统志》的编纂效率。

然而资料的搜集和编纂工作似乎不太顺利。第二年即至元二十四年（1287）三月，札马剌丁和爱薛上奏如下：

  "地理图子的勾当迟误了的一般有，我怕有。去年皇帝圣旨里阿剌浑撒里一处商量来，俺的勾当他也好理会的有。如今又在前省里有底圣旨每：秘书监底不拣那个勾当，合用着底勾当每有。阿剌浑撒里一处商量了，教行呵，地理图子底勾当疾忙成就也者。"么道上位奏呵。"那般者。"么道圣旨了也。钦此。②

同一时期，爱薛还担任总管帝国基督教的崇福司的长官（从二品），其后转为翰林学士承旨兼修国史。③据《元史》"百官志"记载，崇福司最初

---

① 《秘书监志》卷四《纂修》，第74页。
② 《秘书监志》卷四《纂修》，第75页。
③ 《元史》卷一三四《爱薛传》，第3249—3250页。

设于至元二十六年（1289），爱薛是第一任长官。这个官厅可能由爱薛提议设立，掌领"马儿、哈昔、列班、也里可温、十字寺祭享"等事务。[①] 这里的马儿指主教的尊称"Mar"，哈昔指司祭即"Kasisa"，列班指律师即"Rabban"，也里可温指教徒即"Erke'ün"。[②] 可见崇福司是掌管属于这一教团的主教、司祭、教师、信徒及教会（十字寺）礼拜等事务的官厅。到了延祐二年（1315），崇福司改称"崇福院"，将"天下也里可温掌教司七十二所"合并起来，归崇福院管辖。[③]

翰林学士承旨作为翰林国史院的长官，在爱薛任职时是从二品秩。这个官厅最初是为了起草皇帝颁布的诏敕草案以及编纂"国史"即实录于1261年建立的，1275年改称"翰林国史院"。最初有三名承旨，到了至元二十七年（1290）增为七名[④]。据"神道碑"记载，爱薛担任翰林学士承旨是在甲午年即至元三十一年（1294）。[⑤]

C. 受贿事件

忽必烈去世以后，其孙铁穆耳（成宗，1294—1307年）继位。铁穆耳对爱薛的信任更加深厚，甚至给年老的爱薛下赐"腰舆"方便他出入。[⑥] 据《元史》"爱薛传"记载，铁穆耳在大德元年（1297）任命爱薛为中书省平章政事。然而《元史》"本纪"和"百官志·宰相表"里，均无这方面记录。即便如此，我们似乎不能怀疑其可靠性，因为像拉施特和瓦萨夫（Waṣṣâf）这样的波斯历史学家，都给铁穆耳治下的爱薛加了"Finjān"或者"Pinjān"的

---

① 《元史》卷八九《百官五》，第 2273 页。

② 佐白好郎：《景教の研究》，東京，東方文化学院東京研究所，1935 年，第 893—895 頁。

③ 《元史》卷八九《百官五》，第 2273 页。

④ 《元史》卷八七《百官三》，第 2190 页；Farquhar, *The Government of China under Mongol Rule*, pp. 127—129。

⑤ 《拂林忠献王神道碑》，第 325 页。

⑥ 同上。

称号,"Finjān"、"Pinjān"指"平章"。①有关爱薛访问伊利汗廷的消息,可能通过使臣传到了伊朗。众所周知,中书省是掌管帝国行政事务的核心部门,而平章政事是辅佐丞相处理事务的枢要职务。但是没有资料能够说明他在这一要职上做了什么,这可能与现存资料过于零碎,以及他被任命为平章政事时已是七旬高龄,无法积极开展活动等有关。

爱薛在担任平章政事的同时,还掌管崇福司的事务,这见于《通制条格》中,内容如下:

> 元贞元年七月二十三日,中书省奏:"也里可温马昔思乞思,皇帝的御名、薛禅皇帝、裕宗皇帝、太后的名字里,江南自己气力里,盖寺来。系官地内,要了合纳的租子,并买来的田地的税,不纳官,寺里做香烛。"么道,教爱薛那的每奏呵,教俺"商量了奏者"。么道,圣旨有来。俺商量来,为和尚、先生每、也里可温、答失蛮每的商税地税,久远定体行的上头,皇帝根底奏了,一概遍行圣旨来。若免了他的呵,比那遍行的圣旨相违者有,别个人每指例去也。依体例教纳粮者。若他的气力不敷呵,别对付着,奏也者。奏呵,"是也,那般者"。圣旨了也。钦此。②

有关马昔思乞思的家系和建立教会等,笔者已有另文撰述,在此不再详论。③屠寄认为,爱薛上奏是为了给马昔思乞思免税,这似乎是误解了上引《通制条格》的内容④。从现存汉文资料来看,没有成宗年间爱薛的官历发

---

① 《汗的后裔们》,第482页;*Tārīkh-i Vassāf*, p. 284。
② 《通制条格》卷二九《僧道·商税地税条》。
③ 拙著《东方基督教与东西文明》,第226—231页。
④ 《蒙兀儿史记》卷一一七《爱薛传》,第713页。笔者曾在《东方基督教与东西文明》(第229页)中,无批判地接受了他的主张。

生变化的记载,只是在丁未年即大德十一年(1307)他被封为秦国公。①

《史集》的"铁穆耳可汗记"里还提到爱薛被牵连的受贿、投狱事件。海外商人带来了很多宝石想卖给可汗,宫廷的高官们收受了15万巴里失(Balish)的贿赂,之后将宝石的价格定为60万巴里失,其内幕被告发以后调查发现宝石的价格只有30万巴里失。可汗得知这件事以后,将答失蛮丞相(Danishmand Chingsang)和爱薛平章等十二名高官投入狱中。由于事件不断被放大,最后阔阔真哈敦(Kökejin Khatun)皇后出来营救,都无济于事。《史集》对此记载如下:

> 他们的夫人和部下们……在其后向胆巴—巴黑失请愿。恰在几天后出现了彗星,于是胆巴—巴黑失传话给可汗。可汗为了给彗星祈祷(yâlbārmīshī)去了那个地方。巴黑失说:"要释放四十名罪囚",又说:"其他一百名罪囚也要宽恕他们。"②

于是被投入狱中的高官们,偿还了30万巴里失以后被释放出来。之后可汗向各地颁布了赦免敕令,他自己则进入佛寺做了一个礼拜的祷告。③

中方资料中没有关于铁穆耳时期高官们因受贿入狱的记录,不过仍发现与此有关的一个有趣记录。大德六年(1302)皇帝出幸柳林时生病了,于是招来胆巴—巴黑失为皇帝进行祷告,一个礼拜后皇帝的病治好了。感念于此,皇帝下令"释京师重囚三十八人",并"诏赦天下"④。这个记录与

---

① 《拂林忠献王神道碑》,第325页。
② 《汗的后裔们》,第482页。
③ 同上书,第481—482页。
④ 《佛祖历代通载》卷二二,725// II;《元史》卷二十《成宗三》,第440页。Cf. H. Franke, "Tan-pa, A Tibetan Lama at the Court of the Great Khans.," *Orientalia Venetiana*, *Volume in onore di Lionello Lanciotti* (1984), pp. 157-180(收入 *China under Mongol Rule*, London: Variorum, 1994 中), pp. 170-172。

上引《史集》在某些方面是相似的，比如"重囚三十八人"和四十名罪囚，"诏赦天下"和赦免令，以及胆巴—巴黑失的斡旋，"一个礼拜的祷告"，等等。因此，笔者认为中方资料中的1302年赦免令和《史集》里释放受贿的高官可能同指一件事。

另外，据笔者推测《瓦萨夫史》里所说的704（公历1304—1305）年之事，也是指这件事。这一年，伊朗的合赞汗派遣的使臣麻里克·法哈儿艾丁（Malik Fakhr ad-Din）到达大都，他谒见可汗并献上合赞汗送来的礼物。与此同时，他还想把自己带来的宝石和其他物品展示给可汗后再卖给他。这时爱薛平章干预了此事，他不想让使臣将宝石卖给可汗，而是自己独占了这些宝物。可汗得知此事后，将物品定价为40万巴里失，下令从国库支取40万钞交给使臣。① 在《瓦萨夫史》中，并没有记载爱薛平章和其他高官入狱的事，所记载购买宝石的过程也和《史集》不同。尽管有这些细微的差别，但是两处都提到围绕宝石发生的受贿和不正当事件，以及都有爱薛平章参与，说明这是同一件事。只是《瓦萨夫史》记载的时间为704（公历1304—1305）年，即大德八到九年，似乎是不正确的。因为在1302年因受贿入狱以后，只过了两年再次被牵连同一事件的可能性似乎不大。

D. 晚年和子孙

大德七年（1303）铁穆耳身患重病，由卜鲁罕皇后主政。此时爱薛和皇后的关系似乎不太融洽。同年八月，京师发生地震，皇后招来爱薛问道："卿知天象，此非下民所致然耶？"爱薛回答："天地示警戒耳，民何与？愿熟虑之。"皇后诘问："卿早何不言？"爱薛回答："臣奏事世祖及皇帝，虽寝食未尝不召见。今旷月日不得一入侍，言何由达？"② 1307年铁穆耳去世以后，皇后通过内降旨，要求将秘书监收藏的星历秘文送过来，却遭到

---

① *Tārīkh-i Vassāf*, p. 284。
② 《拂林忠献王神道碑》，第325页。

了爱薛的拒绝。①

铁穆耳可汗去世后,皇后和左丞相阿忽台等想拥立阿难答,而右丞相哈剌哈孙等支持海山(武宗)。海山即位以后,对爱薛的评价颇高,如记载"以公为忠,爵赏特异"②。考虑到在铁穆耳晚年,爱薛和皇后一派的矛盾,这似乎是可以理解的。爱薛在海山即位后的第二年,即至大元年(1308)六月癸卯日,在上都的私第去世,享年82岁。③皇庆元年(1312),他被追封为太师、开府仪同三司、上柱国、拂林王,谥号忠献。

最后再看一下爱薛的子孙。据"神道碑"记载,爱薛有六男、四婿、三孙,再参考其他的资料,可以整理为以下内容④:

长子:也里牙(Eliya:秦国公、崇福使领司天台事、太医院使)

次子:腆合(Denha:翰林学士承旨、资善大夫兼修国史、秘书少监)

三子:黑厮(光禄卿)

四子:阔里吉思(Giwargis:太中大夫、同知泉府院事)

五子:鲁合(Luka:昭信校尉、广惠司提举)

末子:咬难(Johanan:兴圣宫宿卫)

长婿:(宣徽中政使)

次婿:(同知崇福司事)

三婿:(章佩院使)⑤

四婿:(禁卫士)

长孙:宝哥(禁卫士)

---

① 《拂林忠献王神道碑》,第325页;《元史》卷一三四《爱薛传》,第3250页。
② 《拂林忠献王神道碑》,第325页。
③ 同上。
④ 《元史》卷一三四《爱薛传》,第3250页。
⑤ 章佩院是掌管御服、宝带的部门。参见邱树森主编:《元史辞典》,山东教育出版社,2002年,第776页。

孙：宣哥（禁卫士）

孙：安童（禁卫士）

在姚燧的四篇制文里，只有爱薛的两个儿子阿实克岱和巴克实巴以及阿实克岱的儿子蒙克特穆尔。有趣的是，这三个人的名字和上引内容无一处相同。关于这一点，韩儒林已经做出了颇有说服力的解释，他认为蒙克特穆尔是《元史》里武宗至大二年（1309）被任命为尚书左丞的忙哥帖木儿（忙哥铁木儿）。忙哥帖木儿和尚书省丞相脱虎脱（Toqto）、平章政事三宝奴和乐实，以及右丞保八等一起，参与废除皇太子即武宗的弟弟爱育黎拔力八达（仁宗）的事件，并推戴武宗的儿子为皇太子。1311年仁宗即位以后，弹劾了这五个人，除了忙哥帖木儿被流放到南海以外，其他四个人均被处死。忙哥帖木儿之所以免于一死，有以下原因：第一，在皇太子废立案中，忙哥帖木儿没有起主导作用；第二，仁宗即位以后，任中书右丞相及其后行使专权的铁木迭儿（Temüder）的女婿野里牙，正是爱薛的长子也里牙，而忙哥帖木儿是也里牙的侄子。在铁木迭儿的帮助之下，也里牙于皇庆元年（1312）被封为秦国公，其父爱薛则被追封为拂林王。在武宗年间任尚书左丞及位居权力中心的忙哥帖木儿的要求之下，时任翰林学士承旨和知制诰兼修国史的姚燧在他所撰写的四篇制文里，使用了蒙古式的本名。后来忙哥帖木儿被流放以后，皇庆元年仁宗下赐的爱薛的"神道碑"里则没有使用本名，只有洗礼名。[①] 那么，忙哥帖木儿的父亲阿实克岱（Asutai）是除了也里牙以外的爱薛五子当中的哪一个呢？姚燧的制文C里，除了记载他和父亲一起前往伊朗及历任崇福使以外，没有其他记载，所以很难猜测。

爱薛的长子也里牙，在1322年其丈人铁木迭儿去世以后，经历1323

---

① 韩儒林：《爱薛之再探讨》，第93—101页。

年的"南坡之变"及 1328 年的"两都战争"等政治风波以后仍保持住了自己的位置。在图帖睦尔(文宗)即位以后天历元年(1328)冬十月,中书省的臣僚上奏:"野理牙旧以赃罪除名,近复命为太医使,臣等不敢奉诏。"皇帝下令:"往者勿咎,比兵兴之时,朕已录用,其依朕命行之",即拒绝了中书省的请求。① 两年以后,天顺元年(1330)春正月,"封太医院使野理牙为秦国公"②。同年七月,也里牙和铁木迭儿的两个儿子(锁住、观音奴)一起,因"造符箓、祭北斗、咒咀"等事被处死,也里牙的妹妹阿纳昔木思也受牵连而被诛杀。③

有关次子腆合,在 1310 年制作的"神道碑"里记载是翰林学士承旨和资善大夫兼修国史,而《秘书监志》记载大德六年十二月(1303 年 1 月)任秘书少监(正五品)。另外,至正七年(1347),时任中书左丞的铁木儿塔识(Temürtash),为了恢复起用老臣预议大政的"中书故事",任命腆合、张元朴等四人为"议事平章"。④ 这说明腆合不但长寿,而且作为"老臣"受到了尊敬。

有关三子黑厮,直到"神道碑"完成为止,一直担任与宫中酿造有关的光禄卿(正三品)。另外,在《元史》里还有一位在妥懽帖睦尔(元顺帝,1332—1370 年)时期,在政务和军政部门担任高职的同一名字的黑厮。此人历任同知枢密院事、宣慰使、中书平章政事等职,在 1368 年闰七月,明军进攻大都时,还担任帝国军务总指挥知枢密院事。⑤ 但是笔者认为这个黑厮并不是爱薛的儿子,这一点从爱薛的出生年份可以推知。

---

① 《元史》卷三二《文宗一》,第 715 页。
② 《元史》卷三四《文宗三》,第 750 页。
③ 《元史》卷三四《文宗三》,第 761 页。
④ 《元史》卷一四〇《铁木儿塔识传》,第 3374 页。
⑤ 《元史》卷四二《顺帝五》,第 890—891 页;卷四四《顺帝七》,第 921、923 页;卷四七《顺帝十》,第 986 页。

除此以外，有关爱薛的其他三个儿子及女婿、孙子等，史料中鲜有记载。考察爱薛一族的姓名和官职等，可以发现以下事实。第一，他的子孙大部分都有洗礼名，说明他们信奉基督教。如夫人撒剌（Sarah）和被处死的女儿阿纳昔木思（Anasimus）都是基督教徒。他们之所以能够一代传一代地信奉基督教，与蒙古帝国实行的宽容的宗教政策分不开。第二，大部分不是在地方任外官，而是在中央任京官，特别是任随朝官员。另外，大部分供职于需要专门知识和背景的官厅，如掌管基督教的崇福司，负责医药的广惠司，负责翻译和管理文书的秘书监和翰林院等，而且职位都可以传给后代。第三，在正式步入仕途以前，大部分从事宿卫、禁卫任务的怯薛职务。就如同爱薛一样，他的孙子们在步入官途以前，都充当了禁卫士。

结　论

以上通过考察在蒙古帝国时期活动于中国的西亚出身的爱薛怯里马赤的经历，描绘出了与蒙古人一起作为统治合作者的色目官吏的存在状况，其内容可以概括为以下几个方面。

在汉文资料中记载爱薛来自"拂林"即叙利亚地方，但是从当时的情况来看，更确切地说，他是一位出生在高加索山脉南边的亚美尼亚、阿塞拜疆地方的聂斯脱里派基督教徒。他受到这一教团的高级人士列边阿答的推荐，于1230年来到了蒙古，成为拖雷夫人梭鲁合帖尼必吉的私属，并与她的次子忽必烈结下了亲密关系，其经历分为前后两个时期：

前期从忽烈必执政的1260年到爱薛出使西方的1282年为止。在忽必烈执政以后，直到爱薛正式入仕以前，他担当了可汗的怯薛，当时的职务是"怯里马赤"，即是一位通译人员。在多民族、多语言的蒙古帝国里，向皇帝传达各种语言的上奏，以及将皇帝口头语的命令加以文字化并下达命令，都需要通译官和书记官。爱薛最初步入仕途是在1263年，掌管"西域星历、医药"的部门。这两个部门，一个在1271年更名为"回回司天台"，一个在1273年更名为"广惠司"，前者受1272年成立的秘书监的领导。爱薛在担任广惠司长官以后同时归属于秘书监反映了这种职制的变化。与此同时，他还作为怯薛的成员担当近侍入番的任务。

他的官职生涯的转折点出现在1283年，他和孛罗丞相一起受忽必烈之命出使西方的伊利汗国。有关这一使行，东西方史料涉及不多，也没有记载出使的目的。据笔者小心推测，这是为了在阿八哈汗去世以后，封其弟脱古迭儿为汗，并传达敕任状而去的。然而爱薛一行到达那里以后，阿八哈的儿子阿鲁浑杀掉了脱古迭儿执掌了权力，所以爱薛等未能履行原来出使的目的。阿鲁浑将身为基督教徒又是大汗使臣的爱薛派往罗马教皇厅，企图缔结双方的军事同盟。

成功完成使行任务以后，1286年春爱薛回到了中国。他得到了忽必烈的高度信任，被擢升为从三品的秘书监，又被任命为从二品的崇福使。前者为"掌历代图籍并阴阳禁书"的职务，后者为管理全国基督教徒的职务。在忽必烈去世、铁穆耳即位以后，已经步入老年的爱薛仍被任命为从一品的"平章政事"，虽然其后因受贿事件被投入狱中，但很快又被释放了。在铁穆耳去世、海山即位之时，他在政治上倾向于海山一派，然而在海山即位的第二年即1308年他去世了。

如前所及，爱薛作为西亚的基督教徒，虽然不能说是色目官吏的"典型"代表，但是他的经历和官历具有一般色目官吏的共同特点：

第一，建立起与蒙古统治阶层的私人关系是他们活动的基础。比如爱薛最初是梭鲁合帖尼必吉的私属，并迎娶她的侍女为妻子，以此为契机，爱薛成为忽必烈的怯薛。在爱薛获得官职以后，仍延续着这种私人关系。从爱薛的儿子们继任"禁卫士"来看，这种关系是传给后代的。

第二，从爱薛所从事的职务和历任官职来看，和他所具有的特殊才能如语言、医药、天文、宗教等密切相关。他在从事怯里马赤的同时，还在广惠司、司天台、秘书监、崇福司等部门任职。这说明蒙古人在统治帝国时很好地利用色目人的才能，如擢任穆斯林商人为财务官吏，让西藏僧侣掌管佛教事务，利用钦察、康里、阿速等游牧民族充当禁卫军等。不仅如此，爱薛的子孙们也都从事这些职务，表明职务的连续性。

第三，通过爱薛及其家族信奉基督教的事实可以再次确认蒙古帝国时期奉行的"本俗主义"。除了爱薛夫妇以外，他们的儿子们都有洗礼名。从现存史料无法确认他从事了哪些宗教活动，但是作为14世纪初"天下也里可温掌教司七十二所"的崇福司的最高负责人和基督教徒，他肯定进行了持续的、定期的礼拜活动。他在"语言"方面虽说很有专长，但是不清楚他是否会写或者会说汉语。尽管出现了像马祖常那样的"汉化"了的聂斯脱里教徒[①]，但是爱薛怯里马赤则是在维持"本俗"的基础上，作为与被统治者的多数汉人相隔离的集团的一员，即以一个色目官吏的身份存在的。

---

① 陈垣:《元西域人华化考》，17v–24r。

元代中国的回回医学和回回药*

萧婷（Angela Schottenhammer）著 李鸣飞译

简　介

早在唐宋时期（7/8—13世纪），回回（指穆斯林或与伊斯兰信仰有关的人或事物）[①]药和医学知识就通过陆路和海路——越来越多地通过海路——从波斯和阿拉伯传入中国。西亚医药及医学知识东传至中国与东正教和聂思脱里教团体在中亚和中国的活动密切相关。[②]胡秀英（Hu Shiu-ying）已经强调过医学和药学领域的东西文化交流。[③]13世纪蒙古人在中亚的扩张不但引起了大量人口的迁移，同时也对穆斯林和阿拉伯货物、知识和传统的传播做出了巨大贡献。总的说来，蒙古在欧亚大陆遍及西方、中亚直到东方中国的统治为西亚知识和物品传入中国提供了有利环境。

我们通常所说的丝绸之路，始于地中海东部，穿过部分波斯官道（Persian Royal Roads）和中亚，连接伊朗和中国。相对于这条陆上丝绸之路而言，始于波斯湾、通过印度洋到中国的海上丝绸之路长期以来地位较为次

---

* 译自 Angela Schottenhammer，"Huihui Medicine and Medicinal Drugs in Yuan China"，*Eurasian Influence on Yuan China*，Chapter 4。——译者注

① 后文将使用"穆斯林"指代回回，应注意该词更多用于指代阿拉伯人、西亚人以及一些民族团体如中国的畏兀儿人。从这个方面而言，回回一词明显是中文构词，使用时应注意其含义和范围。

② Thomas T. Allsen，*Culture and Conquest in Mongol Eurasia*，Cambridge：Cambridge University Press，2001，pp. 146-147.

③ Hu Shiu-ying，"History of the Introduction of Exotic Elements into Traditional Chinese Medicine，" *Journal of the Arnold Arboretum* 71（1990）：487-526，见第487页："对中医使用外来植物和动物的研究清楚地显示出中西文化的相互影响。"

要。然而在唐代,最晚至宋代早期,海上通道的地位后来居上,穆斯林商人于 7 世纪在中国东南海岸建立其首个定居点,与之同来的还有其医学文化。在 13 世纪,所谓的"蒙古和平"(Pax Mongolica)推动了欧亚大陆的商业往来,当时建立的一套横贯大陆的有效管理机制亦促进了长距离贸易的兴起。在蒙古时期,陆路和海路交通对于中国—伊朗乃至于中国—西方的交流均具有重要意义。而当时在医学领域的交流如此广泛,以至于 Paul Buell 最近提出了"医学全球化"的说法。[①]

蒙古人在帝国时代执着于广泛的医学实践、治疗和药学事业,他们的治疗传统包括源于经验的知识和对精神巫术的信仰。[②] 在中国,此种传统又与中国传统结合,不过蒙古统治阶级并非仅仅采用中国方式和中国药材,而是博采不同民族背景的医师和药学之众长。他们喜欢穆斯林医学和药材。中国和穆斯林医学传统颇有差异,但是蒙古人、汉人和穆斯林能够联合作战,使用最为有效的医药。畏兀儿和西藏医生亦起协助作用。

回回医学和药学流行的书籍及其他证据

关于回回医学和药学在中国的情况有不少文献可以说明。蒙古宫廷的御医忽思慧[③]编撰的膳方《饮膳正要》和明初的穆斯林医学文献《回回药

---

① Paul Buell, "How did Persian and Other Western Medical Knowledge Move East, and Chinese West? A Look at the Role of Rashīd al-Dīn and Others," *Asian Medicine* 3 (2007): 279–295, p. 291.

② Allsen, *Culture and Conquest in Mongol Eurasia*, p. 141. 外国医生,与本土的萨满治病术士不同,蒙古人称为 "otochi"——该词来自于畏兀儿词 "otachi",意为"医生"。蒙古人把药称为 "em",该词亦借自突厥语。Allsen, *Culture and Conquest in Mongol Eurasia*, p. 142.

③ 英译本 *A Soup for the Qan* 由 Paul D. Buell 和 Eugene N. Anderson 翻译并由 Charles Perry 注释,London, New York: Kegan Paul International, 2000. 另有 Paul D. Buell, "The Yin-shan Cheng-yao, A Sino-Uighur Dietary: ynopsis, Problems, Prospects," in *Linguistic*

方》中均记载了大量波斯医学中的药物,为波斯和阿拉伯医学传入中国提供了大量证据。①《饮膳正要》的作者忽思慧使用突厥语,很可能是畏兀儿人,早先生活在中国的突厥地区,其后则处于蒙古文化的环境下。他的大部分药方,如 Buell 和 Anderson 所指出的,与现在宁夏回族类似。②国立北平图书馆(今国家图书馆——译者注)仍保存三十六卷穆斯林药方③。《回回药方》很可能是为元代中国的蒙古统治者所编写的伊斯兰医学百科全书中的一部分,但很明显它后来被重编了,因为其中除了元代,还有明代的内容。④几乎可以肯定,如 Paul Buell 强调的,《回回药方》汇集了"一本或更多波斯语医学百科全书或概要以及有署名的论著(如撒麻耳干迪 al-Samarqandi,其药方最为接近《回回药方》)"⑤。该文献"在中国传统中

Anthropology: Approaches to Traditional Chinese Medical Literature, Proceedings of an International Symposium on Translation, Methodologies and Terminologies, edited by Paul Unschuld. Dordrecht: Kluwer Academic Publishers, 1989, pp. 109-127。关于元代的饮食之道,亦参见 Teresa Wang and Victor Mair, "Ni Zan, Cloud Forest Hall Collection of Rules for Drinking and Eating," in *Hawai'i Reader in Traditional Chinese Culture*, edited by Victor Mair, Nancy Steinhardt and Paul R. Goldin. Honolulu: University of Hawaii Press, 2005, pp. 444-455。

① 宋岘考释:《回回药方考释》,中华书局,2000 年。该书下册是原文影印,下方有页码(后文以 CT 表示中文文本)。对《回回药方》的研究有 Y. C. Kong, P. S. Kwan, P. H. But, A. Ulubelen and Y. Aneychi, "A botanical and pharmacognostic account of Hui Hui Yao Fang, the Islamic Formulary," *Hamdard* 31(1988): 1-34; Y. C. Kong and D. S. Chen, "Elucidation of Islamic Drugs in Hui Hui Yao Fang-a linguistic and pharmaceutical approach," *Journal of Ethnopharmacology* 2-3, no.54(1996): 85-102;宋岘、陈达生、江润祥:《〈回回药方〉与阿拉伯医学主流的亲缘关系》,《文化》1991 年第 4 期,第 548—552 页;江润祥,关培生:《从回回药方看中外药物交流》,江润祥主编:《回回药方》,香港编译印务有限公司,1996 年,第 512—517 页。

② Buell and Anderson, *A Soup for the Qan*, p. 4.

③ 方豪:《中西交通史》第 2 卷,台北,中国文化大学,1983 年,第 582 页。

④ 宋岘认为《回回药方》成书于明代早期洪武(1368—1398)年间,因为其中提到北京时,使用"北平"一词。Paul Buell 告诉我该书编定于 1398 年(见 2010 年 6 月 25 日邮件)。

⑤ Buell, "How did Persian and Other Western Medical Knowledge Move East, and Chinese West?," p. 289. 撒麻耳干迪死于 1222 年,并来自突厥斯坦。

是独一无二的,因为它同时使用阿拉伯文条目和中文翻译记录所引用的药剂、药材和人的外国名,甚至一些术语。其独特之处还在于它显示出明显受到波斯文法的影响,以至于有些中文部分甚至不可理解。这些迹象均显示出这本书是在多文化背景下编纂的,中文只是当时使用的语言之一。书中"遍布对不同医学家的引用",包括哲里奴西,即伽林(Galen[os])的阿拉伯称法,还有其他一些希腊和中东医学家。[①]《回回药方》中这些证据说明阿拉伯人传入的主要是希腊医学,它可以让我们了解在元代中国尤其是宫廷中主要使用何种穆斯林药物。《回回药方》有可能是作为贡品进入蒙古宫廷。Buell 认为 1240 年代在蒙古效劳,并且被记载具有医学知识的叙利亚基督徒爱薛很可能是该书作者。[②] 我们知道爱薛是一位医生——拉施德丁(Rashīd al-Dīn,1247—1317)称他为伊萨('Isā)——他后来掌管过广惠司这一元代重要的医药机构。Buell 认为拉施德丁和其他相关之人——他们对医学有着浓厚兴趣——对于促进元代中国的穆斯林和阿拉伯医学起了积极作用,甚至有可能与《回回药方》传入中国有关。[③]

对于穆斯林药物在元代中国的传播来说,遍布全国的药局是一重要佐证,最起码说明了蒙古统治者对医学的重视和为广大平民提供医药的

[①] Buell,"How did Persian and Other Western Medical Knowledge Move East, and Chinese West?" p. 284. 关于《饮膳正要》中的外来词,亦参见 Herbert Franke,"Additional Notes on Non-Chinese Terms in the Yüan Imperial Dietary Compendium Yin-shan Cheng-yao," *Zentralasiatische Studien* 4(1970):7-16。

[②] Buell,"How did Persian and Other Western Medical Knowledge Move East, and Chinese West?" p. 289.

[③] Buell,"How did Persian and Other Western Medical Knowledge Move East, and Chinese West?" pp. 290-291. Y. C. Kong 和 D. S. Chen 认为随着伊斯兰药物和疗法在中国普及造成的混乱,要求制定出一套标准,这是编写《回回药方》的原因。cf. Kong and Chen,"Elucidation of Islamic Drugs in Hui Hui Yao Fang-a linguistic and pharmaceutical approach," p. 86.

努力。虽然汉人通常对穆斯林医学抱有怀疑态度，但同时，在蒙古宫廷的推广之下，汉人中亦存在一种对穆斯林医生的赞赏态度。正如 Joseph Needham 所指出的，忽必烈汗（1260—1294 年在位）统治时期"医生的地位大大提高了"[1]。如此背景下，元朝政府在大都建立了医学校，这些都是受到波斯医学实践的影响。[2] 外国医生在元廷施展医术并使用他们的药方，他们受到重视，亦促使一些中国人成为医生并使用穆斯林疗法和医方。总的来说，元廷对于医学的重视吸引了比前朝更多的汉人精英投身医学实践中来。[3]

元代中国的回回医药

穆斯林医学和医药通过多种途径来到中国。贸易是一条重要途径，送往宫廷的礼品和贡赋是另一条。遗憾的是，中文史料中只有很少与此相关，不过这些材料说明时有大量药材进入中国。早至唐代，正史就记载，有来自拂林的阿拉伯良医能打开头骨取出虫子从而治疗眼疾。[4]《太平广记》记载一位穆斯林医生，照皇太后的要求用针灸治好了宋高宗（1127—

---

[1] Joseph Needham, "Medicine and Chinese Culture," in Joseph Needham, *Clerks and Craftsmen in China and the West. Lectures and Addressees on the History of Science and Technology*, Cambridge: Cambridge University Press, 1970, p. 263.

[2] Jutta Rall, *Die vier großen Medizinschulen der Mongolenzeit. Stand und Entwicklung der chinesischen Medizin in der Chin-und Yüan-Zeit*, Wiesbaden: Franz Steiner Verlag, 1970.

[3] Morris Rossabi, "The Reign of Khubilai Khan," in *The Cambridge History of China*, vol. 6, *Alien Regimes and border states, 907—1368*, Herbert Franke and Denis Twitchett 编, Cambridge: Cambridge University Press, 1994, p.451。关于之前医生地位的提高，参见 Asaf Goldschmidt, *The Evolution of Chinese Medicine: Song Dynasty, 960—1200*. London: Routledge, 2008.

[4] 欧阳修（1007—1072）、宋祁（998—1061）:《新唐书》，中华书局，1974 年，卷二百二十一，第 6261 页。

1162年在位）的头痛。① 在宋代,大量药材和香药从伊朗和阿拉伯来到中国。② 香药是中国宋代最重要的进口货之一。③ 很多波斯和阿拉伯医生或药师来到中国,以贩卖进口药为生。④ 在元代,更多的穆斯林医生来到中国。最著名的之一就是学者和诗人丁鹤年。据说他精通算数、导引、方药之学。⑤ 1331年,伊利汗卜赛因的使者返回西域,（元廷）诏酬其所贡药物价值⑥。所贡何药并不清楚。然而此次入贡说明"有时候双方朝廷会交换相当数量的药物"⑦。另一例中,忽必烈汗"诏遣扎尤呵押失寒、崔杓持金十万两,命诸王阿不合市药狮子国"⑧。

以上不仅仅说明药物交流的普遍,还显示出来自西方和西南装载药物的船只所使用的海上商路的重要性。《回回药方》中也记载了印度洋上运送药物的船只。⑨

为了管理这些"回回药",元廷于1292年在大都和上都这两座元朝皇

---

① Rall, *Die vier großen Medizinschulen der Mongolenzeit*, p. 28.
② 宋大仁：《中国和阿拉伯医药交流》,《历史研究》1959年第1期。林天蔚：《宋代香药贸易史稿》,香港,中国学社出版社,1930年。更多研究有马建春：《大食——西域与古代中国》,上海古籍出版社,2008年,特别是第231—261页；王孝先：《丝绸之路医药学交流研究》,新疆人民出版社,2001年,特别是第319—331页。
③ 参见林天蔚：《宋代香药贸易史稿》。
④ Chen Yuan, *Western and Central Asians in China under the Mongols*, Monumenta Serica Monograph XV, Los Angeles, 1966, p. 103.
⑤ Chen, *Western and Central Asians in China under the Mongols*, p. 100.
⑥ 宋濂：《元史》卷三十五,中华书局,1976年,第792页。
⑦ Allsen, *Culture and Conquest in Mongol Eurasia*, p. 154.
⑧ 《元史》卷八,第148页。Allsen, *Culture and Conquest in Mongol Eurasia*, p. 154.
⑨ 关于印度洋区域的药材及其销售分布,见 Leigh Chipman, *The World of Pharmacy and Pharmacists in Mamlūk Cairo*. Leiden: E. J. Brill, 2009。该书首次详细分析了从犹太医师、药剂师和穆斯林与13世纪阿拉伯药剂师的广泛流行。

帝主要住所各建了一所回回药物院。1322年，其归入广惠司管辖。①

一位景教徒医生，中文史料中称为"阿锡页"或"爱薛"②，先在贵由汗（1247—1249年在位）时期任职，对各种西方药物非常熟悉。1263年，忽必烈称汗后，他在京城建立了西域医药司，又被称为京师医药院，在行政系统中属于太医院管辖，"掌修制御用回回药物及和剂，以疗诸宿卫及在京孤寒者"③。太医院对于选择医学教授制定了专门标准，并监督医生的训练、医学课本以及医生资格考试的准备等，无法通过考试者不得行医。④广惠司专门为大都的蒙古居民服务，不包括汉人。⑤

以上进一步证明了回回医药在元代中国的重要性，尽管主要是在精英阶层中。太医院中有很多回回医生。1339年，九位太医中有四位不是汉人。⑥回回医师在蒙古人眼中的重要性和卓著声誉还体现在他们参与皇室成员治疗方案的讨论，并在治疗失败时被处以相应的惩罚方面。例如，成吉思汗之子察合台死后，为他治疗的波斯医师及其全家都被处死。⑦

畏兀尔人和吐蕃人在元代医学中扮演了重要角色。《元史·答里麻

---

① 《元史》卷八十八，第2221页。关于回回药物院还见于《元史》卷八十三，第2081页，卷一百四十四，第3431页。亦参见嵇璜（1711—1794）、曹仁虎（1731—1787）监修《钦定续通志》，四库全书本，卷四百九十九，页10a。

② 程钜夫（1249—1318）：《楚国文宪公雪楼程先生文集》卷五，页3a-5b。转引自Allsen, *Culture and Conquest in Mongol Eurasia*, pp. 149-150。我仅能使用《续通志》电子版，卷四百七十二，第12a-b：："阿锡页，西域佛琳人。通西域诸部语，工星历、医药。初事定宗，直言敢谏。时世祖在藩邸器之。中统四年，命掌西域星历、医药二司事，后改广惠司，仍命领之。"《元史》卷一百三十四略同："爱薛，西域弗林人。通西域诸部语，工星历、医药。初事定宗，直言敢谏。时世祖在藩邸，器之。中统四年，命掌西域星历、医药二司事，后改广惠司，仍命领之。"第3249页。

③ 《元史》卷八十八，第2221页。

④ Rossabi, "The Reign of Khubilai Khan", p. 451.

⑤ Rall, *Die vier großen Medizinschulen der Mongolenzeit*, p. 30.

⑥ 宫下三郎：《宋元の醫療》，藪内清編：《宋元時代の科學技術史》，京都，京都大學人文科學研究所，1966年，第160页。

⑦ 宫下三郎：《宋元の醫療》，第160页。

（1279—？）传》记载这位高昌（今天新疆乌鲁木齐以东的和卓）人于大德十一年（1307）任御药院达鲁花赤，迁回回药物院。① 华化的畏兀医生萨谦斋（13 世纪上半期）是一位元代官员。② 据拉施德丁的记载，忽必烈在位（1260—1294）晚期有吐蕃医师限制他的饮食。吐蕃医学亦与波斯医学相互影响交融。③

陶宗仪（1360—1368）提到一位基督教徒聂只儿，他为广惠司医官，治疗病患并培训回回医师。④ 陶宗仪还记载了两件回回医事，其中一件与回回医官有关："邻家儿患头疼，不可忍。有回回医官，用刀割开额上，取一小蟹，坚硬如石，尚能活动，顷焉方死。疼亦遄止。当求得蟹，至今藏之……"另一件为："尝于平江阊门，见过客马腹膨胀倒地。店中偶有老回回见之，于左腿内割取小块出，不知何物也。其马随即骑而去。信西域多奇术哉。"⑤

第一例中，医师很可能用了一种减轻颅内压力的手术。所谓"小蟹"，是因为"癌、肿瘤"和"蟹"在阿拉伯语和波斯语中均为"sartan"，中文译为"塞儿汤"，因此译为中文就变成了"蟹"。在阿拉伯语和波斯语中，该词不仅指"癌、肿瘤"，也指恶性溃疡或脓肿。⑥ 这则史料实际上说的应该是恶性溃疡。第二例所描述的大概是一匹有疝气的马，通过刺破肿胀的胃部被治好了。所谓割取小块大概是一种夸张。无论如何，这些故事显示出

---

① 《元史》卷一百四十四，第 3431 页。

② 他的字是谦斋，亦以此名著称。1314—1328 年他管理建昌，即今天江西的南城，期间他收集药方，编撰了《瑞竹堂经验方》。转引自 Paul Unschuld 所编的 *Bencao gangmu*: *Dictionary of Authorities*（即将出版），亦参见 Shinno Reiko 的博士论文 Promoting medicine in the Yuan dynasty（1206—1368）: An aspect of Mongol rule in China, Stanford University, 2002。

③ 感谢 Paul Buell 提供的信息（2010 年 6 月 24 日的私人邮件）。

④ 陶宗仪:《辍耕录》卷九，第 137—138 页。

⑤ 陶宗仪:《辍耕录》卷二十二，第 326—327 页。

⑥ 感谢刘迎胜让我注意到这一点，见刘迎胜:《回回馆杂字与回回馆译语》,《西域历史语言研究丛书》，人民出版社，2008 年，第 444 页。

对回回医学和医术的赞赏。

许有壬的《至正集》中有《大元本草序》：

> 西北之药治疾皆良，而西域医术号精，药产实繁，朝廷为设官司之广惠司是也。然则欲广本草以尽异方之产，莫若今日也。①

这大概是对西域主要是穆斯林和基督教医药最直接的赞美了。穆斯林游方医师来华售卖回回药物，如丁鹤年，证明回回医药并非只在宫廷皇室和蒙古精英阶层中流传。②虽然其医术可能并未对中医产生深刻影响，但最起码其药物在某种程度上进入中医，成为中药的一部分。③ 医学文献证明了这一点。例如，根据马建春提到的，明代的李时珍（1518—1593）编写的（完成于1578年）《本草纲目》比唐本草多出374种药，其中相当一部分来自西方。④《本草纲目》中介绍明初朱橚（死于1425年）《普济方》中的眼科方，直接与来自穆斯林世界的药物相关者有"可铁刺"（波斯文为 kateera）即藤黄（藤黄属植物树脂）；"安咱芦"（波斯文为 anzaroot），通常指树脂；"阿飞勇"（阿拉伯文的 afyoon 或波斯文的 apyoon），即鸦片。⑤

设立以500锭为运营资本的惠民药局是回回医药流行于大众的另一证据。早在1237年，蒙古宫廷开始于从燕京到南京等城市置惠民药局，

---

① 许有壬（1287—1346）：《大元本草序》，《至正集》卷三十一，页13a，四库全书本。
② 马建春：《大食——西域与古代中国》，第259页，提供了外国商人售卖药材的材料。
③ 亦见于 Hu Shiu-ying, "History of the Introduction of Exotic Elements into Traditional Chinese Medicine," pp. 487-526。
④ 马建春：《大食——西域与古代中国》，第247页。
⑤ 李时珍：《本草纲目》第3册卷十一（附录，诸石），香港，商务印书馆，1965年，第79页（来自《普济方》，卷七十六，七十七）："朵梯牙。纲目时珍曰周宪王（周宪王为朱橚之子朱有燉，《四库提要》考证认为《普济方》为周定王朱橚所编，李时珍误为周宪王。——译者注）普济方眼科去翳用……又方用可铁刺一钱，阿飞勇一钱李子……又方安咱芦……"亦参见马建春：《大食——西域与古代中国》，第248页。

其有可能是田阔阔上书"奏请郡国立惠药局以济病者"的结果。[①]田阔阔和太医王璧、齐楫为局官。[②]1261年，在成都置惠民药局，1263年又于上都置局。[③]1268年置西夏惠民药局。1299年，令各路复置惠民药局，官给钞本——1285年惠民药局因失陷官本和未言明的管理不善，悉罢革之[④]——择良医主之，以疗贫民。此种服务一直持续到元末。

值得注意的是，除各路首府外，在地方也设置了惠民药局[⑤]，譬如洋州（陕西）[⑥]、袁州（江西）[⑦]、四明（浙江）[⑧]。实际上，冯翼翁的《吉安路惠民药局记》称1299年在吉安路[⑨]各县都建了惠民药局[⑩]。此外，在江西的新昌州[⑪]、

---

① 刘敏中：《中庵集》，《田仲珪孝敬堂记》卷十三，页10b，四库全书本："奏请郡国立惠药局以济病者。"

② 《元史》卷九十六，第2467页。

③ 《元史》卷九十六，第2468页，亦见于卷四，第70页，卷五，第93页，卷六，第119页。嵇璜编：《续文献通考》卷三十二，页36a-b。

④ 相关条目或见于《续文献通考》卷三十二，页52b，该条称惠民药局在世祖二十五年（1285）因腐败而关闭。康熙年间编撰的《御定渊鉴类函》（1710）卷十九，页45b，根据《续文献通考》称惠民药局在世祖统治（1260—1294）晚期被废，1272年还"掌考校诸路医生课艺试验提举一员副提举一员"。该条还称"八诸路惠民药局成宗元贞三年（1297）置"，即惠民药局于1297年而非《元史》所称的1299年重置。"所属八诸路惠民药局成宗元贞三（1297）年置初太祖于燕京等十路置局官给银五百锭为本月营子钱以备药物择良医主之以疗贫民世祖末年以失陷官本罢之后复置令各路正官提调医学提举司至元九年置掌考校诸路医生课艺试验提举一员副提举一员。"

⑤ 袁桷：《清容居士集》卷十八，页17a，"复遵诏为惠民药局"，四库全书本，昌国州即现在的定海县。

⑥ 蒲道源：《闲居丛稿》卷十四，页20b，提到"惠民局"十次以上。

⑦ 虞集：《道园学古录》卷三十六，页35a，提到"惠民药局"。高伟提供了更多关于这些药局的具体机构的细节，见高伟：《元代太医院及医官制度》，第44页。

⑧ 袁桷：《延祐四明志》（1320）卷十四，页23b。

⑨ 于成龙修，杜果（1647年进士）纂：《江西通志》卷一百二十八，页65b。

⑩ 《江西通志》卷一百二十八，页65b："大德三年，各郡置惠民药局，择良医主之，使贫乏疾病之人不致失所。"有趣的是这里用了"毉"字，即亦包括"巫祝"或"萨满"。

⑪ 《江西通志》卷六十，页9b："房弼字仲明，大德间知新昌州……建惠民药局。"

陕西①、平江路（苏州）②、杭州③、广州④、龙兴路（靠近上海）⑤和常州⑥亦有。《续文献通考》中的条目亦证实此种发展。有趣的是该条起始处提到"遣王祐于西川等路采访医儒僧道"。这意味着在建立惠民药局之前，"医儒僧道"机构和个人负责制药和治病。⑦这一条亦证实了药局和寺庙的密切关系。相关材料中大部分碑铭与寺庙碑铭相似。这似乎说明回回药物传入了民间，而非仅仅是统治阶层的特权。虽然没有明确提到这些惠民药局中使用了回回医药，但这是很有可能的。无论如何，这些惠民药局是由元政府下令设置的，而政府中的统治阶层正是一群非常依赖回回医药的人。尽管——也许仅仅是经济原因——并非所有的回回药物都投入使用，但我们可以推断这些惠民药局使用回回药方，并用回回药物和方子给人治病。我们还知道有大量新的药方和药物收入中医文献如李时珍的《本草纲目》，其中大部分源自西域，这一事实说明了两种文化的相互影响和交流。

医药举例

都有哪些回回医药传入中国呢？首先，应知即使不是绝大部分，也有很多外来药物早在公元第一个世纪，特别是在唐朝和宋朝就通过陆路和海路由阿拉伯商人传入中国。我们在元代医学文献中看到的回回药物很少

---

① 马理、吕柟、赵廷瑞等修：《陕西通志》卷二十二，页17b，提到元代"惠民药局提领"亦见于《陕西通志》卷二十六，页99b，卷八十四页99a。
② 钱谷：《吴都文粹续集》卷八，页45a。
③ 徐一夔：《始丰稿》卷九，页22b："其医今选为杭州惠民药局提领。"
④ 王礼：《麟原文集》卷六，页1b："实宜初仕广州惠民药局提领。"
⑤ 柳贯：《待制集》卷十四，页16b。
⑥ 谢应芳：《龟巢稿》卷九，页25b—26b："今提领常州惠民药局"（页26a）。
⑦ 《续文献通考》卷三十二，页36a–b。《续文献通考》中有另一条关于明代早期（1378）下令相关部门购买药物，并设立惠民药局治疗囚犯。见《续文献通考》卷一百四十，页28a："十二年，令有司买药饵送部，又令广设惠民药局疗治囚人。"

是这个时期新传入的。① 其中有些甚至最终在中国的《本草》文献中获得了正式地位。② 譬如 Y. C. Kong 和 D. S. Chen 所强调的"94 种正式的药材，有 78 种来自穆斯林国家（包括新大陆、菲律宾和马达加斯加）"③。这 78 条中，有 23 种出自《回回药方》第十二章。④

《回回药方》和《饮膳正要》都提供了大量元代宫廷中使用的回回药方和医药。本文主要研究《回回药方》。⑤ 如 Y. C. Kong 等所说，《回回药方》包括"大量外来药物，其中大部分使用译名，并附有阿拉伯字"⑥。作者提到三种不同的药：第一种，传统中药或中国化的外来药，如芦荟；第二种，有中文译名的外来药，但未附阿拉伯字，如阿芙蓉；第三种，使用译名并附有阿拉伯字的外来药。⑦

---

① 例如，胡秀英提到各种药材在文献中出现的时间，如乳香（在他的名单中排第 11 位）于 540 年，没药（第 27 位）于 973 年，阿魏（第 37 位）于 659 年，芸香（第 79 位）在 273 年已出现。见 Hu, "History of the Introduction of ExoticElements into Traditional Chinese Medicine," pp.490–491, 493。

② Kong and Chen, "Elucidation of Islamic Drugs in Hui Hui Yao Fang–a linguistic and pharmaceutical approach," p. 86.

③ 由 Hu Shiu-ying, "History of the Introduction of Exotic Elements into Traditional Chinese Medicine."一文统计得出。

④ Kong and Chen, "Elucidation of Islamic Drugs in Hui Hui Yao Fang–a linguistic and pharmaceutical approach," p. 86.

⑤ 本文无法提供对回回药更广泛的研究。请感兴趣的读者阅读注 6 和注 7 提到的出版物。此外 Paul Buell 和 Eugene N. Anderson 将会译注《回回药方》*Translation of the Huihui yaofang*（未出版）。该书将会作为 Paul Buell, Eugene Anderson 和 Angelika Messner 编 的 *Galen, Ibn Sina and the Others, Chinese Medicine and its Influences, with Special Reference to the Medical Globalization of the Yuan and Ming Eras* 中的一部分。我将提供一小部分实例说明回回药在元代中国的使用。

⑥ Kong, Kwan, But, Ulubelen and Aneychi, "A botanical and pharmacognostic account of Hui Hui Yao Fang," p. 519.

⑦ Kong, Kwan, But, Ulubelen and Aneychi, "A botanical and pharmacognostic account of Hui Hui Yao Fang," pp. 4–5.

最重要的外来药是1268年从撒马尔罕传入的调制好的糖浆。该条目来自阿拉伯语的"sharab"或"sharbat",中文译为"舍利别"[①]。这是一种糖制成的加入了药物的黏稠饮料。《回回药方》亦有此类条目,使用译名"舍剌必"[②]。亦提到狼毒——早在《神农本草》中就出现过该药[③]——可以止咳、驱寒、去痛,或作为麻醉剂。《回回药方》中还出现一次"野卜卢黑"[④]——芦荟的镇静作用在中医中用来治疗小儿抽搐——亦于蒙古时期传入中国[⑤]。大量伊朗药材和芳香剂在这个世纪来到中国——紫花苜蓿和葡萄藤是第一批外来植物,早在汉代(前206—220)就传入中国。[⑥]因此,似乎除了药材本身之外,在蒙古时期传入中国的还有药方和特殊的药效。

还有一部记载元代传入回回医药的历史地理书,即赵汝适(1170—1231)的《诸蕃志》。[⑦]虽然这是一本南宋晚期的书,但仍提供了关于传入了何种回回药的资料,其中记载的回回药物在此书写成数十年之后仍然行用。不过历史地理书中不会记载太多相关信息。因此我们仍主要使用《回回药方》这样的材料。例如,此书可以证实《诸蕃志》中提到的药材在百年之后仍在使用。如没药,《诸蕃志》这样记载:

没药出大食麻啰抹国(Merbat,阿拉伯的贸易中心),其树高大如

---

① Miyashita, "Sō-Gen no iryō," pp. 159 seq.
② 《回回药方》,第86—87页。《饮膳正要》中的例子见 Buell and Anderson, *A Soup for the Qan*, pp. 112-113, 116 120, 159-160, 246, 374. 特别感谢 Paul Buell 在出版前为我提供了第二版的索引。
③ 《神农本草》是最早的医学辞典,大约编纂于秦汉时期。提到了365种药。
④ 《回回药方》影印原文,第105页,第12行,亦见于《回回药方》第116—118页。
⑤ Miyashita, "Sō-Gen no iryō," p. 161.
⑥ Laufer, *Sino-Iranica*, pp. 189—190.
⑦ Friedrich Hirth and William W. Rockhill 译注, *Chau Jukua. His Work on the Chinese and Arab Trade in the twelfth and thirteenth Centuries*, entitled *Chu-fan-chï*. St. Petersburg: Imperial Academy of Sciences, 1911。

中国之松，皮厚一二寸，采时先掘树下为坎，用斧伐其皮，脂溢于坎中，旬余方取之。①

《回回药方》中多次提到没药，"谟"②、"摩而"或"木里"指的都是没药。

《诸蕃志》还提到乳香和熏陆香：

> 乳香一名薰陆香，出大食之麻啰拔、施曷、奴发三国深山穷谷中。其树大概类榕。以斧斫株，脂溢于外，结而成香，聚而为块。以象辇之，至于大食。大食以舟载易他货于三佛齐。故香常聚于三佛齐。③

《回回药方》中在其阿拉伯名"tūs"之下提到了乳香④，此外还有阿拉伯语名 lubnā 的音译"鲁不纳"条。⑤

书中频繁提到的马思他其⑥，即乳香、西域芸香⑦，在西亚医学，包括穆

---

① Hirth and Rockhill, *Chau Ju-kua*, p. 197.
② 仅出现几次。《回回药方》(2000)，影印原文，第 280 页第 8 行，第 281 页第 1、7、14 行，第 282 页第 10 行，第 283 页第 5 行，第 292 页第 11 行，第 293 页第 15 行，第 294 页第 13 行。
③ Hirth and Rockhill, *Chau Ju-kua*, p. 197.
④ 见 Kong and Chen, "Elucidation of Islamic Drugs in Hui Hui Yao Fang–a linguistic and pharmaceutical approach," p. 93, item 078.
⑤ 《回回药方》第 243 页，影印原文第 286 页第 2 行，第 314 页第 11 行。
⑥ 《回回药方》，第 144—145 页。
⑦ 《回回药方》影印原文，第 133 页第 4 行，第 177 页第 9 行，第 178 页第 7 行，第 204 页第 7 行，第 218 页第 9 行，第 236 页第 11 行，第 267 页第 5 行，第 268 页第 2、12 行，第 269 页第 7 行，第 270 页第 1 行，第 271 页第 8、12 行，第 273 页第 6 行，第 274 页第 6 行，第 275 页第 1 行，第 276 页第 7 行，第 284 页第 5 行，第 285 页第 6 行，第 286 页第 15 行，第 293 页第 4 行，第 295 页第 4 行，第 298 页第 12 行，第 304 页第 12 行，第 310 页第 4 行，第 311 页第 15 行，第 312 页第 6、12 行，第 313 页第 11 行，

斯林和景教徒中被广泛应用于治疗各种疾病，尤其是肠胃病。①《饮膳正要》中提到一种"马思答吉"汤，配方中有"回回豆子"，其他药方中也多次提到这种药材②应是鹰嘴豆或 nakhod 的中文称法，"豆"既表音又表意。这种回回豆，尤其是用此种豆子制成的面在《回回药方》中亦有提及："做扁豆大"③（暗示这是一种回回圆豆子）。

咱夫兰，亦称番红花或藏红花，在《回回药方》④和《饮膳正要》⑤中都有。早在 973 年就有记录⑥，但之前并未真正进入中国饮食。在蒙古时期，回回人将咱夫兰传入中国并广泛使用。劳费尔（Berthold Laufer）"中国人对外国产物的认识未有如红花之模糊，这主意是由于蕃红花几乎从来没有移植到他们的国土"⑦。

其次是阿魏⑧，这是一种树脂，来自几种伞状花科植物（Ferula narthex，

第 314 页第 1、14 行，第 317 页第 3 行，第 320 页第 4 行，第 322 页第 7 行，第 13 页第 330 行，第 368 页第 11 行，第 369 页第 15 行，第 370 页第 5、15 行，第 404 页第 2 行，第 409 页第 12 行，第 410 页第 1 行，第 430 页第 13 行，第 437 页第 10 行，第 438 页第 11 行。

① Allsen, *Culture and Conquest in Mongol Eurasia*, p. 154.

② 忽思慧：《饮膳正要》（1456），爱如生数字古籍[www.er07.com]，卷一，页 27b、28a，卷三，页 3b（有对植物及其性质的描述，包括豆子萌芽的图像），卷三，页 51b，提到一种回回葱，关于马思答吉汤，见 Paul D. Buell, "Food, Medicine, and the Silk Road: The Mongol-Era Exchanges," *Silk Road* 5, no.2（2007）: 23-24 和 Buell and Anderson, *A Soup for the Qan*, pp. 60–75, 107, 115, 159, 160, 270, and 551.

③ 《回回药方》卷三十，页 21a。感谢 Paul Buell 提供这条材料。据宋岘的《回回药方考释》（2000），该条即那合豆或波斯的 Nakhūt（鹰嘴豆），第 209 页。

④ 见《回回药方》，第 395—396 页有大量材料。

⑤ 关于《饮膳正要》中的材料，见 Buell and Anderson, *A Soup for the Qan*, pp. 60、71、73-76、109、114、122-24、145、160、174、272、282、369, and 551。

⑥ Hu, "History of the Introduction of Exotic Elements into Traditional Chinese Medicine," p. 490, Table 1.

⑦ Laufer, *Sino-Iranica*, p. 310.

⑧ 根据 Laufer，其形式是基于伊朗词 angu 或 angwa，参见 Laufer, *Sino-Iranica* alliacea, foetida, persica, and scorodosma)。《回回药方》中有大量关于阿魏的条目,这种药材被译为"安古丹"、"安吉当"① 或"安诸当"②,应该是对应波斯语的 angūzhad/angūzheh。其最早于唐代(659)出现在药典中,由阿拉伯商人通过海路从中亚传入中国。③《饮膳正要》中也提到阿魏。④

樟脑的情况比较复杂。通过《回回药方》和阿维森纳我们知道波斯医学中使用樟脑。⑤ 在《回回药方》中,它是方子中的一味药,被称为"可福

(1919),p. 361。"阿魏" a-nwai;"央匮"(见于《涅槃经》) an-kwai,等于印度或伊朗土语里 ankwa 或 ankwai 型的字,在吐火罗语或库车语里为 ankwa。Laufer 在 353—362 页中提供了更多信息,并说:"阿魏树脂(asafoetida)的谜就由它本身的名字开始,我们对 asa 或 assa 这个字没有充分的解释。""这个字除了作'乳香'解外没有别的意义了。"(第 353 页)。

① "吉"可能是"古"之误。
② 《回回药方》,影印原文第 12 页第 6 行,第 121 页第 2 行,第 155 页第 4 行,第 198 页第 3、4、6 行,第 239 页第 14、15 行,第 374 页第 15 行(安古丹),第 152 页第 4 行,第 177 页第 14、15 行,第 178 页第 3 行,第 286 页第 7 行,第 303 页第 13 行,第 318 页第 6 行,第 334 页第 4 行,第 382 页第 10 行(安古当),第 194 页第 15 行(安吉丹),第 350 页第 5 行(安吉当),第 177 页第 14 行(安诸当),第 15 页第 4 行,第 45 页第 14 行,第 53 页第 11 行,第 54 页第 4 行,第 73 页第 1 行,第 256 页第 6 行(哈必撒吉别拿只),第 149 页第 6 行,第 198 页第 11、15 行,第 305 页第 6、8 行,第 318 页第 7 行,第 319 页第 1 行(黑黎提提),有超过 20 条"撒吉别拿只;Sikbīnaj",第 139 页第 7 行,第 147 页第 6 行,第 155 页第 6 行,第 170 页第 13 行,第 172 页第 1 行,第 225 页第 4 行,第 243 页第 8 行,第 348 页第 4 行,第 360 页第 15 行(撒亦冰;Saghbīn),第 17 页第 4 行,第 73 页第 4 行,第 138 页第 12 行,第 146 页第 10 行,第 147 页第 15 行,第 148 页第 6、11 行,第 168 页第 7 行,第 169 页第 7 行,第 256 页第 10 行,第 377 页第 9、14 行,第 378 页第 2 行(撒额冰),第 127 页第 15、11 行,第 142 页第 2 行,第 162 页第 10 行,第 163 页第 1 行(撒额因)。亦见《回回药方考释》第 437 页。
③ Hu, "History of the Introduction of Exotic Elements into Traditional Chinese Medicine," pp. 507-509. 根据 Hu,"阿魏"是阿拉伯商业名的粤语音译(p.509)。
④ Buell and Anderson, *A Soup for the Qan*, pp. 52, 60, 71, 106, 114, 123, 159, 160, 272, 273, 292, 293, 296, 400, 551-552.
⑤ 《回回药方》,第 39 页,影印原文第 38 页第 5 行。

而",明显转译自阿拉伯语的"kāfūr"[1]。在宋代史料中也提到了樟脑,是一种非常重要的药材。[2]因此,樟脑在波斯医学和中医中都有,而且可以认为其最早是粟特人传入中国,然后又由穆斯林商人卖到中国。但是在元代,其原产地更可能是东南亚。《饮膳正要》中也提到了樟脑[3]。

1320年,回回医官进贡一种药叫打里牙(解毒糖浆,是一种混合药剂,主要成分是草药,在西方历史久远)[4]。英宗(1320—1323年在位)为此给钞十五万贯[5]:"(1332年),诸王不赛因遣使贡塔里牙八十八斤、佩刀八十,赐钞三千三百锭"[6]。

《回回药方》使用了不同的中译,包括"大答儿牙吉"[7]。"他而牙吉","解毒剂"或"底也伽"[8]。显然解毒糖浆在唐代首次传入中国后,再次传入中国[9]。明代早期的医学文献中记载鸦片为一种药物,可能与早期蒙古宫廷使用解毒糖浆有关,这种穆斯林医师提供的药物是以鸦片为主要成分的。[10]

---

[1] 宋岘亦提及寇宗奭(?—1124之后)的《本草衍义》中把樟脑称为"羯婆罗",类似"kāfūr"的发音。

[2] 见徐松(1781—1848)等编:《宋会要辑稿》,影清本,台北,新文丰出版社,1976年,职官四十四,页2a;马端临(1254—1325):《文献通考》,影1308年版,台北,新兴书局,1964年,卷六十二,第563页。

[3] Buell and Anderson, *A Soup for the Qan*, pp. 106, 114.

[4] 这涉及一种很复杂有时候还不太一样的药方,主要由草药组成。最早是作为一种动物和昆虫毒素的解毒剂出现在希腊化时期,后来成为一切毒药的解毒剂,最终变成了包治百病的神药。这种药首次在唐代传入中国。参考 Allsen, *Culture and Conquest in Mongol Eurasia*, pp. 154-155。

[5] 《元史》卷二十七,第604页。

[6] 《元史》卷三十七,第812页。

[7] 《回回药方》,第66—69页。

[8] 《回回药方》,第333页(100页第5行,101页第5行,102页第8、12行,103页第1行,105页第10行,108页第4、5、7、9、10页)。

[9] Allsen, *Culture and Conquest in Mongol Eurasia*, pp. 154-155.

[10] Allsen, *Culture and Conquest in Mongol Eurasia*, p. 159.

另一种传入中国的穆斯林药物是马钱子催吐剂,是马钱子树的种子,这种树生长在也门,很可能是在蒙古时期传入中国。①

然而穆斯林药物和处方中仅有一部分于蒙元时期在中国使用。其中大部分在较早时期已经传入中国。因此,Paul Buell 和 Eugene N. Anderson 对《回回药方》的翻译和研究提供了关于蒙古时期新传入中国的药方和药物新疗法的情况。不过上文提到的例子最起码可以说明在元代中国社会中穆斯林医学和药物的重要性。明代早期翻译穆斯林医学文献也说明了中国对西亚药物的持续兴趣。

明代的第一个皇帝洪武帝(1368—1398年在位)于1382年下令翰林院的火源洁和其他人(其中有一位叫马沙亦黑马哈麻)分类编写《华夷译语》,这是一部包括天文、地理、动物、饮食、服饰等部分的百科全书。②该命令证明了此种元代曾使用和语言和曾流通的知识在新朝代的重要性。值得一提的是,马沙亦黑马哈麻是一个穆斯林,他翻译了《回回医书》,其中有26章关于内科,6章关于外科。③

《回回医书》很明显最早包括在已佚的明代百科全书《永乐大典》中

---

① Laufer, *Sino-Iranica*, p. 448. 关于《饮膳正要》中的例子,参见 Buell and Anderson, *A Soup for the Qan*, p. 52。

② 参见 Paul Pelliot, "Les Ḥōja et les Sayyid Ḥusain de l'Histoire de Ming," *T'oung Pao* 38(1948):230。他解释道:"Dans le Toung Pao, 1934—1935, 186, j'ai dit n'avoir pas trouvé trace d'autres traductions d'ouvrages arabes ou persans faites au début des Ming que le calendrie Houei-houei li [Huihui li, A.S.] et le Houei-houei yi chou [Huihui yishu, A.S.] incorporé au Yong-lo ta-tian, mais perdu; il faut y ajouter le T'ien-wen chou indiqué ci-dessus et probablement le Houei-houei yao-fang de la Bibliothèque Nationale de Pékin, puisque ces ordonnances médicales sont en 26 ch., au lieu qu'il n'y en avait que 7 ch. dans le Houei-houei yi chou." 见 pp. 234-235, n. 311。

③ 根据 Paul Pelliot(见下一条注),这位马沙亦黑还翻译了其他文献,如《回回历》,还有一本三卷本的《天文书》。

（1426—1464 章），其中还包括了 7 章药方。[①]《回回药方》可能其实是百科全书或医学手册《回回医书》的一部分。[②] 这些都说明穆斯林药材和药方中国的医学思想和医学实践的影响有可能持续到明代早期。

结　　论

　　大量穆斯林药物，尤其是植物药材，在蒙古时期及之前的数个世纪中传入中国。这些药材通常适用于蒙古精英阶层。上文中提到的例证还显示出穆斯林医药在汉人中的使用亦逐渐广泛。很多穆斯林医师来到中国，售卖穆斯林药物，并且在中国社会中传播他们的医学知识。穆斯林药物从宫廷来到民间有可能源于惠民药局的建立，这一点在中国医学文献中也得到证明。然而虽然我们在中文史料中找到了一些中国人对穆斯林医药表示赞赏的零散史料，但我们不能过分强调他们对中医的影响。直到今天，仍有很多中国人对西医表示怀疑。穆斯林医药和处方某种程度上对中医有很深影响，此种影响延续到元代之后。这一点也在中医文献中大量的回回药材中得到证明。

参考文献：

Allsen Thomas T. *Culture and Conquest in Mongol Eurasia*, Cambridge Studies in Islamic History. Cambridge: Cambridge University Press, 2001.

Buell Paul-David. "The Yin-shan Cheng-yao, A Sino-Uighur Dietary: Synopsis, Problems, Prospects." In *Approaches to Traditional Chinese Medical Literature*, edited by Paul Unschuld, pp. 109–127. Dordrecht: Kluwer Academic Publishers, 1989.

Buell Paul D. "How did Persian and Other Western Medical Knowledge Move East, and

---

　　① 参见 Pelliot, "Les Ḫōǰa et les Sayyid Ḥusain de l'Histoire de Ming," p. 232, n. 311; 亦见 Allsen, *Culture and Conquest in Mongol Eurasia*, p. 159。

　　② 非常感谢 Paul Buell 分享了他的观点（2010 年 3 月 30 日的私人邮件）。

Chinese West? A Look at the Role of Rash ī dal-D ī n and Others." *Asian Medicine* 3 (2007): 279-295.

Buell Paul D. "Food, Medicine and the Silk Road: The Mongol-Era Exchanges." *Silk Road* 5, no. 2 (2007): 22-35.

Buell Paul D. and Eugene N. Anderson. *A Soup for the Qan.* Appendix by Charles Perry. London, New York: Kegan Paul International, 2000.

Buell Paul D. *Translation of the Huihui yaofang.* In *Galen, Ibn Sina and the Others, Chinese Medicine and its Influences, with Special Reference to the Medical Globalization of the Yuan and Ming Eras,* edited by Paul-David Buell, Eugene Anderson and Angelika Messner. Forthcoming.

Chen Yuan. *Western and Central Asians in China under the Mongols, Monumenta Serica Monograph XV.* Los Angeles: Monumenta Serica at the University of California, 1966.

Chipman, Leigh. *The World of Pharmacy and Pharmacists in Mamlūk Cairo.* Leiden: E. J. Brill, 2009.

Franke Herbert. "Additional Notes on Non-Chinese Terms in the Yuan Imperial Dietary *Compendium Yin-shan Cheng-yao.*" *Zentralasiatische Studien* 4 (1970): 7-16.

Goldschmidt Asaf. *The Evolution of Chinese Medicine: Song Dynasty, 960—1200.* Needham Research Institute Series. London: Routledge, 2008.

Hirth Friedrich and William W. Rockhill, transl. and annot. *Chau Ju-kua. His Work on the Chinese and Arab Trade in the twelfth and thirteenth Centuries, entitled Chu-fan-ch?.* St. Petersburg: Imperial Academy of Sciences, 1911.

Hu, Shiu-ying. "History of the Introduction of Exotic Elements into Traditional Chinese Medicine." *Journal of the Arnold Arboretum* 71 (1990): 487-526.

Kong, Y. C., P.S. Kwan, P.H. But, A. Ulubelen and Y. Aneychi. "A botanical and pharmacognostic account of Hui Hui Yao Fang, the Islamic Formulary." *Hamdard* 31 (1988): 1-34.

Kong, Y. C. and D. S. Chen. "Elucidation of Islamic Drugs in Hui Hui Yao Fang-A linguistic and pharmaceutical approach." *Journal of Ethnopharmacology* 2/3: 54 (1996): 85-102.

Laufer Berthold. *Sino-Iranica. Chinese contributions to the History of Civilization in Ancient Iran. With Special Reference to the History of Cultivated Plants and Products, Anthropological Series,* vol. XV, no. 3. Chicago: Field Museum of Natural History, 1919.

宫下三郎:《宋元の醫療"》,薮内清编:《宋元時代の科學技術史》,第123—170页,京都,京都大學人文科學研究所,1966。

Needham, Joseph. "Medicine and Chinese Culture." In *Clerks and Craftsmen in China and the West*, edited by Joseph Needham, pp. 263-293. Cambridge: Cambridge University Press, 1970.

Paul Pelliot. "Le Ḥōja et le Sayyid Ḥusain de l'Histoire des Ming." *T'oung Pao* 38 (1948): 281-292.

Jutta Rall. *Die vier grossen Medizinschulen der Mongolenzeit. Stand und Entwicklung der chinesischen Medizin in der Chin-und Yüan-Zeit*. Wiesbaden: Franz Steiner Verlag, 1970.

Rossabi, Morris. "The Reign of Khubilai Khan." In *The Cambridge History of China*, vol. 6, *Alien Regimes and border states, 907—1368*, edited by Herbert Franke and Denis Twitchett, pp. 414-489. Cambridge: Cambridge University Press, 1994.

Shinno Reiko. *Promoting medicine in the Yuan dynasty (1206~1368): An aspect of Mongol rule in China*. PhD Dissertation, Stanford University, 2002.

Unschuld Paul, et al. ed. *Bencao gangmu: Dictionary of Authorities*. Forthcoming.

Wang Teresa, and Victor Mair. "Ni Zan, Cloud Forest Hall Collection of Rules for Drinking and Eating." In *Hawai'i Reader in Traditional Chinese Culture*, edited by Victor Mair, Nancy Steinhardt, and Paul R. Goldin, pp. 444-455. Honolulu, Hawaii: University of Hawaii Press, 2005.